CAMINANDO DERECHO

José Antonio Rodríguez Choza

ANÁFORA
EDITORIAL

Primera edición: septiembre 2024

ISBN: 978-84-129237-0-4
Depósito Legal: MA 2430-2024

Diseño y maquetación:Editorial Anáfora
Diseño de portada: Editorial Anáfora, sobre una idea de José Antonio Rodríguez Choza

Edita: Editorial Anáfora
www.editorialanafora.com
info@editorialanafora.com

Impreso en España 2024

Este libro se lo dedico a mi padre, que siempre me ha apoyado en todo; a mi madre, refugio de mis miedos.

A mi hermana, con quien comparto todas mis inquietudes.

A mi mujer, que me aporta el sosiego que necesito, y a mis hijas, que son mi vida.

Os quiero.

ÍNDICE

AGRADECIMIENTOS

A lo largo de mi trayectoria he ido encontrándome con personas que, de un modo u otro, han ayudado a que este libro sea hoy una realidad. En primer lugar, quiero agradecer a Manuel Salas Gambero por sus consejos en mis primeros años como agente de policía y por darme el empujón definitivo para matricularme en los estudios de Derecho. A Antonio Rivas González, quien rápidamente me brindó su confianza en la Facultad, confianza que ha llevado a forjarse en una estrecha relación de amistad y compañerismo. A Beatriz Blanco Muñoz, mi mentora, que desde la primera llamada de teléfono me ofreció su amistad y compartió conmigo su experiencia de la profesión de la abogacía. Al profesor Jesús Martín Fuster, por revisarme algunos párrafos de este texto de manera desinteresada. A José Luis Martínez Valdés, por estar siempre detrás del teléfono para solventar mis dudas. A Cristina Muñoz De Paula, magnífica escritora, por darme su opinión de este libro y a Isaac Ríos Benzo, con quien recorrí cientos de kilómetros de oposición en oposición y gastado unos cuantos pares de zapatillas entrenando, por revisar desde la primera hasta la última palabra del libro (literal).

También quiero dar las gracias a Enhamed Enhamed, medallista paralímpico, por aparecer justo en el momento quc más ne cesitaba.

A todos ellos, gracias.

En la actualidad nos encontramos con un mundo cambiante donde todo se transforma de manera vertiginosa sin que nos dé tiempo a darnos cuenta de ello, sin embargo, existen unos fundamentos, unos principios y, en definitiva, un marco estructural que no cambia, que se mantiene perenne a lo largo del tiempo. Pues bien, esta obra eminentemente práctica aspira a la atemporalidad, ya que es un manual de resistencia: una guía, un mapa del tesoro que el que lo posee puede considerarse afortunado, ya que le llevará con seguridad desde el inicio de su viaje, que a veces se convierte en una larga travesía por el desierto, con un sinfín de avatares y peligros, pero que gracias a este manual podrá sortearlos todos y llegar con seguridad a su destino, que no es otra cosa que ver satisfechas sus pretensiones.

Esta transversalidad, cercanía en el lenguaje, alejado de tecnicismos, hacen que mediante casos del día a día, sea perfectamente comprensible para el lego en derecho cualquier cuestión relacionada con el asunto a tratar, desde las tan temidas herencias, por las intrigas familiares que levantan, hasta los tan habituales divorcios que muestran el fracaso de un proyecto común y la degradación que sufre una sagrada institución como es la del matrimonio.

De gran utilidad tanto para el ciudadano de a pie, con inquietudes en resolver su intriga jurídica, como para el estudiante que decide empezar la noble carrera de derecho y que el primer día de clase queda abrumado por la aparente dificultad que entrañan las leyes que van a regir su posterior vida profesional. Es por ello que este manual, lejos de buscar ser su libro de cabecera en el momento de prepararse los exámenes, pretende convertirse en un refugio que, sin ánimo de ser exhaustivo, sí le aportará una clara orientación hacia el camino que debe elegir en ese maremágnum laberíntico que es el ordenamiento jurídico y la mastodóntica burocracia que lleva aparejada con él.

No se puede comprender la obra sin entender la psiquis del autor, ya que él ha padecido y ejercido el derecho en sus diferentes variantes, como ciudadano, funcionario público y jurista. Estas variantes son fundamentales, puesto que le da una visión práctica integral del tráfico jurídico, ya que conoce a la perfección los problemas en los que se encuentra el lector a la hora de realizar el más sencillo de los trámites en cualquier administración pública, la dificultad criterial a la hora de contratar los servicios de un abogado, los derechos y los deberes de un trabajador en el momento de ser despedido o la tónica conflictiva de las postrimerías de un divorcio contencioso con hijos.

Querido lector, por todo lo anterior recomiendo encarecidamente la lectura de *Caminando Derecho*, ya que su espíritu didáctico y su carácter práctico hacen de ella una lectura amena e incluso divertida, adjetivo poco frecuente en una obra de derecho.

Antonio Rivas González.
Abogado y Académico de la Academia
de la Historia y la Geografía militar del Paraguay.

PARTE I
<u>INTRODUCCIÓN</u>

Habrás escuchado cientos de veces que la ley no la entiende ni quien la hizo, y créeme, te comprendo, y puede que hasta esta expresión popular sea verdad, solo basta escuchar una sesión parlamentaria para percatarnos del batiburrillo en que se ha convertido nuestra asamblea legislativa, que más bien parece un certamen de batalla de gallos, y claro, con estas guisas luego se aprueban leyes que acaban provocando justamente lo contrario de lo que pretendían. Buen ejemplo de ello ha sido la conocida Leydel *Solo sí es sí*, que, estando pensada para agravar penas de violadores y delincuentes sexuales, tras su aprobación y entrada en vigor, ha permitido la excarcelación por el momento de 121 presos y rebajado unas 1.200 condenas.

Pero queramos o no, las leyes rigen nuestras vidas, desde que nacemos hasta después de estirar la pata (de esto te contaré largo y tendido en el capítulo dedicado a herencias y testamentos). Es así, no hay que darle más vueltas. Casi todos los ámbitos de importancia que rodean la existencia de los individuos están regulados de alguna manera y si alguna cosa escapa a la ordenación, es muy probable que acabe siendo reglada.

Antes de nada, decirte, que este libro está dirigido a personas sin conocimientos jurídicos, y su finalidad será presentarte de una forma amena y a veces simpática, los diferentes derechos que te protegen, explicándote las distintas soluciones legales que te ofrece el ordenamiento jurídico frente a los problemas a los que te tengas que enfrentar en tu día a día, tales como: la adquisición de un inmueble, la detención de un hijo menor, el despido de un trabajador o ante las temidas herencias. Eso sí, siempre de manera aproximada y general, pero con la argumentación suficiente para que tengas una idea de cómo afrontar legalmente la situación.

Mi propósito con este libro es ofrecerte una herramienta similar a una brújula en mitad del campo, o un mapa en una carretera que desconoces. No obstante, es importante que comprendas que el derecho proyectado en una paleta de colores, nunca es blanco o negro, más bien es claro u oscuro; por eso no tomes nada de lo que vas a leer como verdades absolutas, más bien como referencias para posicionarte en perspectiva y luego buscar siempre asesoramiento legal.

A priori puedes pensar, ¿derecho? ¿leyes? Buahh, vaya rollazo, así que, leyéndote el pensamiento, me he esmerado en que la lectura sea amena y muy práctica, con pequeños relatos ficticios y con muchas preguntas y respuestas.

Bueno, dicho lo anterior me presento, soy José Antonio, fundador de *Gestione Abogado*; nací en Bailén (Jaén) históricamente conocido por ser el lugar en el que nuestros bravos paisanos aplastaron a las tropas napoleónicas, en julio de 1808 —quizá con la ayuda también de los 45 grados tan propios de la época, que cogieron desprevenidos al ejército francés—. A veces, pienso que conservo algunos de esos genes patrióticos, que me definen como una persona luchadora, al igual que mis padres y abuelos: humildes trabajadores que me educaron siempre desde el máximo respeto a los derechos de los demás, y con un firme sentido de lo justo.

Sin nadie en mi familia que fuese estudioso de leyes, a mí siempre me llamaron la atención, y en 2007, empecé a preparar oposiciones para policía, superando los procesos para el acceso al cuerpo nacional de Policía y Policía Local en el año 2009. Como eso de las leyes me seguía haciendo tilín, en 2016, me matriculé en estudios de grado de Derecho en la Universidad de Málaga, y tras completar los cuatro años de grado, decidí cursar el máster de acceso a la Abogacía en la Universidad Católica de Murcia, finalizando en el año 2022. Como podrás imaginarte, en ese periodo de tiempo me he metido un atracón de leyes, sin embargo, cuanto más profundizaba en mis estudios, más consciente me volvía de la inmensidad del campo y de mis propias limitaciones.

Contrariamente a lo que puedas imaginar, es común a todos los que se dedican al estudio en profundidad de alguna materia, que a medida que más estudias, mayores son los interrogantes. Esto me llevó a reconsiderar muchas ideas, y descubrí cuánto desconocemos como ciudadanos del funcionamiento del sistema jurídico y de nuestros derechos, que estando ahí, pareciese que existieran intereses oscuros que pretenden que pasen inadvertidos. ¿No te parece extraño que se celebre año tras año el Día de la Constitución en todos los centros escolares, mientras que no existe ni una sola asignatura en enseñanza obligatoria que explique cuáles son tus derechos fundamentales?; así que, sin pensarlo demasiado me dije: ¿y por qué no publicar todo aquello que he aprendido y hacerlo útil para los demás? Y la respuesta la tienes en tus manos, me lancé a escribir este libro: tu libro.

¿Y por qué pienso que es importante conocer todo lo que hay en estas líneas? En mi humilde opinión, la razón principal para dedicar tiempo al aprendizaje se encuentra en la libertad que alcanza aquel que posee conocimiento. Por ello, conocer el Derecho, como cualquier otra disciplina, te hace más libre, independiente, seguro, y de alguna manera también más prudente, al ser consciente del alcance que pueden entrañar la realización de algunos comportamientos o la toma de determinadas decisiones.

Estoy convencido de que el libro que tienes entre tus manos te va a servir para superar algunos de los obstáculos legales más frecuentes y que, aun con la amenaza del peligro acechando los talones, tú puedas seguir caminando derecho, y por supuesto con la espalda bien erguida, porque conocerás las herramientas legales que tienes a tu disposición, y sabrás cómo usarlas para afrontar la adversidad. Piensa en algunas de estas situaciones, seguramente alguna te sea familiar:

✓ ¿Alguna vez te ha dicho tu jefe, que este año no hay vacaciones porque tiene una avalancha de pedidos y te necesita, para poder atender a sus clientes?

✓ Quizá vivas en una vivienda de alquiler y se te haya dado esta situación: tu casero te ha enviado un correo en el que comunica que quiere extinguir el contrato, y te ha dado un mes, para que hagas las maletas y organices la mudanza.

✓ Has escuchado alguna vez que para determinados trámites no hace falta abogado, aunque no sabes para cuáles de ellos son.

✓ A un conocido le asesoró un abogado sin costarle un duro, te planteas si en tu caso también tendrías esa posibilidad.

✓ Ha llegado el momento de independizarte y te planteas comprar una vivienda: estás abrumado por la cantidad de información que recibes, y sientes que todo el mundo quiere hacer negocio contigo. Además, necesitas una hipoteca para poder financiar la compra y te agobias por la cantidad de trámites que hay que realizar.

✓ Estás deseando denunciar a unos vecinos que no te dejan descansar, pero no tienes ni idea de cómo poder demostrarlo.

✓ Quiero divorciarme, pero temo no poder ver a los niños.

✓ No acabo nunca de solucionar el tema de la herencia, porque me da pánico abordarlo con mis hermanos.

Querido lector, a estas cuestiones y a otras muchas, intentaré dar una respuesta en las siguientes páginas. Para ello he estructurado el libro en diferentes capítulos, según la problemática o como nos gusta decir a los juristas, por «materias». Lee esta guía como mejor entiendas necesario, no tienes que ceñirte al orden propuesto, puedes acudir al capítulo del libro que más te interese en ese momento de tu vida. En cualquier caso, leer la obra de inicio a fin, te va a dotar de una idea general de aspectos cruciales que todos vivimos tarde o temprano.

Ahora bien, eso no quiere decir que tú mismo puedas solventar algunas cuestiones, ya que en la mayoría de los casos precisarás contar con la asistencia de un profesional del derecho, un abogado o asesor; la finalidad pretendida es hacerte saber que tu problema tiene una solución, y gracias a este conocimiento, te lances con decisión a buscar la ayuda necesaria. Y es que me he encontrado en más casos de los deseados con amigos que, teniendo la necesidad de resolver un asunto, se quedó en la palestra por mero desconocimiento.

Quien más quien menos, todos hemos tenido algo en mente que nos ha inquietado: no te preocupes demasiado, es cierto que existen problemas que a menudo se nos hacen insalvables, pero tengo una buena noticia para ti: tus problemas en manos de los especialistas adecuados pueden quedarse en un mal recuerdo o minimizarse de tal manera que te hagan respirar aliviado.

Cuando hayas terminado de leer estas páginas, espero que hayas recibido, al menos, las nociones precisas para que ante las dificultades no te quedes parado, asumiendo la situación, sino que trates de buscar la salida, recurriendo a la información que se te va a proporcionar en este libro, de manera que obtengas una respuesta adecuada al problema que se te haya planteado, seguro que la tiene.

Insisto, conocer las leyes nos hace más libres, y uno de mis objetivos principales con la publicación de esta obra es participar en la construcción de una sociedad mejor, porque solo así mejoraremos como individuos.

Por cierto, no todos los asuntos caben en este manual, sería demasiado pretencioso por mi parte poder elaborar una obra de esa magnitud; por ello te invito a que, si vives una situación que te crea malestar, o tienes la menor inquietud, adelante, pregunta, investiga, muévete, busca la solución.

Antes de meternos en el meollo, te dejo enlace a mi sitio web, por si quieres conocerme: www.gestioneabogado.es

¡Empezamos!

DERRUMBANDO LA BUROCRACIA I

Te pongo en contexto, España es un Estado de Derecho, lo cual quiere decir que todos, absolutamente todos —empezando por mí mismo escribiendo este libro, hasta el presidente del Gobierno—, estamos sometidos al imperio de la ley, es decir: al cumplimiento de lo que dispone la Constitución Española y las leyes.

Por ello, a la hora de encontrar la solución a los problemas, tenemos que buscarla atendiendo a lo establecido en las normas que han diseñado diferentes sistemas de remedios de conflictos por los que tenemos que pasar irremediablemente. Antes de continuar, detente a pensar en cualquier controversia que hayas sufrido y recuerda si fuiste capaz de encontrar por tu cuenta la solución. Sospecho que seguramente tropezaste con alguna dificultad y ello te inclinó a desistir del asunto. Esa decisión de abandonar la lucha supuso que te resignases y asumieras la situación, a pesar de que en realidad tuvieres derecho a satisfacer tus intereses.

Si te has sentido así en el pasado, es porque realmente el sistema de solución de conflictos vigente en nuestro Estado es complejo, y en muchas de las ocasiones esa capacidad de resolución de problemas queda reservada a profesionales como jueces, notarios o mediadores a los que parece que la única forma de llegar es por medio de abogados y procuradores, pero, ¿y si te dijera que eso no siempre es así?

¿Sabías que existen procesos legales en los que tú mismo puedes ser el protagonista para resolver el incidente? Verás, antes de acudir a un juzgado mediante una demanda o denuncia, tienes que saber que coexisten medios extrajudiciales —lo cual significa que se solucionan por instituciones diferentes a los juzgados— en los que puedes participar sin necesidad siquiera de abogado ni procurador. Ahora bien, el tema tiene su dificultad porque para ello debes de conocer en qué clase de asuntos puedes asistirte a ti mismo y en cuáles no, así que en las próximas líneas te aclararé cuándo puedes ser tú mismo el propio director del procedimiento reparador de conflictos, y cuándo no.

TRÁMITES BUROCRÁTICOS SENCILLOS

En este cajón, catalogo ciertas materias que tendrás que resolver ante la Administración pública y que a modo de ejemplo pudieran ser: la presentación de solicitudes de certificados de empadronamiento, de matrimonio, de nacimiento, solicitar una beca de estudio, pedir una licencia de obras o de apertura, de caza, de reserva de espacio, un certificado de vida laboral, de últimas voluntades, de antecedentes penales, o solicitar la participación en procesos selectivos… y un sin fin de papeleos más.

Pues bien, estos sencillos trámites los puedes realizar por ti mismo, bien sea acudiendo de manera presencial ante el registro de la administración competente o mediante certificado digital sentado cómodamente desde tu escritorio (de esto de hablaré seguidamente).

Aunque en este libro los haya calificado como trámites burocráticos sencillos, no soy ajeno a la dificultad que pueden presentar para muchas personas abordar cualquiera de las tareas anteriores, puesto que no solo hay que dedicarles una parte muy valiosa de nuestro tiempo, sino porque no todos somos capaces de manejarnos tecnológicamente con aplicaciones, correos electrónicos, claves, y portales de los distintos organismos oficiales. Y no digamos nada en lo referente a buscar y recopilar la documentación necesaria, ya que hoy en día para solicitar una humilde pensión, precisas desplegar una labor burocrática que en sí misma ya supone un auténtico latazo.

—José, tienes razón, hoy en día está todo súper complicado. Cada vez que vas a cualquier organismo oficial te hacen pedir cita por internet (que también tiene su complejidad), llegas, te sientas y esperas a que te llame la pantallita, te atienden malamente y te hacen ir y venir unas pocas veces, para al final, no conseguir nada.

—Ante ello te recomiendo que acudas a un gestor y delegues en él la gestión, cierto es que deberás de pagar unos honorarios pero que bien merecerán la pena, ya que a cambio el profesional realizará la labor por ti y conseguirá mejores resultados.

Esto lo leerás a lo largo del libro en muchas ocasiones. Esta figura profesional te va a ayudar con tu problema, y ello te permitirá ahorrar tiempo, esfuerzo, preocupaciones... y te garantizará —en la mayoría de los casos— unos resultados satisfactorios.

—Sí, José, realmente merece la pena gastar dinero en trámites, pero ¿qué gano con ello?

—Bien, delegando asuntos te va a permitir, por un lado, centrarte en tus quehaceres cotidianos y no perder el tiempo en asuntos que no controlas, y además, en caso de que la gestión no llegue a buen término, podrás inclusive (según el caso) reclamar al gestor por el incumplimiento del encargo de la labor. Esto es interesante de saber porque el gestor tiene el deber de atender el asunto con la diligencia debida, o, dicho de otro modo: como si el asunto fuese propio, y cuenta con cobertura de seguro de responsabilidad civil para responder ante las negligencias en que pudiera incurrir en su labor profesional.

Te pongo un ejemplo: llega la hora de presentar la renta y contratas a un experto en la materia para que haga la gestión por ti. Al tiempo, te llega una resolución de la temida Agencia Tributaria en la que te sancionan por no presentar tu declaración de la renta en el plazo debido. Alarmado por esto, llamas a tu gestor para pedirle explicaciones y te indica que, sin saber cómo, se le pasó tu encargo y que no hizo el trámite. Ante esta situación gravosa provocada por negligencia de un asesor, tendrás la posibilidad de actuar contra él, iniciando un proceso por incumplimiento de contrato, llamado de responsabilidad contractual y pedirle una reclamación. Todo ello al margen del cabreo que habrás pillado, para lo cual te aconsejo que acudas a unas pocas sesiones de yoga, que creo que van muy bien para liberar tensiones. A veces, también funcionaría bien meterle un puñetazo a alguien en el momento oportuno, pero me temo que eso no es legal.

Entiende, que esto que acabas de leer es un ejemplo aproximado y que cada asunto requiere un estudio pormenorizado, para lo cual tendrás que valerte de un asesor (otra vez).

—José, ¿cómo hay que dirigirse a estamentos oficiales?

—Siempre formalmente, mediante documentos que se llaman «instancias», que no son más que meros escritos donde se hace constar la solicitud deseada. Para facilitarte la tarea, si te lanzas a hacer por ti mismo el trámite, te dejo a continuación un modelo de instancia general mediante la cual podrás dirigirte a cualquiera de las administraciones públicas y realizar la petición que te sea necesaria. Vamos a simular una denuncia por molestias al ayuntamiento de tu localidad de residencia.

Nombre y apellidos:......

DNI:.................................

Domicilio:.....................

Correo electrónico:...........................

Tlf:.............

Comparece y como mejor proceda en Derecho,

EXPONE:

(Cuenta en este espacio lo que el funcionario tiene que saber, por ejemplo):

Que vivo en calle Madrid en el nº2 y piso 2ºA y mis vecinos del 3ºA hacen fiestas todos los fines de semana hasta altas horas de la madrugada y no me dejan descansar.

SOLICITA:

(Y en este otro lugar, apunta lo que necesitas, siguiendo con el ejemplo propuesto):

Que se proceda por la autoridad competente a comprobar lo manifestado y levantar las sanciones que correspondan

Documentos adjuntos:

(En este espacio tienes que poner en orden los documentos y pruebas que tengas para acreditar lo que decimos):

Incorpora siempre el DNI y en este caso indicaríamos que tenemos audios y grabaciones en las que consta el ruido que hacen los vecinos, y testigos que confirman lo narrado, especificando sus datos personales y de contacto.

Fecha:..........

Firma:.......

(El pie de página será el espacio reservado para designar el SERVICIO O AUTORIDAD A LA QUE DIRIGIMOS EL ESCRITO), por ejemplo:

ILMO. SR. ALCALDE – PRESIDENTE DEL AYTO DE ......

<u>DEMANDAS SENCILLAS</u>

En este cajón voy a incluir las actuaciones que tengas que dirigir necesariamente a los juzgados y que no precisan de actuar bajo la dirección de un abogado.

—¿Esto por qué?

—Se debe a que muchos problemas únicamente pueden ser resueltos por medio de un juez. De ahí, que nadie pueda tomarse la justicia por su mano y resolver el tema por sí mismo, lo cual además de estar totalmente prohibido, nos trasladaría a épocas muy pasadas.

Te pongo en contexto: el ordenamiento jurídico —la ley— permite que en determinados casos los interesados puedan acudir a los juzgados a ejercer sus derechos sin necesidad de contar con un abogado ni con un procurador al efecto. Interesante ¿verdad? Y te preguntarás entonces: ¿cuándo es esto posible? Ello dependerá del asunto entre manos. Para ello, te explicaré los diferentes órdenes jurisdiccionales y sus funciones, ya que mientras un juzgado de lo Civil es competente para resolver un tema de impagos de rentas de alquiler, un Juzgado de lo Social lo será para un despido de un trabajador, y un Juzgado de lo Penal será el competente para esclarecer un asesinato; por eso los diferentes órdenes jurisdiccionales hacen referencia a qué tipo de juzgado será competente para aclarar el enredo.

—Vaya José, esto parece complicado de entender.

—No te preocupes porque leyendo lo siguiente te voy a sacar de dudas, y después, serás capaz de hablar con tus amigos sobre este tema y los dejarás impresionados.

Para entenderlo te voy a proponer que te vengas conmigo de viaje. Y no un viaje cualquiera, nos vamos a subir en una nave espacial y vamos a irnos al mismísimo espacio galáctico, ¡agárrate fuerte que subimos! Acabamos de sobrepasar la estratosfera y ya estamos en el espacio, con nuestros trajes de astronautas flotando en la nave y observando desde nuestras ventanas unos pocos planetas. Quiero que a partir de este momento te imagines que el sistema jurisdiccional es una galaxia en la que coexisten diferentes planetas y que cada uno de ellos representa un orden jurisdiccional, y claro, en cada planeta hay habitantes (jueces, fiscales, abogados, funcionarios, procuradores y ciudadanos) que van a ser los protagonistas de cada uno de los planetas que integran la galaxia: el planeta Civil, planeta Penal, planeta Social y planeta Contencioso Administrativo.

Bien, ahora que ya puedes comprender que cada orden jurisdiccional se representa como un planeta, te será más fácil entender que cada planeta tiene sus propios asuntos con sus propios medios y leyes. Fácil, ¿verdad?

Prepárate que vamos a aterrizar en el planeta Civil y vamos a dar una vuelta por allí, a ver qué se cuece. Cuando entramos a las cafeterías y ponemos oreja a las distintas conversaciones todas giran en torno a problemas relacionados con divorcios, herencias, impagos, arrendamientos, hipotecas, morosos, reclamaciones por accidentes de tráfico… exactamente, todos son problemas civiles. En este planeta (orden) no hay delitos, ni asuntos laborales, todo es de naturaleza civil. Por ello, sus juzgados serán de lo civil y resolverán nada más que asuntos civiles usando normativa meramente civil.

¿Te ha gustado este viaje? ¿Sí? ¡No te acomodes, nos espera nuestro siguiente destino: el planeta Penal!

En el planeta Penal, todo es más oscuro, paseando por sus calles todo el mundo tiene mucho miedo, corren de un lado a otro como si les fueran a pegar un tiro tras una esquina. Es un caos, las viviendas están fuertemente protegidas con puertas acorazadas, rejas y circundadas por alambradas eléctricas; el motivo está claro: los asaltos y robos violentos están al orden del día. Y es que todos los comportamientos de los ciudadanos son delictivos. Es por ello que, en este planeta sus jueces son penales y únicamente van a enjuiciar conductas delictivas aplicando las leyes penales.

¡Vamos de nuevo a la nave que nos quedan dos destinos más que ver!

Acabamos de aterrizar en el planeta Social: en este lugar toda la gente está peleada con su jefe o este con ellos: uno dice que lo han despedido, el otro que le deben varias nóminas, aquel que le han jodido las vacaciones, etc. En los parques los padres hablan sobre la putada de las jubilaciones y si *menganito* tiene una incapacidad total o absoluta o *fulanito* está de baja por depresión… y también critican constantemente a la Seguridad Social. ¿Vas captando ya, no?

En esta jurisdicción, sus ciudadanos sufren únicamente cuestiones laborales y de la Seguridad Social, lo que abarca dilemas en el ámbito de sus relaciones laborales con sus jefes (vacaciones, jornada laboral, horas extra, despidos, permisos, excedencias, sindicales, huelgas, etc.) y con el sistema de la Seguridad Social (prestaciones por desempleo, incapacidades temporales o permanentes, jubilaciones, enfermedad profesional, etc.). Y ahora, ¡corre que se nos escapa la nave, siguiente y último destino!: planeta Contencioso Administrativo.

En el astro Contencioso Administrativo, observamos a sus ciudadanos echando pestes de las autoridades de Hacienda, del sistema sanitario, de las universidades, de los ayuntamientos, diputaciones, comunidades autónomas y cómo no: del Estado.

¡Qué barbaridad, el personal está quemadísimo! La cantinela es la misma vayas por donde vayas: que si me han denegado una beca, que me ha venido un «multón» de Hacienda, el otro se lamenta de que la policía le ha parado una obra o ese se queja de que le han cerrado la discoteca. Visitando un hogar de jubilados, escuchamos a una pareja de jubilados hablando sobre que uno de ellos se había caído en la calle a causa de una baldosa rota y que después de reclamar, el ayuntamiento había rehusado su responsabilidad. Como ya podrás imaginarte, en este lugar los ciudadanos se enfrentan a problemas contra la Administración pública.

Y amigo lector, hasta aquí nuestro viaje interestelar, el cual deseo que hayas disfrutado; y ya que estamos de vuelta nos hemos situado exactamente en el punto de partida necesario para continuar con el descubrimiento de herramientas legales que te van a ser muy, pero que muy interesantes. ¡Seguimos!

<u>YO ME ENCARGO</u>

Una vez que ya conoces las diferentes jurisdicciones, lo siguiente que te interesa conocer es cuándo y cómo puedes acudir a ellas cuando tengas algún dilema que resolver. Como te decía unas páginas más atrás, la legislación te permite en determinadas circunstancias *iniciar acciones judiciales por tu cuenta*, prescindiendo de abogados y procuradores y con ello ahorrándote unos dinerillos, pero claro, tendrás que conocer cuándo es factible ¿no? Pues de eso se trata.

Let´s go!

a) En el orden (planeta) Civil, se puede prescindir del abogado en diferentes asuntos, pero únicamente me voy a detener en desarrollar aquellos que tienen mayor aplicación práctica, el resto te los dejaré apuntados por si deseas buscar más información.

1. Procesos de juicios verbales por razón de la cuantía que no supere los 2.000 €. Vale, no te has enterado de nada. No te preocupes, que te lo explico: aquí el tema es que te deben pasta y no te pagan. En definitiva: son asuntos en los que se está discutiendo únicamente temas de dinero hasta el límite de 2.000€, si te deben 2.001€ ya necesitas abogado. Observa el ejemplo de estos dos señores:

Manolo y Benito tenían una pequeña empresa de construcción. María los contrató para reformar el baño de su hogar: cambiar el alicatado, sanitarios y poner un plato de ducha. El presupuesto fue de 1.853 €. Acordaron que el modo de pagar sería en dos partes: una primera para empezar los trabajos por valor de 500€ para comprar materiales, y el resto sería abonado cuando finalizaran las tareas. Llegó el día en que los buenos de Manolo y Benito cumplieron con su parte y solicitaron a María que les pagase los restantes 1.353 €, algo que nunca sucedió, puesto que Dña. María siempre salía con alguna excusa para pagar. Por tanto, sabiendo que la cantidad debida no alcanzaba los 2.000 €, ello les permitía iniciar un proceso judicial sin necesidad de contar con abogado ni procurador. Se hicieron con el modelo de demanda que se acompaña en este capítulo y fueron al juicio. María reconoció ante su señoría la deuda y acabó pagando lo debido más los intereses.

Al caso, te deben 1.900 € y no te pagan. ¿Qué haces? Lo normal es que te asesores con un profesional que te defienda y luche por recuperar tu dinero, pero cabe la posibilidad de que seas tú mismo quien asuma esa labor, para ello tendrás que redactar una demanda sencilla (te facilito modelo) y presentarla ante el Registro del Decanato del juzgado correspondiente —normalmente será competente para realizar el juicio el juzgado que radique en el domicilio de la persona morosa—. No obstante, ¿te lo recomiendo? Absolutamente no. Y dirás: ¿por qué? Con este ejemplo saldrás inmediatamente de dudas: ¿te atreverías a cruzar el Océano Atlántico solo porque tienes un barco? Por supuesto que no. Lo más sensato sería que contratases a un patrón de barco con el conocimiento y experiencia necesaria que te garantizase una travesía segura frente a todos los avatares posibles. Lo contrario sería sencillamente algo temerario y acabarías con toda probabilidad muerto.

En este caso ocurre exactamente igual. Verdaderamente el procedimiento judicial tiene una serie de exigencias que, salvo que seas un estudioso del derecho, es muy probable que desconozcas. Se trata de un procedimiento técnico sujeto a plazos y unas formalidades que, en cuanto una sola de ella no sea cumplida, podría implicarte perder el caso y sin la posibilidad de volver a poder a reclamar nuevamente, a lo que se une la probabilidad de acabar condenado en costas, que implicaría desembolsar una cantidad de dinero extra derivada del procedimiento.

Observa bien lo que te digo, podrás pensar que tienes toda la razón del mundo y ver clarísimo que el juez vaya a condenar al contrario a pagarte la cantidad que pides, pero como haya algún fallo de por medio, no tengas la menor duda de que tu contrincante se aferrará al mismo como si de una línea de vida se tratara, para lograr salir airoso de la contienda. Y no es solo que pierdas, sino que inclusive acabarás siendo condenado a pagar las costas del juicio. Es decir: matado y rematado.

Aquí te dejo un modelo que podrás rellenar para presentar tu demanda y un enlace al portal web del Consejo General del Poder Judicial, donde podrás ampliar más información.

El juicio verbal

Importante:
Antes de redactar el escrito de la demanda, lee la guía que existe en el enlace facilitado anteriormente.

MODELO NORMALIZADO
DE DEMANDA DE JUICIO VERBAL AL JUZGADO

Don/Doña……………………………..con DNI:……………….,
domiciliado en ………………………......………………………….
con número de teléfono……………………. Y domicilio laboral
en ……………………………………………………., con número
de teléfono ………………. y correo electrónico ……………….
Y fax……………………….
FORMULO DEMANDA SUCINTA DE JUICIO VERBAL en
reclamación de ……………………………………………….....…..
más intereses y costas contra:

Don/Doña……………………………….con DNI:……………….,
domiciliado en ………………………………….……………………
con número de teléfono…………….......………. correo electrónico
…………………. Y fax……………………….
*(de conocer otros domicilios del demandado especifíquelos a conti-
nuación)*
……………………………………………………………………….
Por: (indique brevemente el motivo de la reclamación)
……………………………………………………………………….
……………………………………………………………………….
……………………………………………………………………….
……………………………………………………………………….
……………………………………………………………………….
……………………………………………………………………….
……………………….

(A continuación, marque una de las siguientes opciones:).

- Presento documentos y/o dictámenes periciales relativos a los hechos en que baso la contestación de la demanda.

- No presento documentos y/o dictámenes periciales relativos a los hechos en que baso la contestación de la demanda.

Importante: deberá presentar con la demanda, todos los documentos o dictámenes periciales de que disponga relativos a los hechos alegados en el escrito – modelo de la demanda.
(Marque una de las siguientes opciones)
- Estimo pertinente la celebración de vista.
- No estimo pertinente la celebración de vista, solicitando que se dicte sentencia sin más trámite.

En atención a lo expuesto, PIDO AL JUZGADO:
Que se condene a la parte demandada a pagarme la cantidad de
……………………………………….más el interés legal *(o el pactado si fuera mayor)*, desde la interpelación judicial o requerimiento extrajudicial, así como el abono de las costas procesales.

En……………………………….a…………
de………………………………...de………..
Firma:

Documentación que adjunta, (en su caso):

2. En la petición inicial de procedimiento monitorio (para impagos de facturas principalmente).

—José, ¿qué es un procedimiento monitorio?

—Es un mecanismo judicial rápido, que permite que tanto particulares como sociedades puedan cobrar sus créditos frente a sus deudores presentando pruebas que acrediten la deuda a reclamar. ¡¡De ahí la importancia de documentar todo!! Piensa en facturas, albaranes, rentas impagadas, contratos de reconocimiento de deuda, *tickets*.

Así, por ejemplo, en este proceso cabría la reclamación de unas rentas de alquiler impagadas, la factura pendiente de pago de unos trabajos de pintura, de obras, de decoración, de la compra de cualquier clase de artículo, cuotas de comunidades, etc.

—José, ¿aquí no hay límite de cantidad?

—La respuesta es no, puedes accionar tanto si la deuda es de 100 € como si es de 100.000 €. Basta que concurra el requisito de existencia de una deuda acreditada. El proceso se inicia con la presentación de un modelo de escrito, que te lo dejo más abajo, y que tendrá que dirigirse ante el Juzgado de Primera Instancia que radique en el domicilio del deudor (cuidado si la deuda es entre sociedades y alguna está en concurso porque en este caso la jurisdicción competente sería la mercantil).

MODELO DE PROCESO MONITORIO

AL JUZGADO

Don/

Doña ....

.... (en caso de actuar en representación de una entidad deberá especificar a continuación su denominación social), como representante de la entidad ....

con DNI y NIF/CIF número ...., dirección de correo electrónico.. domiciliado en la calle .... número .... , piso .... , de la ciudad de ...., con número de teléfono .... y domicilio laboral en la calle ...., número .... , piso .... , de la localidad de .... , fax nº .... y dirección de correo electrónico ....

.

FORMULO PETICION INICIAL DE PROCESO MONITORIO EN RECLAMACIÓN DE *(indique la cuantía que reclama)* ....

contra:

Don/Do-

ña ....

con DNI NIF/CIF número ...., domiciliado/a en la calle ....

número .... , de la ciudad de .... número telé-

fono ....……........ n.º de fax .... y dirección de correo electrónico ....

(de conocer otros domicilios del deudor especifíquelos a continuación)

La cantidad reclamada tiene origen en las relaciones mantenidas entre las partes y, concretamente *(relate brevemente los hechos que han originado la deuda)*:

En atención a lo expuesto, PIDO AL JUZGADO:

1.º Que se requiera a la/s persona/s deudora/s para que en el plazo de veinte días, pague/n la cantidad de .... y para el caso de que en dicho plazo no atienda/n el requerimiento o no comparezca/n alegando razones de la negativa de pago, se dicte decreto dando por terminado el proceso monitorio y se me dé traslado del mismo para que pueda instar el despacho de ejecución.

2º Que si la persona deudora se opone por escrito alegando razones para negarse total o parcialmente al pago, se de por terminado el monitorio y se acuerde seguir por los trámites de juicio verbal, dándome traslado de la oposición para poder impugnarla en el plazo de diez días.

En la ciudad de ………....................……………….. a …….…...
de ……………….

Firma

Una vez presentado el escrito y el deudor sea requerido para saldar la deuda, puede suceder que:

—Uno: abone lo que debe en cuyo caso se daría por finalizado el caso, extremo que sería maravilloso.

—Dos: hacerse el loco, por lo que ni paga ni aparece por ningún lado. De darse este extremo, el demandante será avisado por el juzgado de la actitud del reclamado para dar el siguiente paso para cobrar lo debido: presentar escrito de ejecución, es decir:

pedirle al juzgado que haga lo necesario para que localice al deudor y acabe por pagar la deuda. En este momento, el moroso puede oponerse y ahora se complica el asunto, puesto que, en esta fase, si la cantidad a reclamar supera los 2.000 €, sí será obligatorio para los interesados estar defendido por abogado y representado por procurador.

—¿Qué significa oponerse, José?

—Quiere decir que, si el demandado niega la existencia de la deuda se acabó el proceso monitorio y eso comportará que el tema necesariamente sea discutido de manera ordinaria y dará comienzo una fase nueva con las siguientes peculiaridades:

Si la cuantía en juego excede de 2.000 €, el juez te otorgará un plazo para que busques abogado y procurador para que te reclamen la deuda. Personados estos profesionales, el proceso continuará automáticamente si la cuantía no superase los 6.000 €; en cambio, de superarse, el reclamante tendrá la opción de continuar o no, para lo cual deberá presentar demanda formal. Y atención amigo lector a esto, porque si nos encontramos en esta situación, valora concienzudamente optar por desistir del asunto (ya sea porque te aburres o te desentiendes del mismo) porque el mero hecho de haber puesto la maquinaria en funcionamiento va a tener consecuencias importantes para ti: se te condenará a pagar en costas, que serán más altas cuanto mayor sea el montante de lo reclamado.

En definitiva, conclusión y consejo que te doy: si estás en condiciones de iniciar un proceso monitorio, aunque puedas actuar sin abogado, es muy recomendable contar al menos con un asesoramiento previo, porque aunque parezca un mecanismo sencillo al alcance de cualquiera, la realidad es que los cauces procesales son complejos y requieren de unos conocimiento técnicos con consecuencias para los interesados que pueden tener efectos contrarios a los esperados, sobre todo en lo relativo a las costas como te he explicado.

En cualquier caso, la decisión es tuya y para facilitarte la tarea, te dejo un enlace a la web del Ministerio de Justicia en los que podrás ampliar información, encontrar formularios y el acceso a la sede electrónica para la presentación de los escritos.

Procedimiento monitorio

3. Escritos que tengan por objeto personarte en juicio, solicitar medidas urgentes con anterioridad al juicio o pedir la suspensión urgente de vistas o actuaciones. Seguramente la circunstancia de más interés para ti en este apartado sea la facultad que te ofrece la norma de solicitar que su señoría despliegue una actuación necesaria para proteger tus derechos, como pueda ser la de conservar una prueba determinante para ti, y tengas el temor de que pueda desaparecer por causas naturales o porque a alguien le interese que desaparezca. Entonces puedes redactar un escrito utilizando el siguiente formato para dirigirte al juez.

AL SR JUEZ DE PRIMERA INSTANCIA

Nombre y apellidos:……………...................................…………..
Fecha de nacimiento y lugar de nacimiento: ………………….........…...……………………....……. Número de DNI: …………………………..…. Domicilio, correo electrónico y n.º de teléfono …………………………………………………

Por medio del presente como mejor proceda en Derecho, comparezco ante ese juzgado y DIGO: *(narra qué ha sucedido de la manera más clara posible, con orden cronológico)*

Atendiendo a lo anterior, SOLICITO: *(aquí es donde has de solicitar la medida que consideres pertinente como la conservación de unas grabaciones, documentos, pedir la declaración de un testigo que ha observado el problema - caso de turista que se marcha a su país en unos días -, recogida de muestras biológicas, etc.)*

Fecha y lugar

Firma

4. Por último, podemos prescindir de abogado y procurador en los procesos de expedientes de **Tutela, Curatela y Guarda de Hecho, nombramiento de defensor judicial o actos de conciliación contemplados en la Ley de Jurisdicción Voluntaria.** Este es un tema bastante más complejo que trasciende el interés de este libro, pero aquí queda anotado, y si lo necesitas, te invito a que amplíes el conocimiento en otras fuentes informativas.

b) En el orden (planeta) Penal: aquí no hay duda acerca de la posibilidad de asistirte de abogado o no, porque siempre vas a necesitar la asistencia de un letrado, ya seas el investigado como autor de un posible delito o el perjudicado o víctima del mismo. El papel del abogado en este orden será dirigir la defensa de su cliente, bien en el rol de acusación o de investigado. La única excepción de la necesidad de contar con abogado será en el ámbito del enjuiciamiento de determinados delitos leves, tales como: lesiones, coacciones, injurias, amenazas o hurtos, siempre que la pena prevista para el delito investigado no sea multa de hasta seis meses, en cuyo caso también deberás de ser asistido de abogado.

Si has sido víctima de un delito, por supuesto, puedes acudir tú mismo a cualquier comisaría o juzgado y presentar la denuncia correspondiente, independientemente de que posteriormente te puedas personar en la causa como acusación particular interponiendo querella, para lo cual, sí precisarás de ser defendido por abogado y representado por procurador.

c) Planeta (orden) Social: en este planeta la ley permite que tú mismo como trabajador, u otra persona que esté en pleno ejercicio de sus derechos civiles (mayor de edad y no incapacitado) actúe por ti para defender tus intereses frente a tu empleador en una disputa judicial; pero ojo, siempre que el procedimiento se vaya a resolver en la primera instancia, es decir: que se presente el problema a un juzgado por primera vez, puesto que si la disputa ya ha sido resuelta por el Juez de Primera Instancia (la primera instancia es el primer escalón en la vía judicial y la segunda instancia es el segundo, cuando interpones un recurso a la primera). Si con la resolución de la primera instancia no estás conforme y la ley te permite la posibilidad de someter la cuestión a una segunda instancia, entonces sí será obligatorio que cuentes con la asistencia en ese segundo juicio de un abogado o un graduado social.

Si la demanda va a ser presentada conjuntamente por diez personas o más (cosa que puede suceder cuando varios miembros de una plantilla vayan a actuar contra la empresa por los mismos motivos), será necesario que se nombre a un representante común, alcanzando esta facultad a un abogado, procurador, graduado social, uno de los propios demandantes o un sindicato, que tendrán la obligación de realizar los actos pertinentes en nombre de todos.

Por último, en cuanto a los trabajadores afiliados a un sindicato, podrán recabar su auxilio para que les asistan en juicio, recayendo sobre el afiliado las consecuencias de la sentencia. Pregunta a tu sindicato para más información.

Concluyendo: en primera instancia te la puedes jugar por tu cuenta, sin abogado ni procurador; en las demandas conjuntas deberás elegir un representante común, que perfectamente podrá ser un compañero y los sindicatos pueden ayudar a sus afiliados en los procesos judiciales laborales.

d) Orden (planeta) Contencioso Administrativo: en este supuesto la necesidad de abogado es total, salvo los funcionarios que así lo estimen pertinente que sí podrán defenderse a sí mismos ante los juzgados de lo contencioso administrativo, siempre que la cuestión a resolver se ciña a cuestiones propias de su profesión, excepto si lo que está en juego es la propia condición de funcionario avecinándose una separación del servicio.

—José, soy funcionario y el ayuntamiento me debe unas nóminas ¿puedo defenderme por mí mismo sin necesidad de abogado en un juicio contra mi ayuntamiento?

—Efectivamente, para todas las cuestiones de tu profesión puedes defenderte por tu cuenta, salvo como decía, que en el juicio se vaya a cuestionar tu condición como funcionario, en cuyo caso sí requerirás de la asistencia jurídica de un letrado.

<u>**NO ME PUEDO PAGAR ABOGADOS, ¿QUÉ HAGO?:**</u>
<u>**SOLICITA ASISTENCIA JURÍDICA GRATUITA**</u>

—Vale José, ya tengo claro cuándo voy a necesitar de un abogado, pero sinceramente, no puedo permitírmelo

—Lamentablemente amigo lector esta situación sucede en demasiadas ocasiones, con lo que las personas que viven esta tesitura se van a encontrar dos problemas: el que los lleva a buscar abogado y el segundo de ellos, pagarle. Bueno, no te agobies compañero, puesto que, en España, reuniendo una serie de requisitos, vas a poder solicitar el beneficio de la asistencia jurídica gratuita. Esto se debe a que España es un Estado Social, y además de procurar sanidad y educación, también tiene el deber de garantizar que nadie quede privado de un Derecho Fundamental, como es el Derecho a una Tutela Judicial Efectiva. Así que el mero hecho de no contar con los recursos económicos suficientes no será razón para que quedes desamparado de tus legítimos derechos.

—Genial José, alguna vez he escuchado hablar de los abogados de oficio, pero ¿qué garantías ofrece un abogado del turno de oficio?

—En mi opinión todas. Te explico:

Para ser abogado del turno de oficio se exige una antigüedad previa de tres años en el ejercicio de la abogacía y contar con una formación profesional específica. Con lo cual, se garantiza experiencia y cualificación en la profesión. Asimismo, existen materias concretas dentro del propio turno de oficio, como es el caso de extranjería y de violencia de género en las que, aparte de los requisitos mencionados, se necesita también haber cursado y superado una formación especial sobre la disciplina.

Si a todo ello le sumamos que la abogacía es una profesión regida por normas deontológicas, se presume que los abogados asesoran y defienden al cliente con el máximo celo y diligencia, asumiendo personalmente la responsabilidad del trabajo encargado. Todo ello quiere decir que el abogado particular como del turno de oficio deberá intentar encontrar la solución más adecuada al encargo recibido, debiendo asesorar al cliente en todo momento sobre el desarrollo del procedimiento y respecto de la posibilidad y consecuencias de llegar a un acuerdo, así como de acudir a instrumentos de resolución alternativa de conflictos. Por lo que puedes ver, la garantía es máxima.

Como colofón, el colectivo se compone básicamente de voluntarios, por ello entiendo que quien hace algo voluntariamente hoy día es porque le gusta, le mueve, le motiva o hace sentir mejor persona. Así que no tengo la menor duda respecto de la profesionalidad de los abogados del turno de oficio.

—Vale, José, creo que tengo derecho a la justicia gratuita y me he decidido por solicitar abogado del turno de oficio, ¿cómo lo hago?

—Es relativamente sencillo: deberás buscar en tu localidad la oficina más próxima del servicio de orientación jurídica del colegio de abogados y obtener cita para ser atendido. Lo más fácil será hacer una llamada de teléfono al mismo colegio y ellos te darán toda la información necesaria o consultar la página web de cada colegio de abogados, donde inclusive encontrarás formularios de solicitud de asistencia jurídica gratuita.

En el siguiente enlace dispondrás de más información:

Servicios de orientacion juridica gratuita

—Parece muy interesante esto, pero ¿quiénes son titulares del derecho a la asistencia jurídica gratuita?

—Te explico con más detalles seguidamente, pero casi siempre se reduce a quienes carezcan de recursos para litigar.

a) Los ciudadanos españoles, los nacionales de los demás Estados miembros de la Unión Europea y los extranjeros que se encuentren en España, cuando acrediten insuficiencia de recursos para litigar (se explica en el siguiente apartado).

b) Asociaciones de utilidad pública y fundaciones, que no cuenten con recursos suficientes para litigar.

c) Trabajadores que tengan que reclamar derechos frente a una empresa que se encuentre en concurso.

d) Los ciudadanos extranjeros que acrediten insuficiencia de recursos para litigar en los procedimientos que puedan llevar a la denegación de su entrada en España, a su devolución o expulsión del territorio español, y en todos los procedimientos en materia de asilo.

e) Las víctimas de accidentes con secuelas permanentes que les impidan sus desempeños laborales y sus cuidados básicos en los procesos de reclamación de indemnización por los daños personales y morales sufridos.

f) Las víctimas de violencia de género, de terrorismo y de trata de seres humanos en aquellos procesos que tengan vinculación, deriven o sean consecuencia de su condición de víctimas.

g) Los menores de edad y las personas con discapacidad necesitadas de especial protección cuando sean víctimas de delitos de homicidio, de lesiones, de maltrato habitual, de delitos contra la libertad, en los delitos contra la libertad e indemnidad sexual y en los delitos de trata de seres humanos.

h) En caso de que las víctimas de los delitos anteriores acabe falleciendo como consecuencia de los hechos, el derecho a la asistencia jurídica gratuita será extensible a sus herederos.

—Vaya José, creo puedo encajar en uno de estas categorías, ¿qué requisitos son necesarios para acceder al derecho?

—Para valorar si podrás recibir beneficio a la asistencia jurídica gratuita, se va a valorar cuál es la situación económica y patrimonial de tu unidad familiar, inclusive si formas pareja de hecho, existiendo unos umbrales fijados conforme al IPREM. Actualmente estos serían los diferentes escenarios que se contemplan:

a) 16.800 € anuales, si eres una persona no integrada en una unidad familiar, es decir, que vives solo.

b) 21.000 €, anuales, para unidades familiares de hasta cuatro miembros.

c) 25.200 € anuales, para familias numerosas o unidades familiares integradas por cuatro miembros o más.

d) En el caso de ser persona jurídica (sociedad), se toma como referencia el resultado contable anual, que no podrá sobrepasar los 25.200 €.

e) Excepcionalmente, en atención a las circunstancias de familia del solicitante, número de hijos o familiares a su cargo; o que el solicitante ostente la condición de ascendiente de una familia numerosa de categoría especial (caso de padre o madre que tiene a su cargo una familia cuyos miembros integran una familia numerosa de categoría especial) se fija un límite de 42.000 € anuales.

Independientemente de los recursos meramente económicos, también se tendrán en cuenta la titularidad de bienes inmuebles, distintos de la vivienda habitual, y los rendimientos de capital mobiliario.

Para comprobar la teoría sobre la práctica, te comentaré el caso de unos amigos que debido a unos problemas necesitaron buscar abogado, y como no tenían una economía muy boyante, probaron solicitar uno de oficio; te cuento:

Javier, era un trabajador que vivía solo, sin pareja ni hijos a cargo (con lo cual se sitúa en el escenario «a»), obteniendo un sueldo de 1.300 € mensuales con dos pagas extras. Según lo que se ha explicado anteriormente, solicitó el derecho de asistencia jurídica gratuita y cuando estudiaron su situación patrimonial, al comprobar que en el cómputo anual superaba 16.800 € anuales se quedó sin el derecho. Repasando los cálculos se dio cuenta de que ganaba 18.200 € al año, así que por 1.400€ se quedó fuera. ¡Y solo por cobrar un poco por encima del salario mínimo profesional! ¿Te parece justo?

Analiza bien lo que acabas de leer, según el sistema actual, una persona como mi amigo Javi, que gana poco más que el salario mínimo interprofesional, no tiene derecho a la asistencia jurídica gratuita, como tampoco lo tendría si sus rentas superaran 300.000 €. Fíjate que disparate, ¡es sangrante! Si no acabas de coger la idea, sigue leyendo que hay más.

Aquí otro ejemplo igual de injusto que lo anterior. En este caso era una familia de amigos formada por cuatro miembros (se sitúan en el escenario «b»): Juan, Manuela y sus dos hijas: Lola y Luis —ejemplo de lo más extendido en la sociedad española—. Juan trabajaba como empleado en un almacén ganando unos 13.000 € anuales y Manuela era dependienta, con un salario similar, así que entre ambos percibían unos ingresos anuales totales en torno a 26.000 €, ligeramente superiores al límite fijado. Como puedes ver, la familia obtenía unas rentas que están algo por encima del salario mínimo interprofesional, y, aun así, perdieron el derecho por su situación patrimonial. No me parece justo.

Si lee estas páginas alguien con autoridad suficiente para cambiar el sistema, voy a aprovechar para proponerle algo: ¿qué tal si el Estado diseña un nuevo sistema más justo y equilibrado, basado en criterios de progresividad, de manera que cuanto más capacidad económica tenga el interesado, proporcionalmente tenga menos derecho a la asistencia jurídica gratuita? Sería como imponer un copago. Así, en lugar de excluir directamente el derecho de un ciudadano por superar un poquito el umbral previsto, le hacemos que pague parte de los servicios de manera proporcionada a su patrimonio.

En materia de derechos sociales en España aún persisten algunas carencias importantes, y una de ellas, desde mi humilde opinión es en relación al derecho de asistencia jurídica gratuita.

—José, ya he entendido la crítica, pero ¿qué impacto tiene para mí el reconocimiento del derecho?

—Claro, se me olvidaba. En breves palabras: se te permite ejercitar tus derechos ante la justicia y poner en marcha toda la maquinaria jurídica sin que te cueste un euro, porque todos los gastos los asume el Estado por ti. Esos costes, entre otros, abarcan:

✓ Los honorarios de un abogado y procurador que se ponen a tu servicio para defender tus intereses en juicio.

✓ Asesoramiento previo al juicio.

✓ Honorarios de peritos que tengan el deber de participar en el proceso judicial.

Si te han detenido y no designas un abogado de tu confianza, siempre se pondrá a tu disposición un abogado del turno de oficio. ¡Cuidado con esto! porque, si estás en calabozos y pides un abogado del turno de oficio, independientemente de que tengas derecho a la asistencia jurídica o no, cabe la posibilidad de que una vez se analice tu situación patrimonial no se te reconozca el derecho, por lo que entonces tendrás el deber personal de pagar los honorarios del abogado asignado del turno de oficio por el trabajo que haya realizado en tu defensa.

Otra gran ventaja de ser beneficiario del derecho, es en materia de costas, puesto que en el caso de que seas condenado en costas, no tendrás el deber de pagarlas, salvo que en los tres años siguientes a la finalización del proceso experimentes una mejora en tu economía. Es decir, tendrás que hacer frente a las costas impuestas si en ese transcurso de tiempo te toca la lotería o recibes una buena herencia, o consigues un empleo mejor remunerado.

Para acabar con este capítulo te voy a dejar un par de apuntes curiosos que vienen bien conocer: si como beneficiario del derecho a la asistencia jurídica gratuita te asignan un abogado que no te convence del todo, tendrás derecho de solicitar al colegio de abogados que te cambien el abogado designado. Para ello, deberás justificar de alguna manera que no está defendiendo bien tus intereses. Además, también podrás elegir a un abogado de tu confianza siempre y cuando este renuncie por escrito a percibir sus honorarios.

DERRUMBANDO LA BUROCRACIA II: BIENVENIDO A LA ERA DIGITAL: DIGITALÍZATE

Querido lector, si no tienes un certificado digital ya estás tardando en instalártelo en tu ordenador. De verdad, hoy día no tener esta herramienta es casi como no tener móvil.

—Pues José, yo no tengo el certificado.

—Pues acaba de leer este capítulo y después ¡hazte con el tuyo!

Además de tenerlo en tu PC, también podrías hacerlo en tu móvil, o en ambos dispositivos, aunque yo prefiero el PC, puesto que con este aparato tienes más fácil hacer escaneo de documentos y de firmar escritos, por ejemplo, con el programa *Adobe Reader*, en su versión básica. Por otro lado, si perdieras el móvil en algún lugar, al menos no tendrías la preocupación de que alguien usara tu certificado digital.

—Pero ¿por qué tanta urgencia José?

—Porque en los tiempos que corren la mayoría de trámites burocráticos se hacen por internet (pedir citas al médico de cabecera, renovar el permiso de conducir, solicitar un permiso de obras o de ocupación de vía pública, pedir una beca de estudios, matricular a tu hijo en el colegio, solicitar un subsidio, pagar una multa de tráfico, pedir una beca de estudios o inscribirte en el proceso selectivo de las oposiciones a las que te estás preparando desde hace bastante tiempo, etc.).

Además de ser necesario, tener el certificado te va a permitir ahorrar tiempo y dinero en desplazamientos y dispondrás de la posibilidad de actuar por ti mismo ante cualquier Administración pública sin necesidad de recurrir a terceros y cómodamente sentado en el escritorio de tu dormitorio. Digamos que disponer del certificado digital te permite actuar ante la administración tal y como si realmente estuvieses en la oficina del funcionario de turno, pero con la comodidad de estar en pijama y zapatillas de casa. ¿Mola, no?

Para que lo entiendas fácilmente, se trata de un DNI virtual, de manera que haciendo uso del mismo te ahorras desplazarte físicamente hasta cualquier organismo oficial ante el que necesites realizar algún trámite formal —ya sea ayuntamientos, diputación, Hacienda, Seguridad Social, etc.—.

El trámite, una vez familiarizado con el sistema, es sencillo. Enviarás los documentos desde tu escritorio a través de la sede electrónica de la administración pertinente y esta les dará el tratamiento que corresponda, contactando contigo por el mismo medio.

—Uy José, no entiendo muy bien las ventajas, ¿me las explicas?

—Quizás lo veas mejor con un ejemplo.

En mi caso me es de mucha facilidad en mi día a día, pero me fue especialmente útil durante el confinamiento que vivimos en los meses más duros de la pandemia del Covid-19. En ese tiempo, tuve el inmenso privilegio de ser padre, pero al mismo tiempo debí enfrentarme a todo el papeleo de pedir la baja por paternidad y solicitar la prestación económica a la Seguridad Social. Gracias a mi certificado digital, para ello únicamente tuve que sentarme frente a mi ordenador, entrar en la sede electrónica de la Seguridad Social y seguir los pasos oportunos. Todo ello sin necesidad de desplazarme a ningún lugar y sentado en mi cuarto de estar. ¿Ves que bien? En cambio, mi compañero Samuel que estaba en la misma situación que yo, no tenía el certificado y tuvo que pagar a un gestor que le hiciera todo el papeleo. Mientras yo lo solventé todo de un plumazo, a Samuel le costó un dinero y unas pocas llamadas de teléfono al despacho.

Además, con tu certificado podrás actuar en representación de algún familiar o amigo que lo necesite, es todo un avance y la verdad es que, si cuentas con un manejo básico de un ordenador y de navegación por internet, facilita la gestión de muchísimos asuntos. En el siguiente enlace te dejo el portal donde se hacen los apoderamientos.

Registro electrónico de apoderamientos

—De acuerdo José, ¿cómo puedo hacerme con el certificado?

—Para poder disfrutar de esta facilidad, únicamente tendrás que instalarlo en tu dispositivo como una aplicación más (te recomiendo que lo hagas en tu ordenador y le hagas una copia tanto en un pendrive como en tu propio correo electrónico, así lo tendrás siempre a mano)

Para realizar el proceso de descarga del certificado e instalarlo en tu ordenador, deberás entrar en la web de la Fábrica Nacional de Moneda y Timbre y seguir las instrucciones que se facilitan, aquí te dejo el enlace:

Obtener certificado software

Otro cantar es navegar por las webs de los organismos oficiales que a veces resultan bastante enredadas, hasta tal punto que te puedas desesperar un poco, pero no te agobies, porque si te ves perdido suelen existir en sus páginas oficiales números de teléfono de asistencia técnica e información. Localizar ese contacto, expón tu dificultad y sigue los pasos. Te sorprenderá gratamente la atención que te ofrecen (no es ironía).

Si aún con todo lo visto, me dices: «mira José, yo no tengo tiempo para estos asuntos, no hay quien entienda el papeleo…», te entiendo. La burocracia es algo que para muchos es un engorro y un verdadero quebradero de cabeza. En este caso no lo dudes: busca a quien lo haga por ti. Paga por el servicio de gestión y quítate ese embrollo. Lo que recibirás a cambio es la tranquilidad de librarte de esa lata y saber que tus asuntos están en manos de alguien que está acostumbrado a hacer esas gestiones que a ti se te atragantan.

DOCUMÉNTATE: HAZTE CON PRUEBAS

Piensa en esto: si no se puede probar, en derecho no existe. Para tener éxito jurídicamente, tienes que tener pruebas, por ello deberás hacer un esfuerzo en probar todo, y no, no me refiero a que vayas por ahí chupando barandillas, la idea es otra. Te explico: en nuestro sistema legal, todo aquel que quiera defender un asunto ante un tribunal o autoridad administrativa en defensa de sus intereses, tiene que demostrar que lo que dice es veraz, de manera que, si somos capaces de justificar nuestro planteamiento con pruebas, nos situaremos en una posición muy cercana en la que el tribunal o autoridad administrativa acabe por darnos la razón. A esto se le conoce como la carga de la prueba. ¿Y cómo acreditamos lo que decimos? Con pruebas.

Piensa que los jueces o los funcionarios (recuerda que determinados asuntos antes de ser resueltos por un juez, pasan por un funcionario) son profesionales que tienen que tomar una decisión respecto de un problema entre varias partes. Y claro, cada una de ellas contará su parte de la forma que más le interese para salir victorioso. Eso se hace en el juicio o en un proceso administrativo y al final del mismo la autoridad competente tomará una decisión de manera imparcial, y que se fundamentará acorde al resultado de las pruebas, ¡por eso es tan importante de valernos de todas las pruebas posibles!

Imagina que por avatares de la vida tienes que asistir a un juicio como parte protagonista del entuerto y claro, el tribunal querrá saber qué ha pasado y entonces, durante el juicio, te preguntará sobre lo sucedido y tomará su decisión conforme a los hechos y las pruebas que se hayan practicado, por eso he llamado a este capítulo *Documéntate, pruébalo todo*, porque recabar pruebas no es solo algo reservado para abogados o policías, sino que tú también puedes y debes protegerte, adoptando la sana costumbre legal de conservar pruebas que puedan valerte el día de mañana en caso de ser necesario.

—Genial José, ¿qué pruebas pueden servir para eso que comentas?

—Te las relaciono, toma nota:

a) **La declaración de testigos.** El juez llamará a juicio a una serie de personas, a los que por haber participado en los hechos o por tener conocimiento de ellos, se les someterá a un interrogatorio con la finalidad de que puedan aportar explicaciones para aclararlos. Así que, ten el arrojo de solicitar el teléfono de cualquier persona que haya podido observar un hecho en el que te hayas visto afectado para solicitar su intervención cuando sea necesario (una caída en la calle o un accidente son algunos ejemplos en que los testigos son muy necesarios).

b) **La declaración de los peritos, o dictámenes de peritos.** Son personas, que por tener una cualificación especial (expertos en algo) aportan claridad al asunto y ofrecen una visión técnica. Son muy valiosos porque gracias a sus conocimientos ayudan mucho a los tribunales a tomar sus decisiones.

c) **Los documentos, que pueden ser públicos y privados** (aquí entran facturas, contratos, correos electrónicos, informes, escrituras, certificados…). Conservarlos y proponerlos como prueba pueden suponer una victoria en un juicio.

d) **La reproducción de sonidos, imágenes o videos.** Se trata de reproducir ante el tribunal clips de videos, notas de audio, exposición de fotos… que sirvan para aportar luz al asunto. Siempre se ha dicho que una imagen vale más que mil palabras, y en derecho es de total aplicación.

Por ello, te recomiendo encarecidamente que guardes todo aquello que sea útil para acreditar la existencia de algo. ¡Es súper importante que apliques esto en tu día a día! Esta tarea se ha facilitado hoy día enormemente, puesto que todo el mundo tiene consigo una potente herramienta que es una gran aliada para demostrar la existencia de un hecho. Sabes a la que me refiero, ¿verdad? Efectivamente, el móvil. Este dispositivo que guardamos fácilmente en nuestro bolsillo es muy útil para este menester, porque además de hacer fotos, es capaz de capturar conversaciones, grabar videos, tomar notas de audio, etc.

Guarda y conserva todo aquel documento que te sirva para demostrar algo, es decir, que sea útil como prueba. Pueden ser facturas, *tickets*, reservas *on line*, conversaciones con otras personas, correos electrónicos, vídeos, fotos, audios, cartas, burofax, correos certificados, multas, justificantes de transferencias, de pago de impuestos, de presentación de solicitudes, escrituras, etc.

—Ok José, ya sé sobre la importancia de hacerme con las pruebas, pero, ¿cómo voy a saber yo si voy a necesitar guardar algo si de momento no he tenido ningún problema?

—Buena pregunta, y es que sucede en demasiadas ocasiones, que no nos preocupamos por resolver asuntos hasta que ya estamos metidos de lleno en el fango y es posible que en ese instante ya no tengamos acceso a ningún comprobante que nos sirva de prueba, bien porque se haya destruido, perdido, deteriorado o cualquier otra circunstancia que nos impida valernos de ello.

—Entonces, ¿en qué situaciones, debería esforzarme por recopilar y conservar documentos u otros tipos de prueba?

—Evidentemente nadie va pensando que va a tener una colisión con el coche, o que se le vaya a caer una teja en la cabeza, en estos supuestos las pruebas las tienes que recoger una vez que el problema ha sucedido; sin embargo, hay otras circunstancias en las que sí se pueden ir advirtiendo peligros latentes como pueda ser un despido, un problema vecinal, una denuncia por malos tratos, una avería de un producto… en definitiva, son situaciones que las ves venir. En esas circunstancias mi consejo es que vayas acopiando todas las pruebas de las que puedas valerte más tarde. Se trata de que ante cualquier circunstancia que sea susceptible de generarte un problema presente o futuro, tengas la precaución de documentarte: sufrir un accidente de tráfico (tendrás que hacer parte amistoso o llamar a las autoridades, buscar testigos) caídas en la calle, en centros comerciales, accidentes laborales, despidos, incumplimientos de contratos, hechos delictivos…

Tomemos el siguiente ejemplo: has comprado un artículo que a los dos años ha dejado de funcionar. Quieres accionar la garantía del servicio técnico, pero no has conservado el *ticket* de compra. Ya empezamos con los problemas. Si el cacharro te ha costado 10 € lo mismo no te importa demasiado; en cambio, si se tratase de un coche de 35.000 € la cosa ya escuece.

En el ámbito en el que actúes como consumidor, esta advertencia cobra todo su sentido cuanto más caro haya sido el coste del producto o servicio y cuando su uso y disfrute se prolongue en el tiempo.

Evidentemente, no es necesario que conserves el comprobante de compra del jamón que te vas a desayunar dentro de media hora durante meses, en este caso cuando vayas a consumirlo observarás inmediatamente si el producto está en buenas condiciones o no. En ese caso, ya puedes tirar el *ticket* tranquilamente. Pero hasta entonces, tenlo en tu bolsillo.

Para productos o servicios destinados a servir durante más tiempo, te ruego que conserves los comprobantes de compra en un soporte que no se vaya a destruir: escanea los documentos que tengas en papel y súbelos a la nube (espacio virtual), haz copias de seguridad de tus discos duros, y trata siempre de tenerlos localizados durante años. ¿Cuántos años? Pues depende del bien o servicio, mi recomendación, por exagerada que te parezca es que tengas acceso a las pruebas siempre, y para ello nada mejor que una cuenta virtual que te permita el almacenamiento de documentos.

No se trata de que tengas un armario lleno de archivadores con papeles, al contrario, mi recomendación es que todo lo que sea susceptible de informatizar lo tengas, además de en discos duros, en la nube. Es una doble precaución, ya que si se destruyese por culpa de algún infortunio tu soporte informático, aún tendrás una copia más en el ciberespacio.

Me dirás: «pero José, yo no guardo nada, soy un desastre para esas cosas… si pierdo las llaves de mi casa veinte veces…».

Frente a ello, acostúmbrate a hacer una foto de los *tickets* con el móvil y te puedes ayudar de aplicaciones que directamente te hacen una copia en PDF. También puede ser buena idea mandar estos archivos al correo electrónico.

Profundizando sobre la prueba, tienes que saber que *las grabaciones de conversaciones son vitales en determinados casos* para demostrar aquello que defendemos, siempre que demuestres un interés legítimo, cosa que sucedería si sufres una situación de abuso laboral o social u otras circunstancias en que se vulneren tus derechos. Los móviles son unos grandes aliados para este menester, no te cortes a la hora de realizar una grabación de una conversación, eso sí, **¡¡nunca, nunca, JAMÁS la distribuyas por redes ni la muestres a un tercero ajeno al problema!!**

—Bravo José, por tanto: ¿podría grabar una conversación mantenida con un jefe o con un compañero de trabajo para denunciar un acoso? Exacto, pero tienes que ser parte perjudicada, de lo contrario desaparece el interés legítimo.

En este capítulo, cobran una importancia destacada como medios de prueba tanto la **captación de imágenes por las cámaras de grabación** instaladas en espacios públicos o privados, como los informes elaborados por profesionales de la vigilancia privada. Ambos son medios de prueba que actualmente son muy valiosos para aclarar supuestos problemáticos en materias de diversa índole (divorcios, despidos, investigaciones delictivas o para resolver accidentes). Por ello me detendré en las próximas líneas a ofrecerte un análisis sencillo que a buen seguro te puede ser de utilidad en algún momento.

Comenzando por la grabación de imágenes, decirte que son muchas las ciudades y establecimientos que con la finalidad de proteger la seguridad pública o privada, hacen uso de dispositivos de video vigilancia que captan imágenes de manera masiva, 24 horas al día. Rápidamente se te puede venir a la cabeza gasolineras, hoteles, centros comerciales, hospitales, carreteras, vías públicas (especialmente en los cascos históricos de las ciudades), centros de trabajos, comunidades de propietarios, centros educativos, ayuntamientos, etc.

Por tanto, no sería extraño pensar que si hemos sufrido algún infortunio en algunos de estos lugares, que el hecho haya quedado guardado en la memoria de cualquiera de estos dispositivos. Y esto es de gran importancia a los efectos de la prueba que estamos viendo en esta sección.

Te recordaré que una de las pruebas que se admiten para defender nuestros derechos es la **reproducción de imágenes ante el juez**. Por ello, estas cámaras son unas herramientas, que aunque su finalidad primaria resida en la protección de la seguridad pública o privada de la empresa que las tenga instaladas, también es cierto que, los ciudadanos que hacemos uso de esos espacios, podemos valernos de estos dispositivos para proteger nuestros intereses en materia de prueba y la normativa en materia de protección de datos recoge expresamente que en base a un interés legítimo, tienes el derecho de acceder a las imágenes en que hayas quedado filmado, lo que significa que puedes pedir que te faciliten el clip de video; sin embargo, te adelanto que esto raramente podrá materializarse, puesto que casi siempre en esas imágenes aparecerán más personas que tienen el derecho a preservar su intimidad, y por esta razón el responsable de las imágenes se vea obligado a no mostrarte las imágenes.

Pero no te preocupes, ya que ante ello se abren dos posibilidades, la primera es que te faciliten el visionado difuminando los rostros de terceras personas que protagonicen el clip. Y la segunda y más frecuente es que te remitan un escrito describiendo con la mayor precisión posible lo que se observa en la pantalla. Cualquiera de las dos será suficiente para tu objetivo.

—De acuerdo José, ya sé que puedo tener acceso a estas imágenes, pero, ¿cómo tengo que solicitarlas?

—El procedimiento es muy sencillo, presta atención:

Si quieres acceder a las grabaciones que sean titularidad de una Administración pública, por ejemplo, de un ayuntamiento, deberás cumplimentar una solicitud como la que te facilito

EJERCICIO DEL DERECHO DE ACCESO DATOS DEL RESPONSABLE DEL TRATAMIENTO

Nombre / razón social: .... Dirección de la Oficina / Servicio ante el que se ejercita el derecho de acceso: C/ ....

nº .... C.Postal ....

Localidad .... Provincia ....

Comunidad Autónoma ....

DATOS DEL AFECTADO O REPRESENTANTE LEGAL.
D. Dª. ....,
mayor de edad, con domicilio en la C/Pla-
za ....nº..
......, Localidad .... Provincia ....
C.P. .... Comunidad Autónoma ....
con D.N.I...................., con correo electrónico ….......…..……...
por medio del presente escrito ejerce el derecho de acceso, de
conformidad con lo previsto en el artículo 15 del Reglamento
UE 2016/679, General de Protección de Datos (RGPD).

SOLICITA

Que se le facilite gratuitamente el derecho de acceso por ese responsable en el plazo de un mes a contar desde la recepción de
esta solicitud, y que se remita, a la dirección arriba indicada, la
siguiente información:

-Copia de mis datos personales que son objeto de tratamiento
por ese responsable.

-Los fines del tratamiento así como las categorías de datos personales que se traten.

-Los destinatarios o categorías de destinarios a los que se han
comunicado mis datos personales, o serán comunicados, incluyendo, en su caso, destinatarios en terceros u organizaciones in-
ternacionales.

-Información sobre las garantías adecuadas relativas a la trans-
ferencia de mis datos a un tercer país o a una organización in-
ternacional, en su caso.

-El plazo previsto de conservación, o de no ser posible, los criterios para determinar este plazo.

-Si existen decisiones automatizadas, incluyendo la elaboración de perfiles, información significativa sobre la lógica aplicada, así como la importancia y consecuencias previstas de dicho tratamiento.

-Si mis datos personales no se han obtenido directamente de mí, la información disponible sobre su origen. La existencia del derecho a solicitar la rectificación, supresión o limitación del tratamiento de mis datos personales, o a oponerme a dicho tratamiento.

El derecho a presentar una reclamación ante una autoridad de control.

En ....a.........de...........................de 20......

Firmado

Nota: Se recomienda que acompañe al presente formulario un escrito en el que exponga de manera detallada todos los datos que permitan identificar el objeto de su pretensión

Una vez cumplimentada, la enviaremos al responsable del tratamiento de los datos distinguiendo si la entidad a la que te diriges sea pública o privada.

En el supuesto de que se trate de una administración pública (cámaras instaladas en las calles o edificios públicos), consulta su página web y busca el apartado relativo al delegado de protección de datos y envíale la solicitud que has realizado atendiendo a las instrucciones indicadas. Si tienes alguna duda te facilito enlaces directos a las webs de los ayuntamientos de Madrid y de Málaga donde podrás conocer con más detalles los pormenores de este procedimiento, y que te servirán como referentes, ya que en todos los consistorios es similar.

https://www.madrid.es

https://www.malaga.eu

En el supuesto de que nuestro destinatario se tratase de una **entidad privada**, deberás buscar un cartel informativo que tienen que tener a la vista del usuario en el que se advierta sobre la existencia de cámaras de video vigilancia, generalmente se localiza a la entrada de los establecimientos, donde debe de constar por escrito la dirección a la que podrás dirigirte para solicitar la grabación de las imágenes en las que apareces. En caso de que no encuentres los carteles indicativos, busca al personal de seguridad o al encargado del establecimiento. Tienen el deber de facilitarte la tarea, de lo contrario podrías entablar acciones legales por impedirte el derecho. La multa es gorda.

—Muy bien José, otra cosa, ¿hay un plazo para hacer estos trámites?

Efectivamente, indicarte que los plazos que tienes para hacer esta labor no son muy amplios, puesto que las imágenes deberán ser destruidas según ley en el plazo de un mes, así que no lo dejes mucho.

Para acabar, otra vertiente de este derecho es el **uso propio de las cámaras de vigilancia** para proteger tus propios intereses de manera preventiva. Me refiero a la instalación de cámaras tanto en tu domicilio y en tu vehículo, por ejemplo.

Creo que la instalación de cámaras de seguridad en tu vivienda no despierta muchas dudas, de hecho, es algo muy extendido y existen empresas que se dedican a esto y lo hacen siguiendo los cauces legales de manera escrupulosa. Más controversia surge con el uso de las **mirillas con cámaras de grabación** que hacen funciones de video vigilancia grabando espacios comunes, como el rellano de la escalera en un bloque de vecinos.

Al respecto te puedo decir que durante un tiempo en el barrio hubo una oleada de robos, la gente empezó a ponerse nerviosa y mi vecino Juan se compró una de estas mirillas y las colocó sin permiso de la comunidad. En la misma planta vivía también una vecina que no le hacía gracia que la grabaran cada vez que entraba a su casa o salía, así que denunció a Juan y le calló una buena multa.

Así que, si te interesa hacer uso de estos dispositivos, desde mi opinión, es preciso que tengas el consentimiento de la comunidad de propietarios, busca información al respecto y asesórate si es de tu interés.

Otra cuestión más problemática es el uso de la cámara en tu vehículo, a modo de caja negra. De un tiempo hasta ahora cada vez es más común observar cámaras instaladas en los cascos de motoristas, ciclistas y patinadores, y también en los parabrisas de los vehículos particulares, pero te surge la duda de si es legal tener instalados estos aparatos en tus vehículos. Ciertamente no existe una prohibición legal en España que impida su uso, pero no existe jurisprudencia sólida que la avale como prueba en un juicio, y esto puesto que existe una confrontación de intereses entre la parte que intenta valerse de la prueba y la protección de derechos de terceros que puedan aparecer en las imágenes.

Resumiendo: aunque tienes derecho a protegerte, los demás tienen derecho a la protección de su imagen y a su intimidad.

Estas cámaras se conocen como *dash cam* y permiten captar imágenes de la vía pública mientras realizas la conducción de tu vehículo.

Sin duda alguna, es muy útil en caso de accidente contar con un video en el que se muestren fielmente las circunstancias en que aconteció, para ello una cámara es perfecta y facilita enormemente la tarea de los profesionales que tendrán la labor de atribuir responsabilidades cuando examinen el accidente.

Decirte que, en aplicación de la regla del interés legítimo que explicaba unas páginas atrás, tienes la posibilidad de instalar cámaras en tu vehículo, pero cuidado con el uso que le des. Se acepta la colocación siempre que únicamente capten el frontal del vehículo y no se difundan las imágenes captadas. Recuerda bien que el acceso al visionado de estas imágenes sólo está permitido cuando surja la necesidad de comprobar lo sucedido, es decir, cuando hayas sufrido un accidente para demostrar la culpabilidad en el suceso. No se te vaya a ocurrir difundir las imágenes por internet, que la multa puede llegar a 300.000 €, cosa gorda.

Otras consideraciones que tienes que tener presentes ligadas al uso y funcionamiento de las *dash cam*, para no incurrir en infracción, son:

1. La grabación no puede ser permanente, sino interrumpida, de lo contrario se consideraría como un dispositivo de video vi-

gilancia, competencia que únicamente ostentan las fuerzas y cuerpos de seguridad. Generalmente los propios dispositivos están configurados para que se machaquen las imágenes cada cierto tiempo. Cuanto más cortos sean los clips de video mejor.

2. Lo ideal es que la grabación se ponga en marcha cuando el dispositivo detecte alguna anomalía en la conducción, de manera que únicamente se tendrá acceso a las imágenes captadas los 20 segundos inmediatamente anteriores al evento y los 20 segundos posteriores.

3. Deberás pixelar los rostros de las personas que aparezcan en el visionado y el de las matrículas que no tengan nada que ver en el suceso.

Aun con todo, a la hora de determinar la responsabilidad en accidentes de tráfico la tendrá el juez, y tiene libertad plena para admitir estas grabaciones como prueba legal.

EL INFORME DEL DETECTIVE PRIVADO

Para acabar la sección sobre pruebas, y llegado a este punto, es momento de que te explique en qué consiste el trabajo y cuánto te puede ayudar el servicio de un detective privado. Conviene adelantarte que esta profesión está totalmente regulada y sometida a procedimientos concretos, y que las personas que se dedican a ello deben superar una formación sin la cual no podrían ejercer. Es muy interesante esta figura dado que en materia de prueba tiene unos efectos muy potentes que le servirán al juez para tomar una decisión lo más justa posible.

El procedimiento es bastante sencillo: buscas a un experto, encargas el trabajo, el detective hace su trabajo y finalmente realiza un informe que facilitará al abogado que lleve tu caso, lo adjunta a la demanda como prueba y se manda al juzgado. En el juicio, el juez, lo examinará y seguramente llame al detective para que declare y explique cuál ha sido su trabajo y qué ha observado. Al tratarse de un tercero ajeno al problema que se resuelve en el pleito, sus conclusiones van a ser muy valiosas para el juez.

—Genial José, pero, ¿cuándo puede ser útil encargar un trabajo de estas características?

—Una vez más te digo lo mismo: cuando te encuentres legitimado para ello, hablando en plata: cuando te sea necesario para la defensa de tus derechos e intereses, lo cual puede ocurrir en diferentes supuestos: si eres empleador que sospechas que alguno de tus trabajadores estén fingiendo una baja o incurra en absentismo continuamente; en materia de familia para solicitar custodia de menores de manera exclusiva si tu pareja mantiene un estilo de vida que ponga en riesgo a tus hijos, o para pedir la modificación de una pensión; descubrimiento de infidelidades; investigar delitos; evitar fraudes y conductas sospechosas; seguimiento de menores; investigación de morosos y descubrimiento de sus bienes; acoso laboral, etc.

Como ves el abanico es amplio, por lo que te invito a asesorarte si piensas que necesitas de valerte de un detective para analizar la viabilidad de su informe como prueba.

¿Qué medios puede utilizar un detective privado? Es habitual que dispongan de dispositivos de grabación de imágenes, conversaciones y audios, toma de fotos, seguimientos geográficos, toma de muestras biológicas (un escupitajo) para recoger ADN, etc.

Hasta aquí te he descrito todo lo que he pensado que debes conocer acerca de las pruebas, con el objetivo de que puedas defenderte ante un problema y justificar tu defensa en caso de juicio. A partir de ahora, vamos a entrar a conocer otros temas muy interesantes para tu día a día. Así que, si deseas acompañarme, coge fuerzas que...

¡seguimos!

PARTE II
CRIANDO NIÑOS (1): NIÑOS PEQUEÑOS, PROBLEMAS PEQUEÑOS

Un bonito día, tu pareja te ha dicho que está embarazada y amigo, todo cambia para siempre. La casa de pronto se te antoja desordenada, sucia, pequeña, un completo desastre y piensas en darle un arreglito; eso si no se os ocurre mudaros a otro hogar más digno para la princesita o el principito, ¡Dios que agobio!; pero bueno, tenéis nueve meses para solucionar el asunto. Pero claro, no sólo es el tema de la casa, qué decir del coche, que como sea de tres puertas aviado vas, ¡menudo follón!

Antes de continuar te voy a preguntar algo: ¿sabes cuándo comienzan los derechos de una persona? Si tu respuesta es en el momento del nacimiento, decirte que has estado en lo cierto, pero también hubiera sido correcto pensar en el instante de su concepción: exacto, justamente en la ocasión en que el espermatozoide logra superar todos los obstáculos y fecunda el óvulo. Se tratan de los derechos de los *nasciturus* (y no, no es un personaje de la saga de *Crepúsculo*): son los bebés concebidos, pero no nacidos. Bonita frase, ¿verdad? Seguramente desconozcas que existe un delito que castiga a quien cometa una lesión o dañe la vida de un feto, o que un *nascituru* puede ser nombrado heredero... por eso digo que el ordenamiento jurídico ofrece derechos hasta inclusive antes de nacer.

Mira el alcance que tiene esto que acabas de leer.

> Hace unos años, falleció un amigo, Jorge. Contrajo una enfermedad grave que le obligó a permanecer hospitalizado durante varios meses y finalmente murió en el hospital. Estaba casado y en el momento de su muerte, su mujer estaba embarazada de 6 meses. A él le preocupaba mucho que su futuro hijo, sabiendo que su muerte estaba próxima, no pudiera participar

de su herencia, puesto que sabía que iba a morir y el bebé no había nacido aún. Entonces le expliqué que lo mejor sería hacer testamento, así que sin pensarlo dos veces llamó al notario que se presentó en el hospital y allí mismo zanjó el asunto, nombrando heredero a su hijo aún en fase fetal. Al menos se marchó al otro barrio con una preocupación menos.

Seguimos, llegó el momento del nacimiento y tienes un bebé precioso, o dos, o tres… no sé, en cualquier caso, tenéis que ponerle un nombre y debes comunicar al Registro Civil la buena nueva, para que se proceda a elaborar el pertinente certificado de nacimiento y su inscripción en el registro. Dispones de un plazo de 72 horas para realizar este trámite, pero si os encontráis en una situación más complicada de lo habitual, este límite temporal se puede extender hasta treinta días.

Al hilo de esto, te cuento lo que me pasó: en el mes de septiembre de 2018, fui papá de mi primera hija, Miriam, y una mañana soleada de las que quema el sol en la frente y más si no tienes ni un pelo como un servidor, me presenté en las oficinas del registro para inscribir el nacimiento de mi niña con todos mis papeles; y la funcionaria que me atendió me mandó de vuelta a casa, así sin titubeo alguno, sin hacerme la inscripción registral, explicándome que para poder hacer el trámite tenía que venir también mi mujer. Y ¿esto por qué? Puesto que desde hace un tiempo atrás, el apellido de la mamá puede anteceder al del papá y para que el funcionario del registro tenga la certeza del de la conformidad en el orden de los apellidos del recién nacido, es necesario que ambos progenitores acudan de manera conjunta al registro.

Por cierto, no os olvidéis de acudir con vuestros DNI y con el certificado del nacimiento del recién nacido, que sin eso será imposible que los funcionarios os faciliten el libro de familia. Ah, muy importante, ¡pide cita previamente, busca el teléfono del Registro Civil correspondiente y llama!

Aun así, si para alguno de los progenitores le es materialmente imposible acudir a realizar este trámite, te aconsejo que llames al registro y consultes cómo lo hacen en la práctica para evitar viajes innecesarios. También se puede hacer la inscripción de manera telemática, y te ahorrarás el desplazamiento físico, los trámites en este caso se hacen con el personal administrativo del hospital.

A continuación, te dejo un enlace del Ministerio de Justicia para que consultes todas las dudas que te puedan surgir:

Solicitud inscripcion de nacimiento

Primer paso burocrático superado con éxito, genial. Seguimos. Bueno, ya tienes al bebé en casa, todo ha ido bien en el hospital y ahora toca remangarse y tomar más cafés de lo normal (cuidado con la tensión), pues ya te imaginarás que nunca volverás a dormir igual que antes. Un bebé es un regalo del cielo, pero sus primeras etapas de la vida te van a exprimir hasta la última gota de sangre que tengas. Pero da igual, con solo una mirada de sus tiernos ojos y sus carcajadas tan bonitas, te das cuenta de que el esfuerzo merece mil veces la pena. En caso de que seas un currante como todo hijo de vecino, tienes unos derechos especialmente pensados para esta situación, que te los voy a desgranar.

Primeramente, tienes que comunicar a la empresa la buena nueva y tramitar el alta del permiso de paternidad. **El permiso de paternidad es una suspensión del contrato laboral** que se interrumpe mientras disfrutas de tu derecho familiar.

Debes saber que este permiso se extiende durante 16 semanas, (y se prevé que se vayan a convertir en 20 semanas en un futuro próximo) para ambos progenitores; de las cuales, seis semanas deberás disfrutar de manera continua e inmediatamente posteriores al parto. Así pues, nace el bebé y sí o sí, tienes un permiso de seis semanas para librarte del curro y centrarte en las cosas de padres.

En los casos en los que el bebé nazca de manera prematura con falta de peso y en aquellos otros casos en que precise hospitalización a continuación del parto y por un periodo superior a siete días, el permiso de paternidad/maternidad se ampliará en tantos días como el nacido se encuentre hospitalizado, con un máximo de trece semanas adicionales.

Una vez disfrutadas las seis semanas de manera obligatoria tras el alumbramiento, las diez semanas restantes las podréis disfrutar los papás (y así me referiré a partir de ahora a ambos géneros para no infundir dudas) por periodos de semanas completas de manera interrumpida (no tienes porqué coger estas diez semanas del tirón, sino que puedes ir cogiéndolas como mejor te convenga) eso sí, deberás de avisar a la empresa con una antelación de 15 días y explicarle cómo vas a organizarte y disfrutarlas antes de que tu *baby* haya cumplido los 12 meses.

Esta facilidad es interesante puesto que te garantiza que el bebé quede en compañía de alguno de sus papás durante veinte semanas más.

El legislador (así conocemos los juristas al que se inventa las normas) se inventó un derecho únicamente previsto para la mamá biológica, que puede anticipar su permiso de maternidad hasta cuatro semanas antes de la fecha previsible del parto. Esta facilidad puede ser muy útil si la mamá trabaja fuera del lugar de su residencia puesto que puede regresar al hogar familiar un mes antes de que se produzca el nacimiento y con ello ir ordenando todo con el suficiente tiempo para no tener agobios de última hora, aunque eso ya te digo yo por experiencia que será difícil conseguir. De momento con estos consejillos legales, espero aliviarte un poco los sofocos propios de la tesitura.

Una vez que ya conoces cuánto tiempo puedes ausentarte del trabajo, ahora toca gestionar el tema de la **prestación económica por nacimiento**, porque además de disfrutar del tiempo también querrás cobrar, así que al lío, te cuento lo que tendrás que hacer:

Puede que la empresa tenga un gestor que te tramite todo el papeleo, pero si no, tendrás que hacerlo tú, y para ello hay que comunicar el nacimiento a la Seguridad Social, que será tu pagadora a partir del nacimiento hasta que se te acabe el permiso, y ¿recuerdas el dicho ese de que los niños traen un pan debajo del brazo? Pues en este caso también trae una rebaja fiscal porque la prestación que recibas durante el permiso es íntegra sin las retenciones del IRPF. No te va a venir mal, ¡verás la pasta que cuestan los pañales!, seguro que hasta ahora no lo has investigado ¿verdad? Te dejo por aquí el enlace al trámite que puedes hacer desde casa cómodamente sentado en tu escritorio con el certificad digital:

Prestación económica por nacimiento

Recuerda que puedes disfrutar el descanso en varios periodos, y eso tendrás que hacerlo constar en la solicitud.

Seguimos con más cosillas, ¡ah sí! Además de la suspensión del permiso de trabajo, existen otros derechos vinculados al nacimiento del bebé. Te los comento:

Tanto el papá como la mamá tienen derecho a ausentarse del trabajo durante una hora por motivo de lactancia, es decir, para darle la teta al nene. Pero no te asustes que si no puedes dar el pecho eso no será motivo para perder el derecho, también vale el biberón y puesto que esa misión puede hacerla cualquiera de los progenitores, el derecho es de ambos.

El sentido del mencionado permiso no se ciñe a que el nene tenga que estar una hora enchufado al bibi, pobre mío con lo chiquitita que es su barriguilla, sino que el legislador te ofrece esta licencia hasta que el pequeñín cumpla nueve meses para ausentarte durante una hora al día de tu puesto de trabajo para poder emplearla en cuidar a tu peque. Todo sea por aumentar la natalidad en España que está de capa caída.

Este permiso de lactancia puede ejercerse de diferentes maneras, te las explico:

La primera de estas opciones te permite incorporarte a tu jornada laboral una hora después del inicio normal o bien salir una hora antes del tajo.

La segunda opción, siempre que así quede recogido en el convenio colectivo, es acumular todas las horas de lactancia a que tendrías derecho a contar desde que te reincorporas al puesto una vez agotada la suspensión del contrato laboral por la paternidad/maternidad y hasta que el bebé cumpla los nueve meses, y disfrutarlas en días completos, lo cual, según la jornada del trabajador, arroja un total aproximado de quince jornadas laborales, así que, ahí tienes otra quincena más para seguir con el cuidado de tu bebé en dedicación exclusiva.

Y la tercera opción es reducir tu jornada media hora al inicio de la misma y al final.

Para acabar, te diré también que este permiso podrá alargarse hasta que el nene cumpla los doce meses, siempre que los dos progenitores disfruten del permiso en las mismas condiciones; pero en este caso, te reducirán el salario de manera proporcional.

Se trata de un permiso especial de lactancia que entra en juego cuando los papis se encuentran en situación de empleo al mismo tiempo.

No se nos puede escapar que los convenios colectivos de empresa pueden mejorar estos derechos, y no te sorprenda que en tu empresa te otorguen la facultad de alargar los permisos de los que hemos estado hablando anteriormente. Por ello te animo a que le eches un vistazo a tu convenio colectivo o que preguntes a tu enlace sindical, porque puede que se contemple en esa norma un periodo de disfrute adicional, o que su disfrute quede condicionado a algunas peculiaridades que sean propias de tu puesto de trabajo.

Es muy importante que sepas que el permiso de lactancia es totalmente remunerado, ello supone que vuestro empleador no os puede reducir el salario si optas por disfrutar de este permiso.

—Vale José, ¿cómo y cuándo tengo que avisar a mi jefe sobre mi intención de acogerme a estos derechos?

—La norma dice que al menos has de comunicárselo con una antelación mínima de 15 días antes para que la empresa pueda organizarse. ¿Cómo hacerlo? Aunque la ley no exige ninguna formalidad, personalmente considero oportuno que se lo hagas llegar de manera escrita y de la que quede constancia para que, en caso de que tengas que realizar alguna reclamación posterior, tengas un documento de prueba en el que conste que has realizado la petición oportunamente con mención a las fechas. Para ello pienso que es suficiente un escrito redactado en el que tu empleador estampe su firma, así nos garantizamos que la empresa ha recibido tu solicitud.

—Vale hasta aquí todo bien José, pero ¿qué sucede si la empresa me niega el permiso o me ponen pegas para disfrutarlo?

—Podrías poner en funcionamiento un procedimiento especial para la protección de estos derechos que se tramita de manera urgente ante los juzgados de lo social (que son los encargados de velar por los derechos de los trabajadores) por lo que tendrás un mandamiento judicial en un plazo de tiempo breve.

Para que te hagas una idea de lo rápido que se finalizará este proceso, la ley establece que una vez admitida la demanda se realizará el juicio en cinco días y se dictará sentencia dentro de los tres días siguientes a su celebración. ¡Ah! Podrás reclamar indemnización de daños morales a tu jefe por obligarte a tomar medidas legales, lo cual nunca es agradable.

Ya que sabes cómo solicitar el permiso de nacimiento y la prestación económica, toca **dar de alta al recién nacido en el sistema de salud**, para que se le asigne pediatra.

Ya van quedando menos trámites, ahora hay que ir al centro de salud y dar de alta al bebé en el sistema de la Seguridad Social para que pueda recibir asistencia médica y que le sea asignado un pediatra. Para facilitarte los trámites, a continuación, te facilito un enlace que ofrece una breve explicación al efecto.

Dar de alta al recién nacido en el sistema de salud

Hasta ahora te he hablado de los permisos que nos ofrece el legislador relacionados con el nacimiento o adopción de un bebé, pero resulta que nuestro bebé sigue creciendo, y con ello la crianza va evolucionando al mismo tiempo que nuestro peque. Los papis ya van conociendo a su hijo, se han adaptado a sus necesidades, y la familia ya está amoldada a las nuevas circunstancias para procurar que la convivencia sea en armonía, aunque cueste trabajo y algunos días sean mejores que otros.

Consciente de que la vida a veces no es fácil y que existen situaciones en las que es muy difícil conciliar vida laboral y familiar, la legislación laboral incluye otra serie de derechos y permisos para el cuidado y atención de nuestra familia y que seguidamente te paso a detallar.

Te hablo ahora del novedoso **permiso parental hasta que el menor cumpla los ocho años.** Gracias a este derecho laboral aprobado por la Unión Europea, podemos disfrutar de hasta ocho semanas para ausentarnos en nuestra oficina, cosa que a nuestro jefe no le hará mucha gracia, pero gracias a estas medidas se va facilitando la vida a las familias, que son el núcleo esencial de la sociedad, puesto que no podemos olvidar que nuestros peques serán los hombres y mujeres del día de mañana.

Las ocho semanas se pueden disfrutar de manera continuas o discontinuas y a tiempo parcial o a tiempo completo. Además, se trata de un derecho individual de ambos progenitores, esto es, lo pueden disfrutar los dos al mismo tiempo.

Aunque la norma europea establece que el permiso debe ser remunerado, en España aún no está claro quién debe sufragar el gasto, si la empresa o el Estado, y de momento no tengo conocimiento de que se esté retribuyendo. Esta novedad genera muchos interrogantes pendientes aún de resolverse, de todos modos a mi parecer esta licencia es muy útil sobre todo en periodos de vacaciones escolares, cuando te puedas encontrar que tienes que ir a trabajar y no sabes con quién dejar a tu peque.

> Jesús y Bea tienen dos hijas, una está en guardería y la otra en infantil. Pasan muchas dificultades en periodos de vacaciones cuando no tienen con quién dejarlas, puesto que no tienen familia cercana que puedan echarles una mano. Han conocido

la existencia del permiso de ocho semanas y pensaron que sería interesante poder acogerse a este permiso en semanas sueltas, como en Navidad, Semana Santa o verano. No les importaba mucho si iban a cobrar o no esas semanas (eso ya lo solucionarían), pero al menos sabían que no tendrían que preocuparse de dónde dejar a las niñas en vacaciones escolares; así que mandaron escritos a sus jefes y se les concedió sin problemas. Desde entonces, cada uno solicita tres semanas al año sueltas de permiso, lo que les va a permitir estar durante prácticamente tres años sin preocuparse de los cuidados de sus chicas durante los periodos de vacaciones escolares.

—Genial José, desconocía este derecho, ¿cómo hago para solicitar este permiso?

—Cualquier comunicado que desees hacer a la empresa, mi consejo es que lo hagas por escrito y con quince días de antelación a su disfrute. Ante la petición, el jefe puede contestar admitiendo lo solicitado o no contestar, estableciendo la norma que si opta por lo segundo, se entiende que accede a nuestra petición.

Es posible que en el convenio colectivo se haya pactado cómo se va a disfrutar del permiso parental, en ese caso debemos atenernos a lo que esta norma diga, o en caso de que no sea así, será como pactemos con nuestro jefe.

—José, no lo vas a creer, ¡he pedido el permiso de ocho semanas y me han despedido! ¿Qué hago?

—Corre a informarte e impugna el despido, ya que si el juez considera que la rescisión del contrato tiene lugar por ejercer tu derecho, decretará la nulidad del despido y te deberán readmitir y abonar lo dejado de percibir más una indemnización. En el último capítulo de este libro destinado a explicar derechos laborales, podrás consultar con más detalle acerca de estos permisos y otros derechos relacionados con la conciliación de vida familiar y laboral.

<u>CRIANDO NIÑOS (2): NIÑOS GRANDES, PROBLEMAS GRANDES</u>

Bueno, pues ya hemos puesto a ese recién nacido del que hablábamos antes con cuatro añitos… y ya se sabe, niños pequeños problemas pequeños, y niños grandes problemas grandes, cuanto más peor. Digo esto porque ser padre implica no sólo afrontar la crianza y educación del niño, sino que también incluye la tarea de asumir la responsabilidad civil que se pueda derivar de comportamientos de los menores bajo tu patria potestad.

Ahí va una anécdota que le pasó a un amigo: era sábado por la tarde y con el frío que hacía no se podía parar en la calle, y la parienta le dijo: ¿qué hacemos nene? Y para combatir el aburrimiento se les ocurrió irse a dar una vuelta por un centro comercial… en un momento mientras caminaban entre los pasillos en los que se exponían las vajillas de porcelana fina, los nenes se desataron, y mis amigos incapaces de hacer nada por evitarlo, acabaron chocando contra una de las estanterías que exhibían una soberbia cristalería con labrados y bordes bañados en oro fino… vaya, de esas cosas de las que da susto acercarte a mirar el precio… y por aplicación de las reglas más elementales de la física, la estantería se inclinó, y claro, pasó lo que tenía que pasar: efectivamente se fue todo a tomar por… eso.

No veas los nenes la que les liaron en un momento, imagínate: con la zapatiesta que se montó tuvieron que ir los servicios de limpieza, se acordonó la zona y claro, el encargado del establecimiento les pidió el DNI; y en ese momento mis amigos comprendieron lo cara que les iba a salir la tardecita en el centro comercial.

¿Te acuerdas del refrán ese que decía quien rompe paga y los trastos a su casa? Pues efectivamente, aquí entra de lleno lo que se conoce como **responsabilidad civil**, lo que significa que los padres responden civilmente por los daños que causan sus hijos mientras se encuentren bajo su guarda.

En el caso anterior te he hablado de responsabilidad civil derivada de una chiquillada, cara, pero chiquillada.

Te voy a contar otra anécdota que le pasó a un conocido, Pepe: tenía un hijo de 12 años y para motivarle con sus estudios, erróneamente le prometió que si aprobaba todo le compraría ese patinete que tanto le gustaba y claro, el chico estudiaba las lecciones como si le fuera la vida en ello, ¿resultado? aprobó con unas notazas, así que lo prometido es deuda. Fue un viernes por la tarde, cuando ya por fin, con la cabeza despejada dejando atrás los agobios de la semana y el ánimo alentado por el descanso del fin de semana, se acercaron a una tienda nueva del barrio en la que vendían patinetes de todo tipo y color, y allí estaba, flamante, esperando ese patinete que tanto había deseado el hijo de mi amigo Pepe.

Después de dejarse allí unos cuantos euros, el nene salió más contento que un cabo ascendido a sargento, y como encima se le daba bien el manejo, más centrado en su diversión que en el respeto de las normas, acabó violando algún que otro artículo del reglamento de circulación. ¿Qué pasó?, que los municipales lo engancharon y le levantaron dos o tres boletines de multas. Otra jugarreta cara para los padres. En este caso hablo de infracciones administrativas donde los padres del menor son responsables del pago de las mismas de manera solidaria con el infractor menor. Esto significa que o pagan los padres o paga el chaval, y si el chaval no paga, la administración competente podrá dirigirse frente a los papás y exigirle el pago. Esta obligación es igualmente predicable de cualquier tipo de infracción administrativa.

—José, ¿qué es una infracción administrativa?

—Una infracción administrativa se trata de un comportamiento que se castiga por la norma por considerarse un acto no deseado por la sociedad, ya sea en materia de tráfico, medio ambiente, seguridad, etc.

—Ya José, pero y qué hago si yo no puedo estar todo el día pendiente de mis hijos ¿qué puedo hacer?

—Independientemente de que puedas hacer más o menos, yo entiendo que la mejor manera de prevenir la comisión de alguna de estas infracciones es procurando una buena educación, pero si con todo tu hijo acaba siendo sancionado, existen mecanismos que tienes que conocer para afrontar el procedimiento, con más razón cuando el importe de la denuncia ascienda a una cantidad importante, pues existen infracciones de mayor gravedad que pueden suponer miles de euros.

—Ostras José, me ha llegado una multa de mi hijo a casa. ¿Qué hago?

—Lógicamente hay muchas personas que acuden rápidamente a pagar la cuantía, de manera que así acaban por la vía rápida con el asunto. Pago y hasta luego. Bueno, yo te explico: para que pueda recaer una sanción económica firme y que el denunciado tenga el deber de pagarla, la administración sancionadora ha de haber instruido un procedimiento administrativo conforme a las normas que regulan la materia (las reglas del juego). Siguiendo con la anécdota de mi pariente, el loco del patinete, en primer lugar, la autoridad ha de tener conocimiento del comportamiento infractor, ya sea porque los agentes han confeccionado un boletín de denuncias o porque ha sido captada la infracción por una cámara de vigilancia; ese extremo da lugar a la incoación (comienzo) de un procedimiento administrativo con el fin de proceder a la investigación de los hechos en cuestión y finalizar con una resolución que contemple la efectiva imposición de la denuncia.

—No me he enterado de nada José, como si hablaras en chino.

—Tranquilo, que no te voy a examinar, únicamente interesa que sepas lo que hay detrás de todo procedimiento sancionador, que es el mismo para multas de tráfico, así como de consumo de estupefacientes o de medio ambiente; y además que seas consciente de la posibilidad (frecuente) de que la administración no se haya ajustado a las reglas del juego, y ello juega a tu favor.

Cuidado, que con esto no estoy alentando a nadie a que vaya torpedeando las normas de convivencia, de lo contrario viviríamos en la selva; sino que, solamente pretendo comunicarte que existen normas que rigen los procesos en protección de los intereses y derechos de los ciudadanos, garantizando de esa manera la protección del interés general. Por ello, como frecuentemente leerás en este libro, sería conveniente que pongas el asunto en manos de un profesional, a fin de verificar que el proceso se ha seguido conforme a lo establecido legalmente.

Imagínate que mi pariente del patinete no fue realmente quien cometió la infracción, o que los agentes se equivocaran sancionando algo que no merece tal castigo; la casuística es muy amplia. Es por ello que la ley tiene que facilitar a los interesados procedimientos que protejan la legalidad y los intereses de los particulares, ya que la administración en muchas ocasiones comete errores. ¿Paradójico verdad?

<u>CRIANDO NIÑOS (3): ¡MI HIJO ES UN DELINCUENTE!</u>

La vida sigue pasando, el tiempo también y tu hijo ya ha cumplido los catorce años. Nos metemos de lleno en la adolescencia, o lo que se conoce como la edad del pavo. Jurídicamente cumplir la edad de catorce años produce un punto de inflexión importante en la esfera de obligaciones que van a afectar directamente a los menores que ya están en esa edad. Me refiero a que desde entonces les será de aplicación lo dispuesto en la **Ley Orgánica de Responsabilidad Penal del Menor** (a la que llamaré en adelante la Ley del Menor). Y amigo, ahora toca tratar el asunto un poco más serio, puesto que los asuntos a tratar así lo merecen.

Existe el convencimiento generalizado en la sociedad en cuanto a que los menores son intocables. Nada más lejos de la realidad, de hecho, la Ley del Menor, es una norma que podría calificar de dura y que contempla penas tan severas como la privación deambulatoria de menor, esto significa tener al chico en un lugar cerrado del que no puede salir: el conocido como centro de menores, o de internamiento.

Te explico: el Código Penal recoge la prohibición de determinados comportamientos que se consideran inaceptables en la sociedad en que vivimos, digamos que lo que se prohíbe son actos viles, infames o despreciables. Lo que se pretende con la regulación penal es evitar a toda costa que se incurra en cualquiera de los hechos prohibidos en el Código, es decir, prevenir la comisión de esos hechos. Ahora bien, si los mecanismos de prevención fallan y a alguien se le ocurre delinquir, como desgraciadamente sucede a diario, el sistema normativo despliega sus armas sometiendo al autor a un juicio que puede finalizar castigando al investigado con sanciones de privación de libertad de distinta duración, en función del hecho enjuiciado, que pueden llegar hasta la pena de prisión permanente revisable.

Sin ánimo de excederme en la teoría, lo que quiero trasladarte es que los menores están sujetos a las mismas prohibiciones en materia penal que los mayores de edad, (el Código Penal es el mismo tanto para mayores como menores), sólo que para el enjuiciamiento de los hechos a estos se les aplica lo regulado en la Ley del Menor. Además, el proceso guarda diferencias, puesto que el juzgador es un profesional especializado en menores, los hechos son investigados por la Fiscalía de Menores y la finalidad del mismo es proteger el propio interés del menor.

Para que seas consciente de la dureza de las penas que contempla la Ley del Menor, como contrario que te pueda parecer, el Juez de Menores podría determinar el internamiento del joven en un centro en régimen cerrado para castigar los comportamientos más graves. Este es el castigo más severo, y que en puridad, es similar a la cárcel, pero que, en lugar de desarrollarse en centros penitenciarios, se lleva a efecto en centros de menores.

Este internamiento puede tener diferentes intensidades: cerrado, abierto o semiabierto. El castigo más severo es el cerrado, puesto que se obligará al menor a residir en el centro y deberá realizar en el mismo todas las tareas educativas, laborables o de ocio. Y en el sistema abierto, el menor reside en el centro, pero las tareas anteriores las realizará en lugares fuera del centro de internamiento.

Otros comportamiento menos graves, se castigan con otras medidas tales como: internamientos terapéuticos, tratamientos ambulatorios, asistencias a centros de día, permanencia de fin de semana en el centro o libertad vigilada, en concurrencia con la obligación de asistir con regularidad al centro docente correspondiente, obligación de someterse a programas de tipo formativo, cultural, educativo, profesional, laboral, de educación sexual, de educación vial u otros similares; prohibición de acudir a determinados lugares, establecimientos o espectáculos; prohibición de ausentarse del lugar de residencia sin autorización judicial previa; obligación de residir en un lugar determinado; o el deber de comparecer personalmente ante el Juzgado de Menores o profesional que se designe, para informar de las actividades realizadas y justificarlas.

Además de las anteriores, igualmente el Juez de Menores podrá determinar que el chico conviva con otra persona, familia distinta a la suya o a residir con un grupo educativo especialmente seleccionado al efecto. Otra medida es la realización por parte del menor de prestaciones en beneficio de la comunidad o la realización de tareas socio-educativas. La extensión del castigo dependerá de la gravedad de los hechos, sin que en ningún caso pueda exceder de dos años. ¡Dos años! ¿Te imaginas este tiempo encerrado en el mismo lugar? *A priori* puede parecernos algo laxo, distendido, pero te voy a pedir que realices un ejercicio de memoria. Vuelve al quince de marzo de 2020, el primer día de confinamiento ordenado por nuestro gobierno provocado por el

COVID 19. ¡Estuvimos hasta el 11 de mayo encerrados en casa sin poder salir a la calle! Es decir, ¡en régimen de internamiento cerrado! Eso sí, con la salvedad de ir a comprar al súper de la esquina o sacar al perro, si es que tenías esa suerte.

No sé a ti que supuso esa experiencia, pero a mí se me hizo eterna. Fueron apenas dos meses, encerrados en casa y el techo se me caía encima. Creo que puede servirte como ejemplo para imaginarte qué siente un menor en circunstancias de encierro, ello sumado a las ganas de vivir propias de la edad y en un entorno totalmente diferente al habitual.

Quizá pienses, por lo que acabas de leer, que yo considero que la ley debiera ser cambiada por otra más blanda, o que a los menores en este país se les ofrece un trato duro. ¡Nada de eso!, justo al contrario, pienso que quien haya tenido el valor de cometer alguna fechoría, igualmente tiene que tener las mismas agallas para pagar por ello el precio que imponga la ley. En esto, sigo muy de cerca a D. Emilio Calatayud, la persona que considero más autorizada en España en asuntos de menores, pues se trata del primer Juez de Menores de nuestro país y que a día de hoy aún se encuentra en ejercicio. Si quieres saber más de él y de su forma de entender la justicia en el ámbito de los menores, te recomiendo que leas su libro *Mis sentencias ejemplares* en el que podrás encontrar comentarios sobre algunas de sus resoluciones y conocer más de cerca los casos que llegan a los Juzgados de los menores. Te sorprenderá saber que ha condenado a jóvenes a realizar la ESO, o a cortarle el pelo, pero no te adelanto más; te dejo también por aquí un enlace a su blog, en el que podrás seguir de cerca su actividad cotidiana:

https://www.granadablogs.com/juezcalatayud/

—¡Ay José que han detenido a mi hijo!

—Entiendo que te surgen un montón de preguntas, pero se reducen a esta: ¿y ahora qué? Verás, desde que se cumplen los catorce años y hasta que alcancen la mayoría de edad, a los menores se le aplicará las penas que te he reseñado en las líneas anteriores.

A partir del momento en que el menor es detenido, se van a desplegar una serie de efectos cuya finalidad es la protección del propio menor, puesto que la finalidad de la ley es la reeducación del chico y estudiar los motivos que le han llevado a delinquir.

Así que se pondrán los hechos en conocimiento de la Fiscalía y del Juez de Menores, iniciándose una investigación para determinar si los hechos son delictivos, esclarecer si el menor detenido es realmente el autor y debe responder por lo sucedido, y por ello imponer una sanción de las que hemos hablado anteriormente.

—¿Qué derechos tiene el menor?

—En el momento de la detención de un menor, como de cualquier persona, la normativa despliega una serie de derechos para los afectados con la finalidad de garantizar el principio de presunción de inocencia, además de proteger la dignidad de la persona y otros derechos constitucionales.

En este sentido, goza de las mismas prerrogativas que un mayor de edad, es decir: derecho a guardar silencio, a no declararse culpable, a recibir asistencia médica, a ser asistido por un abogado de oficio o particular, a un intérprete en caso de no comprender el castellano y recibir asistencia médica. Además, podrá entrevistarse en privado con su abogado antes de realizar cualquier declaración y estar acompañado por sus padres en todo momento.

Como dato estadístico te diré que, en España en el año 2022, según consta en el Instituto Nacional de Estadística, se condenaron a 14.206 menores y entre ellos más de 500 lo fueron por delitos sexuales. Tela.

Si te ves en esta situación y tu hijo ha sido detenido, es importante que busques asesoramiento profesional, ya sea de manera privada o accediendo al derecho de la asistencia jurídica gratuita: el abogado de oficio.

PAPÁ, MAMÁ: ¡ME QUIERO INDEPENDIZAR!

Eso fue lo que le dijo mi sobrina a sus padres el día después de su décimo séptimo aniversario. Imagínate la cara de mi hermana y de mi cuñado, no daban crédito. Es verdad que mi sobrina había empezado a trabajar con sólo 16 años y ya tenía algunos ahorrillos con los que dar el salto. Este caso de mi sobrina es muy raro, porque tal y como está el panorama para los jóvenes en España ¡hay quienes esperan que se independicen los padres! Cada vez es más frecuente encontrar jóvenes que afirman la dificultad de alcanzar la independencia económica, por ello se ven abocados a vivir con sus papis hasta bien entrados en canas.

En fin, a lo que vamos. Ya sea porque el nene se quiere largar de casa, ser autónomo o porque los padres están hasta las narices del niño, nuestra legislación contempla el instituto de la **emancipación**, que no es más que una situación de derecho que permite al joven emancipado **regir su vida como si de un mayor de edad se tratare**. En cierto modo se trata de un adelanto de la mayoría de edad de los 18 a los 16 años extinguiendo con ello la patria potestad, alcanzando la plena independencia, aunque con algunas limitaciones: necesitará el consentimiento de sus padres para pedir préstamos, alquilar o vender pisos, negocios, o vender bienes de extraordinario valor, entre los que podríamos citar obras de arte, joyas, vehículos… ¡vaya a coger tu anillo de oro de bodas y lo venda por Wallapop! Si lo hace sin tu autorización, la venta es nula.

Como dato curioso, os contaré que el origen de la emancipación se encuentra en la época de los romanos, y tenía lugar cuando el señor liberaba al esclavo, que tenía la consideración de mero objeto, se emancipaba en ese momento al esclavo y gracias a ello adquiría algunos derechos de los que hasta ese momento carecía.

—Vale José, no sé si alguna vez mi hijo pedirá la emancipación, pero si lo hace, ¿qué hay que hacer?

—Muy fácil, vas al notario o al juez encargado del Registro Civil y le explicamos que queremos poner fin a la patria potestad, que el niño ya es mayorcito y quiere vivir su vida. Entonces, bien el notario o bien el juez del registro, verificará que se cumplen los requisitos, preguntará al menor si esa es su voluntad, y te explicará en qué consiste la medida y qué alcance tiene. También os informará que una vez la decisión conste en escrituras públicas, es definitiva y no hay vuelta atrás. Por último, hay que llevar la escritura al Registro Civil y anotar en el mismo la emancipación para que surta plenos efectos.

A decir verdad, la emancipación en nuestros días tiene poco uso, yo no conozco a nadie de mi entorno que la haya solicitado. Pienso que la emancipación podría ser útil en casos de difícil convivencia entre hijos y padres, aunque difícilmente podrá marcharse el joven de casa sin una independencia económica estable. En estos casos recomiendo acudir a los servicios profesionales pertinentes que puedan ayudar a solucionar el conflicto. Otros casos en que la emancipación puede tener sentido sería en los extraños supuestos de que el joven sea un talento físico y se dedique al deporte profesional, con lo que tiene la independencia económica asegurada y quiere tomar las riendas de su patrimonio.

PARTE III
CÓMO ADQUIRIR UN INMUEBLE SIN MORIR EN EL INTENTO

Puede que hayas llegado a este capítulo leyendo el libro en el orden propuesto, si es así te doy mi más sincera enhorabuena, has demostrado que tienes interés en crecer intelectualmente y que no quieres quedarte únicamente con la información que te cuenta la televisión o tus amigos en las charlas de los cafés vespertinos. Ya habrás descubierto que, leyendo estas líneas, estás dando un paso al frente en tu formación personal y eso va a dotarte de seguridad en la toma de tus decisiones. Ahora ya eres totalmente consciente de que la ley está ahí, imponiendo tanto derechos como deberes.

En cambio, si acabas de aterrizar en este bloque es porque tienes la necesidad concreta de comprar o arrendar un piso, siendo así, presta atención a todo lo que seguidamente vas a leer, dado que sencillamente es oro para ti, y te proporcionará una guía básica ante la compra de cualquier inmueble.

Te contaré algo: un buen amigo, Juanfran, lleva desde hace tiempo diciendo que quiere comprar un piso como inversión y ponerlo en alquiler, digamos que es su ilusión. Está todo el día consultando las webs de *Idealista* o *Fotocasa*, incluso va a visitar pisos, pero pasan los días, los meses y los años y ¡no acaba por decidirse a comprar nunca! Entonces los amigos que nos solemos reunir semanalmente siempre le hacemos la misma broma: ¿illo, cuando nos vas a enseñar el piso? Y echamos unas risas.

En fin, creo que en el fondo lo que le sucede es que tiene mucha inseguridad sobre todo lo que abarca una operación inmobiliaria y más si pretende hacer con ella un negocio. Y no es sólo por el dinero que cuesta, sino también por las relaciones con el banco para la búsqueda de hipoteca y luego todos los pormenores que puedan surgir durante el alquiler. Ya le he dicho que cuando termine el libro se lo voy a regalar y cuando lo lea, creo que perderá el miedo y acabará realizando la compra; así que este capítulo se lo dedico a Juanfran, y a todos los que, como él, sienten la incertidumbre que genera la compra de un inmueble.

La adquisición de un piso o casa, ya sea para uso familiar o como inversión, es una de las decisiones patrimoniales más importantes que tomarás durante toda tu vida, así que observando la relevancia de la materia, merece la pena hacer una inversión de tiempo en conocer con detalles todos los pasos a seguir para que la decisión sea tomada de una manera segura y sin la menor duda. Además, haciendo una **pequeña investigación de la situación del inmueble** reunirás una información relevante que precisas conocer para anticiparte a posibles problemas que te puedan hacer desistir de la compra (problemas vecindarios, ruidos, vicios de la construcción, humedades, ocupas...)

Personalmente es un tema que me fascina y conozco experiencias de personas cercanas tanto negativas como otras bastante gratificantes.

¿Quieres saber cuál fue mi primera operación inmobiliaria? Te la cuento. Fue en el mes de abril de 2010 cuando mi novia y yo, fuimos a ver un coqueto piso de tres habitaciones y 80 mts. que una amabilísima agente inmobiliaria nos había ofrecido. El estado de conservación era normalito, suficiente para empezar a vivir una vida independiente, situado en un barrio que nos gustaba y cerca de casa de nuestros padres. El precio era de unos 150.000€ y se empezaba a hablar de la crisis inmobiliaria (puedes investigar un poquito si quieres en Google para hacerte una idea de lo que acabó sucediendo), aunque todavía no se conocían ni de lejos las consecuencias que iba a tener sobre el mercado de la vivienda.

Yo no estaba muy convencido y me embargaba un sentimiento de incertidumbre que me hacía sospechar que los precios de las viviendas caerían en los años venideros, por ello, en lugar de comprar el piso, concertamos un alquiler con opción de compra (más adelante te explicaré bien sus pormenores). Para ello, la chica de la inmobiliaria nos exigió que entregáramos a modo de señal 10.000€ y la renta a pagar por el alquiler, ascendía 500€ mensuales, que irían entregándose del precio total de la vivienda en el momento de hacer la definitiva compra, fijada para dentro de dos años desde la firma del contrato.

En principio nos pareció buena idea, ya que era como un pago a plazos y sin necesidad aún de solicitar hipoteca, así que gracias a este contrato tendríamos la oportunidad de desistir de la operación en caso de que el valor de la vivienda se devaluara exponencialmente por efectos de la crisis como muchos de nosotros ya pensábamos por aquel entonces. Efectivamente iban pasando los meses y veíamos que el valor de nuestro piso cada vez era menor, las noticias ofrecían titulares a diario sobre la crisis del ladrillo y los estragos que estaba ocasionando a empresas y a particulares. Había gente que había comprado viviendas en 2008 por 300.000€ y tan sólo dos años después, se había devaluado un 50% ¡una locura!

Mi caso no iba a ser una excepción, así que después de año y medio desde que firmé el contrato y a tan solo seis meses de que tuviera la obligación contractual de hacer la compra, el valor de mi piso había bajado a los 90.000€ ¡íbamos a comprar una casa que mes tras mes perdía valor y no tenía ni idea de dónde estaba el límite!

Se nos acababa el plazo, definitivamente la burbuja inmobiliaria había explotado y en seis meses tendríamos que firmar la compra y buscar una hipoteca, así que, en el contexto de crisis mi pareja y yo valoramos la opción de renegociar el precio fijado inicialmente de compra, pero el dueño se plantó en 135.000€ cantidad que todavía quedaba muy por encima del valor real del inmueble. Claro, tenía la sartén cogida por el mango: habíamos firmado un contrato en el que aceptamos, hace año y medio comprar por 150.000€ y ahora le pedíamos rebajar el precio.

¿Cuál fue la solución? No nos quedó más opción que tirar la toalla, y desistimos de la compra, ¡no iba a permitir la compra del piso por un valor 50.000€ por encima de su valor! Consecuentemente perdí la señal de 10.000€ y los 9.000€ correspondientes a las rentas mensuales de alquiler que luego serían descontados del precio de compra de la vivienda. Fui víctima de la crisis inmobiliaria, y de las pocas entrañas de un vendedor avaro que luego tuvo que vender su piso a otras personas por poco más de 80.000€. También fui víctima de la puta ignorancia por no haberme asesorado oportunamente con un profesional adecuado antes de haber firmado nada. Por supuesto no tenía ni puñetera idea de leyes, ya que aún no había comenzado mis estudios de grado. En definitiva: durante un tiempo me sentí fatal, tenía la sensación de que me habían estafado, literalmente había tirado al cubo de la basura casi 20.000€ y muchos sueños rotos. Por eso insisto en la necesidad de invertir algo de dinero en el asesoramiento previo a la compra.

Durante una compra o venta de un inmueble se viven momentos de mucha incertidumbre, y es que a no ser que seas promotor inmobiliario o inversor profesional, esta operación no la vas a volver a realizar en tu vida más que una o dos veces más. Además, entraña superar un trance de mucho agotamiento físico y moral entre idas y venidas a visitar inmuebles, preguntar en diferentes inmobiliarias, consultas portales de internet, de comparar hipotecas y de las discusiones con vuestra pareja (exacto, esto también: yo no me ponía nunca de acuerdo con mi parienta, ella quería en el barrio, mientras que yo prefería las afueras).

Todo ello sin dejar de lado la burocracia que acompaña a este negocio, que no es poca:

En primer lugar, **tienes que decidir si la búsqueda la harás por ti mismo o te ayudarás de una agencia inmobiliaria**. En ambos casos nada cambia en cuanto a los trámites necesarios, pero mi consejo es que optes por la segunda opción, puesto que, a cambio de una comisión, irás de la mano de una persona experimentada que conoce la zona, inclusive a los vecinos de los pisos y eso ya es información muy valiosa para ti que te ayudará con la compra y te aportará un plus de tranquilidad.

Optes o no por contratar a la agencia, te aconsejo encarecidamente que lleves a cabo esta pequeña investigación: **indaga acerca de la finca** por la que te has decidido.

<u>Primero, averigua cómo es la zona.</u>

—Que dices José, ¿que investigue el barrio? Pero si yo no soy detective.

—Pues date el gustazo de jugar a ser detective durante unos días. Vamos a ver, presumiblemente vivirás en ese lugar bastante tiempo y no puedes dejar al azar ningún detalle. Tampoco se trata de que de la noche a la mañana tengas que convertirte en agente de la CIA, sino que te dejes ver por la zona, da paseítos por el barrio a diferentes horarios del día, habla con el vecindario, atrévete a entrar en el bloque y habla con tus futuros vecinos (seguramente te sorprenda lo amables que son, o no), observa todos los detalles, pregunta por el presidente de la comunidad, preséntate y explícale que tienes intención de mudarte a ese bloque y hazle las preguntas del tipo

¿Hay algún okupa?, ¿hay algún vecino problemático?, o si hay pisos de alquiler turísticos. ¿Cómo es el barrio?, ¿la zona es ruidosa?, ¿hay malos olores?, ¿se conoce las emisiones de contaminantes de alguna industria próxima?, ¿hay vecinos morosos?… y cualquier otra que tu veas que puede ser para ti interesante. Súper importante también conocer si tienen problemas con el edificio, o con la piscina, especialmente si prevén que en un corto periodo de tiempo se deba de realizar una derrama para reparar alguna avería importante o realizar alguna reforma, como la instalación de un ascensor, que luego te implique un gasto extra con el que no contabas. El administrador de la comunidad también puede ser un gran aliado en estos momentos para ti.

También es buena idea preguntar a los comerciantes sobre la vecindad. Te animo igualmente a que acudas a una oficina de Policía y le preguntes a los agentes sobre este aspecto, nadie mejor que ellos para informarte.

Realizar esta pequeña investigación únicamente te llevará algunas horas y a cambio te darán una información valiosísima para que tomes la decisión más acertada. Es una inversión de tiempo en favor de tu tranquilidad.

Al respecto me sorprende que muchos compradores se aventuren a decidirse por una vivienda y no hagan estas sencillas indagaciones que te acabo de comentar. Luego vienen los problemas, pero la solución será difícil.

Seguimos con más pesquisas querido lector, pero esta vez centradas en asuntos burocráticos.

<u>Segundo: averigua el estado registral de la vivienda</u>, para ello tienes que solicitar una nota simple al Registro de la Propiedad en que radique el piso y prestes atención a comprobar los siguientes datos:

Solicita del Registro de la Propiedad en que esté inscrita la vivienda una nota simple actualizada, no cuesta más de 10-12 euros.

—José no he ido al registro en mi vida. ¿Por qué tengo que hacer eso?

—Puesto que es extremadamente importante conocer la titularidad, naturaleza y cargas del inmueble que te interesa comprar. Te explico: No sería la primera ni última vez que alguien venda un inmueble sin ser el titular registral, dicho de otro modo: el dueño del piso que vende tiene que ser el titular registral de la finca, lo que traducido al castellano quiere decir que, si es Antonio Ramírez Alarcón la persona que tienes frente a ti como vendedor, en la nota simple ha de aparecer como titular del inmueble Antonio Ramírez Alarcón. Así te garantizas que la compra no pueda verse comprometida posteriormente, porque si en el Registro de la Propiedad consta como titular del inmueble el que se identifica como parte vendedora, conseguirás una adquisición inatacable, por el principio de seguridad jurídica que despliega el Registro de la Propiedad.

Es más que probable que si examinas la nota simple, esta sea antigua y no se encuentre acorde a la realidad, resultando unos de los casos más frecuentes que registralmente la finca se encuentre a nombre de sus padres o abuelos. Entonces será el momento de solucionar este aspecto, el vendedor tendrá que hacer lo posible para que conste como titular registral. Te dejo a continuación enlace al portal telemático de los Registros de la Propiedad, para que puedas solicitar la nota simple actualizada desde tu casa con el certificado electrónico:

https://sede.registradores.org/site/home

En la nota simple también se indica la naturaleza del inmueble, esto es: si es una vivienda, un local, un garaje o trastero. Últimamente se ve en las ciudades que bajos comerciales están siendo reformados en viviendas, pero para que puedan ser destinados a uso habitacional, requieren superar ciertos trámites legales.

> Paula era una joven que tenía en mente comprar un inmueble, consultando un portal inmobiliario se interesó en un piso en planta baja, así que llamó y concertó una visita. Era un bajo muy bonito, recién reformado que estaba decorado y amueblado con mucho gusto. Sin embargo, le llamó mucho la atención que todos los inmuebles de su alrededor fueran locales o garajes. Fue avispada y solicitó la nota simple, resultado: el piso que había visitado registralmente era un almacén, con lo cual no tenía la consideración legal de vivienda y eso suponía un problema gordo. Se dio cuenta y desechó la idea de comprar ese bajo, por bonito que fuera.

<u>Tercero: la vivienda, idealmente, tiene que estar libre de cargas y de gravámenes</u>. Es muy frecuente que si consultas en la nota simple conste que la vivienda está gravada con una hipoteca. En principio esto no es un aspecto que tenga que preocuparte, puesto que el vendedor está obligado, si así lo hacéis constar en el contrato de arras y cosa que yo te aconsejo, a que te entregue la finca libre de cargas y gravámenes, es decir sin hipoteca.

Para conocer el alcance de la hipoteca solicita al vendedor que te muestre un certificado de deuda, así sabrás si la cantidad de préstamo hipotecario que aún le queda por satisfacer lo va a poder cancelar con el montante económico que va a recibir con motivo de la venta. Es muy importante garantizar que la hipoteca quede cancelada, ya que de lo contrario esta sigue al inmueble y una vez la compra hecha, el banco hipotecante podría subastar el piso en el supuesto de que el vendedor deje de pagar sus cuotas y verte en una situación muy comprometida. Entonces, la venta del piso y de cancelación de la hipoteca tiene que hacerse en el instante, antes de que la transmisión del inmueble surta efecto. Generalmente es un aspecto que se resuelve en el mismo acto de compra venta en la notaría.

<u>Cuarta consideración: que la vivienda no tenga inquilinos</u>, y si es así, es muy importante que lo sepas. De haberlos: huye de esa compra, busca otra opción puesto que con toda probabilidad ahí tienen problemas... El arrendamiento de la finca puede que conste en la nota simple o no, independientemente de que en la realidad la casa esté arrendada. Ello sucede porque la inscripción de los arrendamientos en el registro no es obligatoria. Por eso hay que visitar el piso y preguntar a los vecinos si está alquilado. Parece obvio, pero no. Te comento:

Sandra y Nicolás eran propietarios de un piso que tenían alquilado y sus inquilinos les daban problemas, no pagaban las rentas y tenían malas relaciones con la vecindad, porque no paraban de crear molestias. Como los trámites legales para desahuciarlos eran complejos, decidieron quitarse de encima el problema por la vía rápida, pusieron el piso a la venta muy por debajo del valor de mercado y así se lo hicieron saber a sus inquilinos, quienes incluso permitían que los interesados visitaran el piso mientras ellos no estaban.

Pronto, la pareja empezó a recibir muchas llamadas por teléfono de personas interesadas en la compra de su piso y en poco tiempo tenían comprador: Antonio. Este solicitó una nota simple de la casa a fin de verificar la titularidad y el estado de la finca. En la nota simple no constaba que el inmueble estuviera alquilado, es decir, en el registro no había mención ninguna de cargas ni gravámenes de la finca. El comprador, tras pedir la hipoteca correspondiente y posterior firma en notaría, dejarse allí unos cuantos miles de euros y con la ilusión de todo un proyecto en marcha por delante, acude a su casa, mete la llave ¿y....? no funciona, es más: salió el inquilino burreándole y amenazando con llamar a la policía... ¿qué te parece?

Imagina todo lo que en ese momento estaría pensando el pobre de Antonio… pero es que además ahora viene lo mejor ¡¡¡¡se había convertido por ley en el nuevo casero de los inquilinos!!!!

Al respecto, la normativa establece que el nuevo propietario se convierte en el nuevo casero asumiendo las obligaciones del antiguo arrendador, y esta situación puede prolongarse hasta que el contrato de alquiler alcance los cinco años, que es el plazo que la ley faculta a los arrendatarios para disfrutar de su alquiler, todo ello, aunque tú no quieras continuar con el arrendamiento. Entiéndelo bien: si adquieres una casa con un contrato de alquiler en vigor, el alquiler no se extingue hasta que transcurran 5 años desde que se concertó, salvo que los inquilinos quieran marcharse.

Gracias a Dios si eres creyente, a la vida o la suerte, has leído el libro y esto ya no te pasará.

De todos modos, no pienses que comprar un inmueble arrendado sea mal negocio, es más, puede que tenga todo el sentido del mundo si lo que deseas es realizar una inversión y encontrarte ya el negocio montado. En ese caso recuerda pedir al vendedor que te demuestre con documentación que sus inquilinos son buenos pagadores con justificantes de los ingresos y con el contrato en vigor. Si constatas todo eso: ¡Genial, has encontrado un chollo, buen trabajo!

El otro supuesto similar al del alquiler, es el del usufructo, otra carga similar al alquiler, que puede tener el inmueble y que debes conocer. Sin detenerme mucho en este aspecto, únicamente decirte que el usufructo es el derecho que tiene una persona de usar el piso hasta el momento en que se extinga el derecho, extremo que puede ser cuando se produzca el fallecimiento del usufructuario (es decir, el que usa el piso) que suele ser la regla general, o en el momento que se hubiese acordado en el contrato de constitución del usufructo.

Vale, ya te he dejado algunos consejillos sobre cómo tienes que hacer una búsqueda de un inmueble y en qué detalles tienes que estar muy atento para que la compra no te amargue; pero amigo, aún no hemos hablado de los gastos, lo que significa que tenemos que detenernos en hacer mención a este aspecto justo ahora.

La compra lleva aparejada una serie de gastos, tanto si eres comprador como si eres el vendedor, que vas a tener que asumir obligatoriamente, en cambio hay otros gastos de los que a pesar de poder prescindir de ellos, yo te aconsejo asumirlos, veámoslo:

Gastos comprador:

✓ **Notaria:** su coste oscila en torno a los 600-800€, en función del valor de la compraventa, y aunque el Código Civil dispone que el obligado al pago de esta suma es el vendedor, puede pactarse lo contrario, y que acabe asumiendo esta obligación el comprador, siempre que conste en el contrato de arras. Así que, tanto si eres vendedor como comprador, atento a este dato, porque puedes ahorrarte un buen pellizquito en la compraventa.

Como curiosidad te diré que la compra estrictamente se puede realizar prescindiendo del notario siempre que no haya hipoteca de por medio, ojo... Es totalmente admisible en derecho que la venta se ejecute de manera privada mediante un contrato de arras entre las partes y tan panchos. Así que este gasto te lo puedes ahorrar. Ahora bien, no te lo aconsejo, dado que elevar nuestro contrato a escrituras públicas es garantía de legalidad y reviste al acto de la solemnidad que, como comprador buscamos. El notario va a realizar una serie de comprobaciones legales que redundarán en beneficio del comprador de manera muy especial. Además, si posteriormente quieres vender la casa si no tienes las escrituras por haber omitido pasar por notaría, te va a ser muy complicado que el comprador se fíe de ti, porque la casa no tiene papeles.

✓ **Registro:** en este caso sucede igual que con el notario, el registro es voluntario. En cambio, es muy aconsejable que la compraventa conste anotada en el Registro de la Propiedad, y así facilitarás la tarea a tus sucesores cuando tengan la intención de venderla. Si optas por no inscribir la compra en el registro, los que vengan detrás de ti y reciban esta propiedad por herencia, tendrán muy complicado realizar este acto y puede encarecer los trámites sucesorios.

En la actualidad, el coste del registro gira en torno a los 24€ si el inmueble es de valor inferior a 6.010€ y de 2.200€ si el valor es superior a 601.000€ y recaería sobre el comprador.

Para amenizar la lectura entre tanta palabreja, te voy a contar otra historia que conozco bien:

Luisa recibió por herencia unos olivos, 30 aproximadamente. Originariamente pertenecían a unos ta-ta-ra-abuelos de ella y en aquellos tiempos no había ni Registro de la Propiedad, por lo tanto, la finca no estaba inscrita en el registro. Sabemos que los antiguos no eran muy hábiles con el tema del papeleo, bastante tenían con sobrevivir, así que los olivos fueron pasando de generación a generación sin que nadie se preocupase de hacer la pertinente inscripción registral, hasta que llegaron a Luisa; y le aconsejé de una vez por todas, hacer la anotación. Para ello fueron necesarios unos pocos ir y venir al registro, recopilar todas las escrituras que demostraban que Luisa era la legítima heredera de la finca, y buscar a dos testigos que reforzaran esta afirmación. Afortunadamente, sus abuelos se preocuparon de conservar bien las escrituras de la finca, de lo contrario, no creo que Luisa hubiera podido inscribir su derecho en el registro.

No olvides: la compra definitiva se realiza ante notario y posteriormente inscribe la adquisición en el Registro de la Propiedad.

✓ **Impuesto Transmisiones Patrimoniales:** ¿habíamos hablado ya de Hacienda? Creo que todavía no, pues es momento de hacerlo: como comprador de una vivienda tienes que pasar por caja y satisfacer el impuesto en el plazo de 30 días hábiles desde la compra. Existe una tarifa general y otra reducida, la aplicación de una u otra depende de la comunidad autónoma donde radique el inmueble, de las circunstancias personales del comprador y del precio de la compraventa.

Hace unos años, conocí un asunto relacionado con este tema que te va a interesar conocer:

Tere y Miguel compraron en 2015 un piso estupendo en una buena zona de Málaga. Por aquel entonces se escuchaba en nuestro entorno que a Fulanito que también había comprado un piso recientemente le había llegado una complementaria de Hacienda y tenía que pagar 15.000€. Al igual que Menganito, otro que recibió una carta del fisco en la que le pedían otros 5.000€ de impuesto. Y en efecto a los 3 años y pico de comprar el piso, a Miguel le llega una carta certificada de Hacienda reclamando una cantidad de 12.000€ en concepto de Impuesto de Transmisiones Patrimoniales. Se quedó frío, busco asesoramiento legal y pudo reducir la deuda fiscal a 7.000€, no obstante, la situación fue muy perturbadora.

—¿Y eso por qué ocurre José?

—Hay que tener en cuenta que la base imponible sobre la que se aplicará el tipo de gravamen, se puede determinar de diferentes maneras: atendiendo al valor real de compraventa, al valor de tasación o bien conforme al valor de referencia que establezca el catastro.

Veamos el siguiente ejemplo:

Óscar se ha decidido por un piso, que tiene un valor de venta real de 80.000€, mientras que el valor de referencia catastral es de 90.000€ y el valor de tasación es de digamos 85.000€. Óscar sabe que hay que pagar el impuesto, pero no sabe a qué cuantía aplicarle el tipo impositivo. Si yo fuese su gestor le recomendaría que tributase por el mayor valor de todos, que en el supuesto que te he ofrecido es la de valor de referencia. De manera que, si el tipo a aplicar en su comunidad autónoma es el 6%, la cuota tributaria resultante sería: 5.400€ que Óscar tendría que pagar por el impuesto.

Si en cambio hubiese preferido liquidar el tributo optando por aplicar el 6% al valor de adquisición 80.000€, resultaría que la cuota tributaria que te tendría que pagar descendería hasta 4.800€, ahorrándose 600€. Si Hacienda le investiga y lo coge, va a tener que pagar esos 600€ más los intereses de demora, sanciones y recargos. La jugada le hubiera salido cara a nuestro amigo.

Hacienda tiene un plazo de 4 años para inspeccionar si has liquidado correctamente el impuesto, pasado este tiempo ya no podrá investigar tu caso. No sé cómo lo hacen, pero pienso que tienen un sistema de detección de declaraciones irregulares, y saltan las alarmas cada vez que exista la más mínima duda, ponen la maquinaria en marcha y al final te mandarán un sobre blanco con filos amarillos. No te la juegues, asesórate. Si no sabes a lo que me refiero, busca en Google una imagen de las cartas de Hacienda, saldrás de dudas. Por eso es muy importante que, independientemente de que tu gestor lo haga, confirmes el valor de referencia catastral del inmueble que quieres comprar, cosa que puedes hacer en un minuto usando el certificado digital, más abajo te dejo el enlace del portal de catastro para que puedas consultar desde casa el valor de referencia de cualquier inmueble.

Sede Catastro

—Bien José, acabo de comprobar que el valor de referencia es de 200.000€, en cambio el valor de venta es de 150.000 ¿qué hago?

—Si habiendo hecho esta tarea compruebas que el valor de referencia es desmedido en relación con el valor real de venta, puedes impugnarlo una vez realizada la liquidación, aportando la tasación del inmueble y solicitar en ese instante la devolución de la diferencia. Para esta tarea te animo a que te apoyes en un profesional de la materia.

Antes te adelantaba que existen algunas bonificaciones en el Impuesto de Transmisiones Patrimoniales que dependen y que podrán aplicarse en función de la comunidad autónoma en que radique la finca, no obstante, es común que se pida lo siguiente:

- Que el comprador no supere una determinada edad.
- Que la finalidad de la compra sea para vivienda habitual.
- Que el precio pagado por ella sea inferior a una cantidad.

✓ **Impuesto sobre Actos Jurídicos Documentados:** otro impuesto que toca pagar. Al ser un impuesto que gestionan directamente las autonomías, deberás de investigar cuál será el plazo para pagar el tributo y los tipos. También puedes acogerte a una tarifa reducida, en el caso de que la autonomía así lo haya previsto. Infórmate al respecto.

A continuación, te facilito enlaces a los portales web de los servicios tributarios de las diferentes comunidades autónomas, donde podrás ampliar más información acerca de todo lo que has leído en este capítulo respecto del IPT y del AJD:

Galicia   La Rioja   Madrid

Murcia   Navarra   C. Valenciana

Gipuzkoa

* Las ciudades autónomas de Ceuta y Melilla no han asumido la competencia del impuesto en el marco de cesión, por lo que la competencia corresponde al Estado, siendo asumida respectivamente por las delegaciones de Ceuta y Melilla.

✓ **Asesor inmobiliario:** es un gasto prescindible, pero muy aconsejable. Servirte de los conocimientos de un profesional del sector te ayudará a tratar con el vendedor y se encargará de negociar el precio. Además, se supone que es buen conocedor del barrio y puede darte información valiosa al respecto. Los honorarios de este profesional varían, aunque generalmente oscilan entre el 2-3 % del valor de venta. En este caso suelen pagar tanto comprador como vendedor, pues ambos se benefician de los servicios de la agencia.

En los últimos tiempos están apareciendo profesionales que se hacen llamar *personal shopper inmobiliario*, que hacen las veces de la inmobiliaria.

Gastos que soporta el vendedor:

✓ **Impuesto sobre la Renta:** en el caso de que seas el vendedor, en la siguiente declaración que toque tras la venta del inmueble deberás declarar la ganancia patrimonial, si es el caso. Es decir: si compraste por 100.000€, una vez descontados los gastos que te originó la adquisición, y ahora vendes por 200.000€, descontados los gastos, tendrás una ganancia de 100.000€ que tendrás que tributar. La cantidad a abonar a Hacienda será un porcentaje en función de la ganancia neta obtenida (es decir, tienes que descontar los gastos tanto de compra como de venta) que va desde el 19% si la ganancia es de tan solo 6.000€ hasta el 30% si ésta supera los 300.000€.

✓ **Plusvalía:** legalmente se denomina Impuesto sobre el Incremento de Valor de los Terrenos de Naturaleza Urbana, y es de naturaleza municipal. Grava las ganancias obtenidas por la venta de un inmueble, en función de la revalorización del terreno en el que se asienta. El vendedor tiene 30 días para saldar cuentas con el ayuntamiento. Al ser un impuesto local, cada municipio tiene sus reglas, infórmate.

No olvides: si compras un inmueble de segunda mano, tendrás que pagar el Impuesto de Transmisiones Patrimoniales y el de actos jurídicos documentados conforme al valor de referencia catastral, en un plazo de treinta días hábiles desde la compra. Visita el siguiente enlace con más información:

Y si pensabas que ya sabías todo acerca de la compra ¡error! Ahora toca abordar un tema que da muuuuucho miedito: ir al banco y ponerle números al asunto.

<u>¡BUSCANDO HIPOTECAS!</u>

Una hipoteca es un préstamo que te va a permitir financiar la adquisición de tu inmueble. No es un préstamo al uso, ya que la contratación de este producto conlleva una serie de formalidades impuestas por la ley en garantía de la protección de los intereses de los consumidores. Te en cuenta que como cliente tienes un abanico de derechos que te protegen ante el todo poderoso banco gracias a la Ley de Consumidores y de la Ley de Préstamos Hipotecarios, entre otras. Por ello, antes de firmar definitivamente una hipoteca vas a tener que superar ciertas fases que tienen la finalidad de garantizar al máximo la transparencia de la operación y tomes la decisión con una información clara.

Para conocer si eres un candidato apto a hipotecarte, el banco tendrá en cuenta dos aspectos que tienes que cumplir simultáneamente. Primeramente, el banco estudiará tu solvencia como cliente, para ello analizará tu tasa de esfuerzo.

—¡Ay José, que yo me esfuerzo mucho todos los días para sacar la casa adelante!

—Sí hombre sí, de eso no tengo la menor duda, me refiero a otro menester, verás:

Se trata de tu capacidad de endeudamiento. Siguiendo las recomendaciones y directrices de las altas instancias monetarias, generalmente los bancos únicamente concederán hipotecas siempre y cuando tus gastos fijos no superen el 30% de tus ingresos.

Pongamos un ejemplo: Antonio es un empleado de una empresa que cobra mil euros al mes, un tieso vaya, digo mileurista. Hace un año, necesitó comprar un coche y sacó un préstamo de

18.000 € por los que paga mensualmente 200€. Además, para hacer una pequeña reforma en su hogar pidió otro préstamo por valor de 12.000€ que le cuesta 130 € al mes. Ambos préstamos, le suponen un gasto fijo de 330€ al mes, esto es: el 33% de sus ingresos. En este escenario su tasa de esfuerzo está por encima del 30%, por lo que no será un buen cliente para el banco que declinará su petición.

En segundo lugar, tienes que contar con unos fondos propios que supongan el 30 por ciento del total del precio del inmueble que te interese adquirir, a los que hay que hay que añadir los gastos del negocio, que suelen ascender al 10 por ciento del precio de compra. Siguiendo con el caso de Antonio, pongamos que la casa que quiere comprar cuesta 100.000 €, entonces deberá tener ahorrados 40.000€ aproximadamente, que serían resultado de sumar 30.000€ (el 30 por ciento del valor de la compra) + 10.000€ (el 10 por ciento como gastos derivados de la compra).

Una vez hayas logrado conseguir los dos requisitos anteriores, será el momento para ir al banco que ya te verá con muy buenos ojos para concederte el préstamo hipotecario.

Si no tenías ni idea de cómo funciona la maquinaria de las hipotecas seguramente lo que acabas de leer te haya dejado un poco desalentado. Es realmente difícil reunir los requisitos que exigen los bancos; la verdad es que hay que hacer un esfuerzo importante para que tu tasa de esfuerzo se encuentre en los márgenes deseados.

Bien, hechos estos pequeños cálculos, ya te habrás dado cuenta de que el acceso a la vivienda en España en estos años se está complicando de manera importante, por ello el alquiler es una opción que cada vez cobra más fuerza; y sobre ello dedicaré un capítulo un poco más adelante. De momento tenemos que seguir hablando de hipotecas.

Cuando acudas a la entidad bancaria con la intención de buscar hipoteca, el banco deberá ofrecerte una información clara y comprensible a tus circunstancias sobre sus productos hipotecarios y tendrá que facilitarte por escrito un ladrillo de folios que seguramente al leerlos te hagan sudar, cuando no te entren ganas de vomitar.

Hace unos días acompañé a un amigo al banco, que está buscando piso y una buena hipoteca, así que acudimos a una de las sucursales que hay en el barrio y empezamos los trámites. Nada más decir que queríamos información para una hipoteca, la chica del mostrador nos ofreció su mejor sonrisa y nos invitó a que pasáramos con el director, no sin antes pedir su autorización. Seguidamente, un distinguido señor de mediana edad, con pelo cano bien peinado y vistiendo un traje de color azul marino y corbata, nos extendió la mano, a la vez que se presentaba como el máximo responsable de la sucursal, para finalmente conducirnos hasta su apacible despacho, sonando de fondo música clásica. (El entorno es ideal, imagínate, ahí se negocian miles de euros).

Una vez hechas y resueltas las cuestiones que nos interesaban, aparecieron los papeles de los que te hablaba: El primero de ellos es la llamada Ficha de Información Precontractual (FIPRE), en el que se incluye detalladamente la oferta financiera por parte del banco, y el segundo es la Ficha Europea de Información Normalizada (FEIN), en la que se harán constar cuáles son todas las cláusulas de tu hipoteca.

Volvamos con Antonio, que un tiempo después logró un trabajo mejor remunerado con lo que así ya sí encajaba en los ratios requeridos. Decidió ir a solicitar la hipoteca, regresamos al banco para continuar los trámites, y el banco por fin dio por superado el examen de solvencia. Muy animado, empezó a firmar el FIPRE y la FEIN, y el director del banco le dijo que en un plazo de 10 días debería acudir al notario de su elección para que le explicara en qué consistía la hipoteca y cuáles eran sus condiciones financieras. En la notaría pudimos hablar con el notario tranquilamente, respondiendo todas las dudas que iban surgiendo y al acabar la sesión informativa dio el visto bueno para autorizar la definitiva firma de la hipoteca en los próximos días.

Esta visita a la notaría es una formalidad previa a la concesión final de la hipoteca que se exige por ley, para que el cliente del banco tenga muy claro todos los pormenores que abarcan tener este producto financiero que le va a acompañar durante unos treinta años.

A estas alturas ya habrás comprendido lo coñazo que es el trámite legal y burocrático que trae consigo la contratación de una hipoteca, desde luego es una tarea compleja y árida, bastante para desanimar a cualquiera a desistir en el intento. Pero amigo, ser propietario tiene un precio que hay que estar dispuesto a pagar. Aun así, que no cunda el desánimo, continua leyendo que ahora vas a ver unos consejos prácticos para que el camino sea más llevadero.

Te resumo: busca un asesor hipotecario. Al Igual que en la búsqueda de tu casa resulta recomendable confiar en un agente inmobiliario, te digo ahora que busques un bróker de hipotecas.

—¿Quiénes son esos tíos, José?

—Son profesionales del sector que te ayudarán a elegir la mejor opción de financiación de las que disponga el mercado en ese momento a cambio de una comisión. Puede que pienses que la comisión es alta, pero sabes que la hipoteca es un producto que te va a acompañar muchos años, hipotecas hay de todo tipo y color, y una buena elección va a suponer varios miles de euros al fin de la vida de la misma. Además, es muy probable que ellos te ofrezcan mejores productos que si te aventuras a ir al banco a negociar con tu banquero.

¡Haz la prueba! Dedica una semana o un mes, o el tiempo que tú prefieras, a buscar y comparar hipotecas. Vas a empezar a conocer términos que hasta ahora eran ajenos a ti, tales como interés fijo, variable, Euribor, comisión anticipada, techo, suelo, interés de demora, etc. Ese cúmulo de nueva información te va a calentar la cabeza y empezarás a acumular papeles con números y cuentas que te darán ganas de mandarlo todo a la mier...

Si aun así eres valiente y decides buscar la hipoteca por tu cuenta, toma nota de lo siguiente. Hipotecas existen tantas como bancos hay. Una hipoteca a día de hoy es un producto compuesto en el que el banco, ya no sólo se dedica a prestarte dinero a cambio de un interés. Esto cambió hace tiempo cuando el interés a que el banco recupera su préstamo no ofrece la rentabilidad que ofrecía a finales de los noventa.

Actualmente el banco no sólo obtiene ganancias por el interés que pagas en cada cuota de tu préstamo, sino que, el negocio viene con el paquete que acompaña a la hipoteca. Normalmente te van a pedir que domicilies recibos, la nómina, que tengas tarjetas con la que hagas compras mínimas anuales, que contrates un seguro de vida, un seguro de hogar, un seguro de desempleo, un plan de pensiones, un fondo de valores... ¡¡hasta una alarma!! Sí has leído bien, una alarma y una suscripción anual a una empresa de seguridad, también son productos que acompañan al préstamo y que por la adquisición de cada uno de ellos el interés de la hipoteca se irá bonificando.

Evidentemente todos estos productos adicionales son voluntarios. La ley no te obliga como consumidor a que tengas que contratar todos esos paquetes, pero sí que es cierto que la cuota mensual que pagarás por la hipoteca puede ser más atractiva en función de la cantidad de esos productos vinculados al préstamo hipotecario.

Antes de tomar ninguna decisión al respecto, yo te invito a que seas cauteloso, coge lápiz, papel y calculadora y haz las cuentas para comprobar si merece la pena la contratación de todos o algunos de esos productos vinculados en función del gasto anual. Para ello, suma los gastos que implicaría tener suscrito el seguro de hogar, el seguro de vida, el plan de pensiones y la cuota hipotecaria, y divide el resultado por doce, lo que dará el resultado de la cuota hipotecaria que te queda incrementada con los gastos antedichos. Haz la comparación con la cuota hipotecaria que te quedaría sin tener contratado ningún producto, en este caso la cuota será más alta, pero con el papel delante podrás observar claramente la diferencia y entenderás si merece la pena o no la contratación de esos productos.

En el caso que comentaba de Antonio, le ofrecieron una hipoteca con un interés sujeto al Euribor incrementado en 1 punto. Pero le bonificaban 0,1 puntos por cada producto que contratase con el banco, de manera que si contrataba el seguro de vida, de hogar y suscribía un plan de pensiones rebajaba el interés de 1 punto a 0,7. Hizo los cálculos y le salía rentable.

Las hipotecas variables se revisan anual o semestralmente, te explico: el interés variable normalmente se fija conforme al Euribor. Ello quiere decir que tu cuota hipotecaria será más alta o baja en función del valor del Euribor. Para que te hagas una idea de cómo fluctúa el Euribor, te voy a dejar un enlace en el que podrás comprobar la evolución del índice históricamente. En internet existen calculadoras que te permitirán conocer cuál será la cuota a pagar de tu hipoteca, aquí te dejo el enlace de esta herramienta que ofrece el Banco de España:

Euribor Diario

Simulador de préstamo
hipotecario o personal

Fueron pasando los años y Antonio estaba satisfecho con la hipoteca, pero los intereses empezaron a ir subiendo, veía que mes a mes el Euribor subía descontroladamente, así que usando la calculadora comprobó que en la próxima revisión su cuota se incrementaría unos 150€. Eso era mucho dinero y no estaba dispuesto a asumir esa subida, por ello llamó a un bróker hipotecario para que le buscase un préstamo mejor —algo así como cambiar de compañía de móvil—. Consiguió que otro banco le permitiera seguir pagando una cuota similar a la que estaba acostumbrado y además de manera fija, por lo que ya evitaría los vaivenes del interés.

Otra opción es la hipoteca con un interés fijo para toda la vida. Ya está. Pagarás la misma cuota hoy que el resto de vida del préstamo. Parece la opción más segura ¿verdad? Pero, ¿es la mejor? Esa será una cuestión a la que tú mismo deberás de dar respuesta en función de tu personalidad y de las condiciones económicas y financieras que imperen en el momento en que estés contratando tu préstamo. Si el interés sube, una cuota fija te protegerá de los incrementos, pero si baja, no te podrás beneficiar de la rebaja.

Una tercera modalidad hipotecaria es la hipoteca mixta. En este caso, los primeros años de tu préstamo hipotecario pagarás una cantidad fija, y el resto los pagarás de manera variable, conforme al Euribor. Puede ser una opción interesante, por lo que tendrás que decidir conforme más te interese.

Recuerda: con interés variable la cuota hipotecaria cambia cada seis o doce meses y puede subir o bajar, con una hipoteca fija le cuota no varía jamás, y con una mixta los primeros años la cuota no cambia y los siguientes son variables.

Antes de dar por finalizado este capítulo te explicaré otro asunto que nos suele acarrear algunos dolores de cabeza: **los gastos hipotecarios.**

Hasta hace poco tiempo atrás, todos los gastos que generaba el contrato de este producto eran soportados por los clientes, sin embargo, esta situación dio un giro de 180 grados en el año 2019, de manera que desde entonces el obligado a soportarlos es la entidad bancaria. Actualmente el cliente sólo tiene que pagar como gasto directamente relacionado con la constitución de la hipoteca la tasación de la vivienda.

> Recuerda: diferencia entre gastos de compra venta del inmueble que los asume el comprador y los gastos de la hipoteca que los asume el banco.

Te dejo apuntadas otras cuestiones que son muy interesantes conocer respecto de las hipotecas:

✓ Si tienes una hipoteca anterior a 2019 y tuviste que hacer frente al pago de la gestoría, notaría y registro: asesórate pues es posible que tengas derecho a reclamarlos.

✓ Si tienes comisión de apertura en tu hipoteca igualmente puede que tengas derecho a reclamar su devolución. (Comprué-balo consultado las escrituras de la hipoteca).

✓ Si firmaste un seguro de vida o de protección de prima única es otro gasto abusivo que podrías tener derecho a reclamar del banco (es un tipo de seguro en el que el asegurado paga el monto total del seguro por adelantado en una sola suma, en lugar de realizar pagos periódicos (como mensuales, trimestrales o anuales).

✓ Durante toda la vida del préstamo tienes la opción de hacer una novación o subrogación de hipoteca. Te daría la posibilidad de renegociar las condiciones, inclusive de cambiar de entidad bancaria. Puede que por ello tengas que satisfacer unos costes, pero podrían interesarte. Asesórate.

Ya sabes que una hipoteca es un producto financiero que ca-minará junto a ti durante casi la mitad de la vida… un periodo de tiempo tan amplio en el que pueden suceder mil problemas que puedan comprometer que atiendas los pagos de la hipoteca. Como deudor hipotecario (persona que debe pagar una hipoteca al banco) con una situación patrimonial comprometida, es pro-bable que te encuentres dentro de los parámetros de «umbral de exclusión», y ello te otorga unos mecanismos legales que te podrán interesar conocer si tienes dificultades para hacer frente al pago de las cuotas hipotecarias, tales como: solicitar una moderación de los intereses, reestructurar la deuda hipotecaria o inclusive, entregar la vivienda como dación en pago. Infórmate.

En el siguiente enlace podrás conocer una guía de herramientas completa sobre lo dicho:

Guía deudor hipotecario.pdf

Esto sólo es una pequeña muestra de todo el entramado legal que existe. Si quieres saber más te invito a que consultes el siguiente enlace que contiene un montón de información que puede ser de tu interés.

https://clientebancario.bde.es/pcb/es/

<u>MISIÓN IMPOSIBLE: EL ALQUILER</u>

El arrendamiento es una alternativa habitacional que cada vez cobra más fuerza en España. Es una opción más que lógica considerando que conseguir un alquiler suele ser bastante más rápido y fácil que una hipoteca.

Además, en mi humilde opinión, arrendar una vivienda ofrece unas ventajas adicionales que no encuentras en la típica compra. Alquilar un inmueble te otorga una sensación de libertad, entendida tal en el sentido de que puedes irte del piso casi en cualquier momento ya sea porque no te gusta, porque encuentres un trabajo en otra ciudad con mejores condiciones que el actual, porque no aguantas a tus vecinos o simplemente porque quieras cambiar de aires. En cambio, si vives en el inmueble de tu propiedad te encuentras ligado a él con un vínculo moral que deriva de ser el dueño de la finca. En definitiva, son aspectos personales que cada uno tiene que valorar.

Hecha esta introducción es momento de abordar las cuestiones que considero de mayor trascendencia en el arrendamiento de una vivienda de alquiler, tales como la duración del contrato, el precio de la renta y su actualización anual. Presta mucha atención tanto si eres inquilino como casero, para que el arrendamiento sea lo más favorable a tus intereses y puedas negociar las condiciones del contrato de manera consciente.

¿Qué es lo primero que nos tenemos que plantear una vez hemos visitado el inmueble que queremos arrendar y nos hemos decidido por él? **El contrato.**

Es fundamental que el contrato que firmes sea lo más favorable a tus intereses. Este documento contiene redactadas todas las cláusulas que van a regir el arrendamiento durante toda su vigencia, paralelamente a la Ley de Arrendamientos Urbanos y a la Ley de Vivienda. Contiene reglas acerca de la renta mensual, de distribución de gastos entre inquilino y casero, la fecha de inicio y de fin y derechos y obligaciones que tienes como inquilino o propietario. En resumen: **el contrato es la norma que rige el alquiler.** Por eso tienes que hacer un esfuerzo en que esté confeccionado de manera que mejor proteja tus necesidades.

No obstante, el poder que tienen las partes para fijar las condiciones del contrato están limitadas por ley, dado que esta contiene reglas que son de aplicación necesaria y los interesados no pueden alterar por contrato. Tanto si eres arrendador como arrendatario ponte en manos de un asesor que te ayude con el papeleo que, por unos pocos euros, se encargará de garantizar tu tranquilidad en el aspecto legal, y eso te aseguro que no tiene precio.

Primera consideración que tienes que tener presente: límite temporal. Para ello pregúntate si el alquiler será de temporada, o de larga duración.

Si fuese de temporada, el arrendamiento vendrá a cubrir las necesidades de vivienda por el tiempo que necesites, entendiendo por temporada un corto periodo de tiempo, normalmente será unas semanas o unos meses. Puede ser útil para el supuesto de trabajadores que se encuentren en un lugar determinado para realizar unas labores que se alargarán durante algunos meses. En este caso, el arrendamiento por temporada será la opción más acorde a tus necesidades. Se hará constar expresamente la fecha de inicio y final del contrato que se acuerde por las partes.

Suele darse bastante en la práctica el alquiler de temporada para estudiantes o profesores, que necesitarán un lugar para vivir a lo largo del curso académico en una determinada zona. Así pues, transcurrido el lapso temporal establecido en el contrato el mismo finaliza y punto. El inquilino recogerá sus maletas y se marchará. La condición es que la causa de temporalidad quede totalmente clara en el contrato, de lo contrario surgirán problemas. En definitiva, se trata de una estancia temporal y no una residencia de larga estancia. Sucede en la práctica que algunos contratos celebrados de temporada son firmados con la intención de eludir los efectos que la ley prevé para los contratos de larga duración, dado que estos tienen una regulación legal que no desean muchos propietarios y enmascaran en un contrato temporal uno de larga estancia.

—José, y ¿en qué me afecta a mí como inquilino tener un contrato de temporada en lugar de larga estancia?

—Los contratos de temporada ofrecen menos protección al inquilino y menos restricciones para el propietario en comparación con los contratos de arrendamiento a largo plazo. Si es el caso, asesórate para revertir la situación.

Carmen vivía como inquilina en una casa con un contrato de temporada para 9 meses. Cada vez que acaba este periodo de tiempo su casero le ofrecía otro contrato por otros 9 meses. Así llevaba ya tres años, momento en que el casero le dijo con un mes de antelación que tenía que marcharse de la casa, puesto que había encontrado unos inquilinos que le pagaban 200€ más mensualmente. A Carmen se le vino el mundo encima, sus niños estaban en un colegio cercano, ella podía visitar a sus padres a diario porque vivían en el mismo barrio y no había más pisos en la misma zona de alquiler, por lo que una mudanza no era una opción que contemplara en ese momento. Se asesoró y comprobó que su contrato no era legal, ya que por ley ella tenía derecho a estar hasta cinco años en la vivienda, por tanto, inició acciones legales para regularizar su alquiler, el casero tuvo que mantenerla en el piso durante unos años más, tal y como la Ley de Arrendamientos Urbanos así lo dice.

A diferencia del alquiler de temporada, el arrendamiento de larga estancia tiene como finalidad que la vivienda alquilada sea la de servir como residencia habitual de sus inquilinos. Esta modalidad legal de arrendamiento es la que más protege al arrendatario frente al casero. La ley permite que el alquiler pueda pactarse por años hasta un límite de cinco años si la vivienda es propiedad de una persona física y hasta siete años si es de una persona jurídica. La norma otorga al inquilino la facultad de vivir en ese inmueble durante el tiempo máximo que permite la ley y el casero no podrá oponerse, salvo, que en el contrato se haga constar la finalización del mismo, cuando surjan necesidades de vivienda permanente para el casero o sus familiares en primer grado, o para su cónyuge en los supuestos de sentencia firme de separación o divorcio; siempre que haya transcurrido un año de la vigencia del contrato.

¿Se entiende? Veámoslo con dos ejemplos.

Alfonso es el casero de Inés, ambos mantienen un contrato de vivienda por larga temporada que contiene una cláusula en la que se hace constar la no renovación del contrato en caso de necesidad para el propietario de ocupar la vivienda arrendada antes del transcurso de cinco años para destinarla a vivienda permanente para sí o sus familiares en primer grado.

Resulta que Alfonso tiene una hija que ya tiene 22 años y se quiere independizar. Así que, con una antelación de dos meses previa a la próxima prórroga del contrato, envía una carta a Inés indicándole que necesita la casa para su hija y que consiguientemente no le renueva el contrato, por lo que deberá de abandonarla en tal fecha.

Pedro y Elena son matrimonio y tienen un apartamento que se lo alquilan a Pilar. A Pedro y Elena no les va muy bien maritalmente y deciden divorciarse, decidiendo que Pedro se va de la casa familiar. Revisando el contrato de alquiler observa que tiene

---

la misma cláusula que Alfonso, por lo que le envía un escrito a Pilar, indicando que no le renueva el contrato y que tendrá que abandonar su apartamento.

Ambos supuestos son ejemplos de causa legal justificada para poner fin al arrendamiento en las que el propietario puede recuperar la vivienda para su uso.

En el supuesto de que el arrendamiento sea para larga estancia, una vez que se han agotado los primeros cinco años de vigencia del contrato, si el casero no ha comunicado a su inquilino el deseo de terminar el contrato con cuatro meses antes de su finalización, la ley contempla unas prórrogas gracias a las cuales el inquilino va a tener la facultad de estar en la vivienda hasta ocho años desde que firmara su contrato si su casero es persona física o hasta diez si es persona jurídica. Esta renovación es automática, por lo que **si no media aviso, el contrato queda prorrogado legalmente.**

Por su parte, si el inquilino no tuviere la intención de continuar en su alquiler, únicamente tendrá la obligación de preavisar a su casero con una antelación de dos meses antes de irse del piso. Por ello es sumamente importante que anotes en la agenda la fecha en que toca avisar a la otra parte si quieres poner fin al contrato de alquiler, para que no se produzca la renovación automática que otorga la ley: cuatro meses de antelación el casero y dos el inquilino. Queda claro ¿verdad?

Recuerda: el arrendamiento de temporada obedece a razones de necesidad de ocupar una vivienda sólo una época concreta, mientras que el de larga estancia está previsto para cubrir necesidades de residencia permanente durante los plazos máximos que prevé la ley y sus prórrogas. Un contrato fraudulento en este sentido tiene consecuencias para el propietario.

Otro aspecto muy importante: la renta del alquiler. Tengo que decirte que justo en el momento en que estoy redactando estas líneas, se trata de un asunto algo incierto, dada la reciente entrada en vigor de la Ley de Vivienda. En cualquier caso, trataré de ser lo más comprensible posible y te explicaré la causa de la incertidumbre al respecto. Hay que distinguir dos escenarios posibles: que se aplique la ley de la vivienda en lo relativo a la declaración de zonas tensionadas o que no se aplique.

Y ello dependerá de que las diferentes comunidades autónomas así lo decidan.

—Para el carro José, ¿qué es una zona tensionada?

—Según la novedosa Ley de la Vivienda es un área poblacional en la que la oferta de inmuebles en alquiler es escasa, mientras que la demanda es fuerte y ello ocasiona que las pocas viviendas que se ofrecen en arrendamiento sean muy caras. El objeto de la ley es controlar los precios en esas zonas concretas para que no se disparen.

En aquellas áreas no declaradas como zonas tensionadas, la renta del alquiler se pacta entre las partes de manera totalmente libre. Se establece por pacto entre casero e inquilino, atendiendo a la ley de la oferta y demanda. No hay más, así de sencillo.

Diferente consideración tiene si el alquiler se concierta en una zona declarada tensionada, puesto que en este caso el precio no se podrá pactar libremente entre inquilino y arrendador. Primeramente, hay que distinguir si la vivienda ha estado alquilada en los últimos cinco años o no. En el caso de haber estado arrendada durante ese tiempo, la renta no podrá ser superior a la última que hubiera estado vigente en el contrato anterior, y además no podrá incluir más gastos para el inquilino de los que ya soportaron los anteriores. Si no ha estado alquilada anteriormente, la renta será acordada por las partes, salvo que por resolución justificada del ministerio competente se diga lo contrario.

Un lío ¿verdad?, pues espera que ahora viene lo mejor: vamos a complicar el asunto un poquito más. Entra en juego otra variable, el concepto de gran tenedor, por ello a la hora de fijar el precio del alquiler nos tendremos que preguntar si la vivienda es propiedad de alguien considerado gran tenedor. Y ¿quién es gran tenedor? Las personas jurídicas (una empresa o un banco, por ejemplo) que tenga en su patrimonio 10 o más viviendas o una persona física que sea propietario de 5 o más viviendas). En este caso la renta no podrá superar el precio que establezca el índice de referencia para el arrendamiento de viviendas establecido por el ministerio competente.

—José, esto es un completo lío, explícate.

—La renta será libremente pactada si el contrato recae sobre una vivienda que no se encuentra en una zona declarada tensionada, por el contrario, el precio de la renta estará limitado por ley y se fijará conforme al índice de referencia si además de lo anterior es propiedad de un gran tenedor.

Tengo que admitir que el asunto es un poco complejo. Aunque he tratado de explicártelo de la manera más clara posible, quedan aspectos en el aire, puesto que el asunto tiene más complejidad aún. Verás, aunque la Ley de la Vivienda establezca todo lo que te he contado, hay que saber que precisa ser desarrollada por las comunidades autónomas, puesto que la competencia para determinar las zonas tensionadas recae en las diferentes autonomías.

¿Qué sucede? Hasta ahora sólo la comunidad catalana ha optado por declarar parte de su territorio tensionado a efectos de arrendamiento, y por ello te pido que investigues si cuando te decidas a alquilar una vivienda la situación ha cambiado en tu comunidad autónoma. Además, los índices de referencia aún tampoco se han establecido, pero ya quedas advertido de que esta circunstancia puede cambiar de un momento a otro, y en todo caso antes de que finalice el año 2024. Si se diera el caso, a la hora de fijar la renta del alquiler, aplica lo comentado anteriormente.

A continuación, dispondrás de enlaces a materias de suma importancia tanto en lo concerniente a la fijación de la renta referenciada a los índices de alquiler publicados por el gobierno, así como el portal en el que podrás conocer las zonas de mercado residencial tensionado:

www.mivau.gob.es

www.mivau.gob.es (zonas)

Siguiendo con aspectos importantes sobre los contratos de alquiler, es turno de abordar la actualización de la renta. En el contrato de alquiler normalmente figura una cláusula al respecto y establece que, cada año que se renueve el contrato, la renta experimentará una subida ¿cuánto sube? Depende. Para saber qué alcance puede tener, presta atención a las siguientes explicaciones:

En primer lugar y súper importante, si se desea que la renta del alquiler sea actualizada anualmente, habrá que establecerse en el contrato. En caso de que en el contrato no se aborde este tema, la renta que se pacte al inicio será la que perdure en el tiempo, así que anota esto bien. Recuerda que el contrato de vivienda habitual puede extenderse hasta cinco años (si el casero es persona física) o siete años (si es persona jurídica), más las prórrogas que se establecen por ley; es decir, hablamos de que están en juego varios cientos de euros.

Entonces, una vez comprendido lo anterior, si optamos por fijar una cláusula de revisión de la renta, esta podrá fijarse conforme a distintos índices, resultando la práctica más extendida sea que se fije conforme al índice de precios al consumo (IPC). ¿Qué sucedería si hacemos constar en el contrato una actualización de renta anual, pero no indicamos sobre qué índice basarnos? Pues la norma establece que la revisión de la renta se efectuará conforme al Índice de Garantía de Competitividad (IGC).

A continuación, te dejo unos enlaces para consultar los índices referidos:

IPC   IGC

Independientemente de los pactos que podemos incluir en el contrato, en materia de arrendamiento de vivienda, ya hemos visto que el legislador puede disponer que ciertos aspectos de la relación entre el casero y el inquilino queden establecidos por ley: extremos que se observan tanto en el alcance temporal del contrato, en la renta del alquiler y en lo relativo a la actualización de la renta.

Una manifestación de lo anterior es el límite que ha impuesto la ley para las actualizaciones de la renta del alquiler para 2024 que no podrá incrementarse más de un 3%. A partir de enero de 2025, una vez entre en vigor por completo la nueva Ley de Vivienda, la actualización de la renta tendrá que limitarse al índice de referencia para los arrendamientos que sea aprobado por la autoridad competente.

¿Por qué tanta complejidad en esta materia? Para contener los precios de los alquileres en España, extremo que a los propietarios no les hace ninguna gracia, ya que no pueden imponer la renta según las reglas de la oferta y la demanda.

—José, tengo una vivienda que pienso poner en alquiler. ¿Cómo puedo garantizarme una mínima subida de la renta entre tanta dificultad legal?

—Una opción es arrendar tu vivienda por temporadas o explotarla turísticamente. La otra opción pasa por incluir en tu contrato que el inquilino asuma hacer frente a determinados gastos como son: el pago del recibo de la comunidad, el Impuesto de Bienes Inmuebles (IBI), el abono de los suministros, tales como son el recibo del agua, electricidad, internet, tasa de basura, y el seguro de vivienda. ¿Cómo introducirlos? Yo lo haría de manera anual, es decir, uno por año, sobre todo si estamos hablando de un alquiler de larga estancia. De manera que la renta del alquiler se verá incrementada tanto en el porcentaje que se permita por ley más uno de los recibos antes expuestos, fraccionado en mensualidades.

Incluyendo esta cláusula en tu contrato te asegurarán unos incrementos de renta, que, si bien no serán muy significativos, al menos mitigarán las restricciones impuestas por la normativa.

Mario era un pequeño propietario que tenía un apartamento en Torremolinos ofrecido en alquiler. Como sabía de la existencia de todas las limitaciones legales para subir la renta los sucesivos años, acordó con su inquilino que cada prórroga del contrato este asumiría el pago de un gasto que soporta la vivienda: así, para la primera revisión el inquilino se haría cargo del IBI, para la segunda prórroga pagaría la comunidad de vecinos y para la tercera el seguro de hogar.

Vamos a ir dando ya por finalizada esta parte dedicada a los alquileres, pero antes te quiero dejar otras notas de interés, una de ellas es el derecho que asiste a los inquilinos a adquirir preferentemente de otras personas el piso alquilado en caso de que el arrendador decidiera ponerlo a la venta. No sólo es que el inquilino tenga un derecho prioritario respecto de otros interesados, sino que el vendedor tiene el deber de informar de su intención de venta al inquilino para que este decida si hace uso de su derecho o no, lo que se conoce como derecho de tanteo. Si eres casero toma buena nota de esto, no vaya a ser que te pase como a Mario, que decidió vender su apartamento de Torremolinos a un vecino ocultando esta maniobra a su inquilino, quien sabía que gozaba de un derecho de tanteo sobre el piso y puso en marcha un mecanismo legal llamado «retracto»: el juez le dio la razón y anuló la venta. Por cierto, el plazo de que dispone el inquilino para activar esta posibilidad es de 30 días naturales, pasados los cuales ya no podrá hacer nada.

Como última cuestión de interés en materia de arrendamientos es el subarrendamiento. Otra palabreja más que vas a aprender leyendo este libro. El subarrendamiento es la opción legal que tiene el inquilino de realquilar parte del inmueble a otros ocupantes. Si en la modalidad del alquiler tradicional encontramos dos partes: casero e inquilino, en el subarriendo aparece un tercero: el subarrendatario. Es una figura legal muy interesante que puede favorecer reparto de gastos entre compañeros de piso. Me explico:

> Luis alquiló un bonito piso de dos habitaciones en el centro de la ciudad por 800€, pasado un tiempo cada vez se le hacía más difícil asumir los gastos, así que pensó que le vendría bien compartir el piso con Juan, su amigo. Por tanto, hizo una llamada al propietario solicitando su consentimiento para que Juan, ocupara una habitación del piso y que pagase por ello. El casero no tuvo ningún problema: Luis subarrendó el piso a Juan, que pagó por ello 400€ mensuales.

No obstante, tienes que saber unos detalles: si como arrendador prefieres prohibir el subarrendamiento tienes que incluir una cláusula específica en el contrato del alquiler, ahora bien, de no constar en el contrato esta previsión, la ley impone el deber de comunicar el deseo de subarrendar la vivienda al casero y este ha de emitir su consentimiento por escrito, lo contrario invalidaría el arrendamiento y es causa de finalización del contrato tanto para el inquilino como para sus subarrendatarios. En definitiva: el casero siempre tiene que tener conocimiento del subarrendamiento.

Si Luis hubiese subarrendado el piso a Juan sin decir nada al casero, cuando este hubiere tenido conocimiento de la jugada, podría ejercer acciones legales para poner fin al contrato y largar de su piso a todos los ocupantes.

Como curiosidad de la ley, te diré que la renta que se acuerde para el contrato de subarrendamiento no podrá ser más alta que la pactada en el alquiler inicial.

Como has observado, el alquiler es todo un mundo jurídicamente hablando y admite muchas posibilidades, no dudes en asesorarte si tienes dudas o problemas con el inquilino o con tu casero.

ALQUILER CON OPCIÓN A COMPRA

—José, ¿es posible alquilar y comprar todo junto en un mismo contrato?

—Déjame decirte que sí, aunque mi experiencia personal no fue positiva, como recordarás de la lectura del capítulo dedicado a la compra venta de inmuebles, el alquiler con opción de compra es una posibilidad, que bien planteada, puede suponer el ahorro de un buen puñado de euros. Abre bien los ojos y lee con atención lo que viene a continuación, pues quizá te plantees alguna vez optar por adquirir un inmueble de este peculiar modo.

> Adrián visitó la casa de sus sueños, lo tenía todo: un patio más grande que la plaza de su pueblo, un salón campero con chimenea y vistas al prado donde jugaba de niño, oliendo a flores silvestres, dos baños equipados al estilo de un hotel de lujo, cocina con electrodomésticos de última tecnología, en definitiva, se enamoró. Pero su sueño duró lo que tardó en conocer el precio: Desanimado regresó a casa cabizbajo, mirando y remirando su cuenta bancaria con la esperanza de que le tocara el cupón que había comprado de camino. No obstante, no dejaba de pensar qué hacer para poder adquirir esa maravilla. Inmerso en una maraña de pensamientos que inundaban su cabeza buscando una idea que viniera a solucionarle el tema, recordó haber leído alguna vez eso de un alquiler con opción a compra…, entonces, acudió a documentarse para refrescar la memoria y cuanto más leía más grande se hacía la sonrisa en su cara, descubrió que ¡sí, la solución era recurrir a un alquiler con opción de compra!

A día de hoy, esta herramienta te permite la posibilidad real de acceder a la vivienda sin necesidad de tener ese treinta por ciento de ahorro previo, atribuyendo al comprador la facultad de acceder a la casa inicialmente en régimen de alquiler, durante los años que se pacte para que, una vez haya transcurrido el plazo definido de arrendamiento, finalmente se opte por la compra definitiva de la finca. De este modo, el gasto inicial que le comportará al inquilino y futuro comprador, es la entrega de una fianza en el momento de la concertación del contrato y el abono de las mensualidades por el alquiler que se acuerden, de manera que ¡la renta que vaya pagando mes tras mes se va acumulando y se constituye como parte del pago del precio definitivo de compra!, precio de compra que ya fue fijado en el contrato. Es una especie de anticipo a cuenta del precio final. ¡Una opción genial!

Es muy interesante para el futuro comprador esta opción, puesto que le va a otorgar la ventaja de ganar tiempo y ahorrar para afrontar la compra. Y como extra, atribuye cierta flexibilidad que se manifiesta en la facultad de decidir finalmente por la compra del inmueble o en no hacerlo, atendiendo a las circunstancias que deberás valorar por ti mismo. De algún modo, mientras dura el arrendamiento, el inquilino tendrá la oportunidad de decidir si realmente merece la pena realizar la adquisición final de la vivienda o no.

Adrián acordó con el vendedor que el precio final de compra sería de 200.000€, entregando una señal de 10.000€ y que por el alquiler pagaría una renta de 600€ mensuales, fijando como fecha de compra a los tres años siguientes de la firma del contrato. Una vez llegó el momento, Adrián había pagado ya además de la fianza, 21.600€ (que resultan de la suma de las rentas mensuales de arrendamiento) con lo cual, le restaban por pagar 168.400€. Para entonces ya había podido ahorrar lo suficiente para pedir una hipoteca. ¡Sueño cumplido!

—José ¿cómo se formaliza este negocio?

—Por medio de un contrato entre vendedor y comprador. En este contrato deberás hacer mención a todos los aspectos que tengan que regir el arrendamiento, y además, la compra. Es decir, tenemos que definir la renta mensual, el tiempo del alquiler, el plazo de tiempo en el que el arrendatario puede realizar su derecho de opción de compra, las facultades y límites de uso de la vivienda, e inclusive el precio de venta en el futuro. Hay que tener mucho cuidado con esta última precisión, con la fijación del precio de la compra: pues puede ser una dificultad en el momento efectivo de la compra.

Aunque en la práctica suena muy bien todo lo que acabas de leer, es un contrato que puede ocasionar algunos problemas técnicos (jurídicamente hablando) sobre los que no puedo incidir en esta obra, pero desde luego, antes de optar por esta modalidad, te invito a que te asesores con un experto para prevenir.

Entre ellos, uno de los problemas fundamentales es la fijación del precio de la venta futura, por lo siguiente que te voy a explicar:

No podemos dejar de lado que los precios de las cosas varían de unos momentos a otros, siendo al alza lo general. Sin embargo, el mercado inmobiliario tiene unas peculiaridades que no tienen porqué obedecer a las normas generales. Si bien los precios de la vivienda tienden a subir, es posible que también experimenten justo lo contrario y te encuentres en una situación de bajada de precios en el sector, afectando a la vivienda por la que quieres optar (justo lo que me ocurrió a mí). En el caso de Adrián, se fijó el valor de venta en 200.000€, pero ¿qué hubiera hecho si debido a una evolución de precios decreciente después de tres años, el inmueble se hubiere devaluado hasta los 150.000€? Ello le hubiera hecho pensarse si finalmente hubiera acabado comprando, y con toda seguridad el banco le pondría problemas con la hipoteca, al estar financiando una compra sobrevalorada.

¿Qué hacer para mitigar la fluctuación de precios? Si optas por escoger un contrato de alquiler con opción de compra mi recomendación es, si te toca ser inquilino y futuro comprador, que la señal que entregues a modo de arras sea una cantidad módica y así tengas la facilidad de desistir de la compra si se diera un escenario del mercado con tendencia bajista de los precios. Por el contrario, si tu rol es el de propietario, te interesará todo lo contrario, que la cantidad dada en arras sea importante, que perderá el comprador si desistiera de la compra definitivamente.

¿Y si la evolución de los precios en el caso que estamos viendo de Adrián hubiera sido alcista? Aquí el tema cambia y las circunstancias del mercado hubieran favorecido al comprador, porque al haber prefijado un precio de venta de 200.000 euros en el momento de la firma del contrato, tras tres años en un contexto alcista de precios, se hubiera encontrado con que la vivienda, a pesar de tener un valor de mercado de 250.000 euros, la podría haber comprado por 50.000 euros menos. En este supuesto es el vendedor el que sufrirá el perjuicio patrimonial.

Otra manera de evitar los efectos de fluctuación de precios, sería conveniente no dejar un plazo temporal de compra mayor a dos años como máximo. Ese lapso temporal no habrá sido tan importante como para hacer desistir a ninguno de los intervinientes de la opción de compra.

Otro aspecto delicado del contrato es el referido a la señal dada en arras, pues hay que conocer que existen tres tipos de arras diferentes: penales, penitenciales y confirmatorias, y la elección de un tipo u otro tendrán diferentes efectos jurídicos en caso de incumplimiento contractual. Una vez más, asesórate.

Para finalizar este capítulo, no podemos olvidar fijar en el contrato si el arrendatario puede ejercer la opción de compra en cualquier momento mientras dure la relación de arrendamiento o sólo una vez transcurrido el plazo del mismo.

Como ves, el contrato de alquiler con opción a compra tiene sus ventajas y también sus inconvenientes, sobre todo en lo relativo a la incertidumbre del comportamiento del mercado de la vivienda a lo largo del tiempo.

Recuerda: Para mitigar la oscilación de los precios lo ideal sería no alargar más de dos años el plazo para ejercer la opción de compra. De lo contrario, el valor del bien puede experimentar un cambio importante que acabe perjudicando a una de las partes. Y por supuesto, antes de firmar cualquier contrato de esta modalidad, acudas a un asesor especialista que cuide tus intereses. Merecerá la pena.

También he considerado muy útil incluir en esta obra un negocio jurídico inmobiliario que es poco conocido entre la mayoría de los mortales y que puede ser bastante interesante, cuanto más si quieres coger un dinero por la venta de tu inmueble y manteniendo el derecho de su uso y disfrute.

—Explícate José.

—Tal cual, lo dicho se consigue vendiendo la nuda propiedad y conservando el usufructo. Lo vas a entender rápidamente:

> Adela y Justo eran una pareja de jubilados que vivían de su pequeña pensión. No tenían más propiedades que el piso que habían comprado durante su matrimonio hace más de treinta años. La pensión que recibían apenas les daba para llegar a fin de mes y atender sus necesidades más inmediatas. Lamentablemente Justo cayó enfermo necesitando cuidados que no podían satisfacer por falta de medios económicos, por lo que un día, un amigo de la familia que era jurista les informó que podrían vender la nuda propiedad de su piso sin que por ello tuvieran que dejar de vivir en el mismo hogar, ya que les explicó que con la venta de la nuda propiedad conservaban el derecho de uso de la vivienda hasta el final de sus días. Se decidieron a llevarlo a cabo y rápidamente encontraron a un comprador que les pagó cerca de 90.000€. Gracias a este negocio, pudieron obtener el dinero necesario para hacer frente a los gastos precisos para los cuidados de Justo.

Matrimonio y libertad parecen hoy día dos términos que no «casan» bien, valga la redundancia. Vivimos inmersos en una sociedad donde los individuos son cada vez más conscientes de la libertad individual y en la que predomina una preponderancia del yo frente al nosotros. Basta con echar un vistazo a las estadísticas para darse cuenta sobre la evolución acerca de las celebraciones de matrimonios cuando en 1975 alcanzara su máximo histórico con una cifra de 271.347, hasta su mínimo en 2020 en que tuvieron lugar únicamente 87.481 enlaces. Y en sentido contrario, los divorcios han experimentado un auge que logró su techo más alto en 2006 con 145.919 disoluciones, manteniéndose por encima de las 100.000 rupturas anuales prácticamente hasta 2018, año en que se vislumbra un cambio de tendencia que parece ir decreciendo, puesto que, en 2022, la cifra se situó en 84.551.

Me ha parecido interesante realizar esta anotación para que tomemos consciencia de lo que ha pasado en España durante esta serie histórica, y cómo la conquista de derechos individuales de las personas, sobre todo de las mujeres, ha tenido su repercusión en una institución tan tradicional en nuestro país, que sin embargo, parece que tiene los días contados.

—De acuerdo José, parece que el matrimonio no está de moda, aun así, yo me quiero casar, ¿cuáles son los requisitos, cómo me puedo casar y qué derechos y obligaciones adquiero?

—Te lo cuento:

Una boda como dios manda, principalmente para los novios más clasistas, implica un desfalco para sus cuentas corrientes, y es que una celebración por todo lo alto implica la contratación de un banquete, alquiler de coches, compra de vestidos, joyas, perfumes, viaje de luna de miel, traer grupos artísticos que amenicen el evento, etc. bueno como tú no eres tan ostentoso y no estás por realizar tal desembolso, decides ir directamente al grano, por lo que sin más rodeos a continuación te expongo los requisitos imprescindibles y que deberás acreditar ante la autoridad competente, presta atención:

✓ Edad: Tendrás que ser mayor de edad o menor de edad emancipado, es decir, independiente de tus progenitores. ¿Y quiénes y cómo se pueden emancipar? Los mayores de 16 años con el consentimiento de sus padres acudiendo al notario o al encargado del Registro Civil solicitando la emancipación del menor.

✓ El segundo requisito es que no estés ligado ya por vínculo matrimonial, es decir, que tu estado civil antes de la celebración sea el de soltero, divorciado o viudo.

✓ Una exigencia más, reside en la prohibición existente para unirse matrimonialmente entre algunos parientes. Ten cuidado de enamorarte de algún familiar, porque no podrás casarte con tu padre, madre, ni con tu abuela ni abuelo (ya sé que parece obvio, pero lo dice la ley, así que te lo tengo que decir). Si el amor surge entre un tío y un sobrino *a priori* la ley lo prohíbe, pero tanto civil como canónicamente cabrá la opción de casarse, siempre que exista dispensa (autorización) del juez o del obispo, en su caso.

Entre primos hermanos civilmente no hay problema, aunque si se quiere celebrar el matrimonio ante la iglesia, se deberá pedir la autorización al obispo.

Y como última prohibición, no estar condenado por sentencia firme como autor o cómplice de la muerte dolosa del cónyuge de alguno de los contrayentes, salvo dispensa por el ministro de Justicia. Dicho de otro modo, que no te hayas ventilado al ex de tu pareja y te hayan condenado por ello.

Déjame que te cuente una curiosidad antes de seguir. Hasta el año 2005, sólo se permitía el matrimonio entre un hombre y una mujer. A partir de esa fecha, el legislador permitió la existencia de **matrimonios entre homosexuales**. Sin duda alguna este hito fue una victoria del colectivo LGTBI, y desde entonces el legislador ha procurado una amplia transformación en cuanto al reconocimiento del derecho a la igualdad de género. Por ello, si hay una cosa española que destaque en el mundo, aparte del flamenco y los toros, es el reconocimiento del derecho a la igualdad de trato entre hombres y mujeres como no existe en ninguna otra parte del mundo.

Pienso que nos encontramos en un contexto, que legalmente nos sitúa muy próximos a la igualdad efectiva, lo que supone que las personas sean tratadas por la ley de igual manera independientemente de su raza, sexo, edad, religión, opinión o cualquier otra circunstancia, siempre desde una óptica legal. Y ello en el ámbito de las parejas va a tener también sus implicaciones y sobre ello nos detendremos más adelante.

—Ok José, reunimos los requisitos, ¿cómo me caso?

—Tienes dos posibilidades: el matrimonio civil o eclesiástico. Veamos las particularidades de ambos sistemas.

El **<u>matrimonio civil</u>** lo puede celebrar el juez de paz, el alcalde o un concejal del municipio donde te quieras casar. No hay impedimento alguno en que puedas realizar el acto en Santander y sin embargo tu residencia esté en Jaén. Un paso previo al acto solemne será la formación del expediente matrimonial, que no es más que un procedimiento para comprobar que los contrayentes reúnen las condiciones legales para unirse maritalmente, principalmente para verificar que el consentimiento de los futuros esposos es manifestado libre y voluntariamente.

Este expediente se debe efectuar ante el secretario judicial, notario o encargado del Registro Civil del lugar del domicilio de uno de los contrayentes. Así pues, obtén cita ante cualquiera de estas autoridades anteriores que se encuentren en la localidad de tu residencia o de tu pareja, lleva toda la documentación y sigue sus indicaciones.

Hasta aquí más o menos todo normal ¿verdad?, pero la vida real nos ofrece situaciones de lo más variopintas, complicándonos la existencia y a veces, decida fastidiarnos los planes. Es probable que tu vida sea plácida y serena, sin grandes giros, pero de repente un día todo cambia, se vuelve inquietante y peligrosa. Piensa en el diagnóstico de una enfermedad grave, declaración de guerra o una nueva pandemia mundial (ya no me extrañaría nada), que motiven una urgencia para la pareja de contraer matrimonio ante el temor fundado de que cualquiera de ellos pueda fallecer inmediatamente, circunstancias en las que los plazos a los que nos somete la burocracia no tienen cabida.

Mediando una situación de riesgo de muerte, la ley autoriza la celebración de matrimonios exprés, saltando las reglas fijadas, ante alguna de las autoridades ya vistas, a las que se añaden también los jefes militares respecto de militares en campaña o ante el capitán o comandante para los matrimonios celebrados a bordo de las naves o aeronaves. Por ello, si te inquieta hacer un crucero el temor de que pueda hundirse y fastidiarte tu futuro matrimonio, ya sabes que puedes ir con tu pareja ante el comandante del barco y pedirle que te case, todo ello al mismo tiempo que trata de reflotar el navío. Muy romántico todo ¿no crees?

Otro pormenor que podemos experimentar es tener una pareja en la distancia y verte en la dificultad de no poder contraer matrimonio por la separación física entre las partes. Nada, no te preocupes mucho porque legalmente también tenemos solución. Basta con otorgar un poder especial a una persona de nuestra confianza para que nos represente en el acto oficial y listo.

> Dolores y Esteban, vivían y trabajaban en Córdoba y planearon su boda para dentro de un año, sin embargo, a Esteban le surgió una oportunidad laboral irrenunciable en Canadá que le impediría estar físicamente en Córdoba en la fecha de su boda.

> Pensaron que eso no sería obstáculo alguno para cumplir con su sueño y Esteban le pidió a su mejor amigo, Pedro, que legalmente le representase en la ceremonia. Y así fue, Pedro dijo que Esteban «sí quería» y quedaron unidos felizmente en matrimonio. Bonita historia ¿no?

En el Estado español, junto al matrimonio civil, se reconoce la validez legal de los matrimonios celebrados mediante ritos religiosos de las confesiones católica, evangélica, judía y musulmán, que una vez celebrados precisan ser llevados al Registro Civil para que el matrimonio despliegue todos sus efectos. Hay que señalar que todos los demás cultos matrimoniales religiosos no mencionados, carecen de reconocimiento legal, por ello las personas unidas por estos tipos de ceremonias no oficiales no van a adquirir los derechos que se derivan de los matrimonios oficiales:

> Manuel y Manuela, jóvenes de etnia gitana se casaron bien jóvenes, tuvieron siete hijos y vivieron en pareja durante más de 30 años. Un día, tristemente Manuel falleció y Manuela acudió a la Seguridad Social para hacer los trámites pertinentes para cobrar la pensión de viudedad. Al poco tiempo le llegó una carta denegándole la pensión. Muy enfadada, pensando que aquello era un error, acudió a un abogado que le confirmó que la decisión de la Seguridad Social era acertada. Le explicó que el matrimonio gitano no tiene validez legal en España y por eso se consideraba que incluso sus hijos eran descendientes de padres solteros, y le manifestó que lo más oportuno hubiese sido haber formalizado su unión mediante un matrimonio civil (al margen de la celebración gitana) o inclusive la inscripción en el registro de parejas de hecho, con ello sí hubiese tenido derecho a cobrar la pensión.

—José, vaya faena lo de Manuela, y bueno ¿en qué se diferencia el matrimonio civil del religioso?

—Los matrimonios oficiados religiosamente contienen una doble formalidad: la legal, que es igual a la forma civil (formación del expediente matrimonial) y la religiosa, que difiere según cada doctrina.

En la religión católica, la propia iglesia se encarga de realizar la formación del expediente legal. Aparte de ello, antes de pasar por el altar, se ha de superar un cursillo de algunas semanas en el que te explicarán en qué consiste un matrimonio católico y qué papel tiene Dios en la familia. Superada la formación, tendrá lugar lo que se conoce como la toma de dichos, que es un acto íntimo en la que dos testigos, generalmente amigos de la pareja, acudirán con ellos a la iglesia y le dirán al sacerdote que verdaderamente son pareja y tienen el deseo de unirse en matrimonio.

Además, ha de acreditarse estar bautizado y se nombran unos padrinos. Posteriormente tendrá lugar el rito religioso con el oficio del sacramento. Por último, es muy importante que el matrimonio quede inscrito en el Registro Civil, de lo contrario no surtirá efecto.

Respecto de los ritos evangélicos, musulmanes y judíos decir que, al igual que el católico, tienen sus propias peculiaridades que los distinguen y hacen únicos, cosa que yo lamentablemente desconozco, si bien merecería la pena ahondar más en el estudio y ampliar conocimientos.

Ya que la pareja legalmente es considerada matrimonio, a los cónyuges se les impone el deber de respetarse y ayudarse mutuamente y actuar en interés de la familia. Igualmente están obligados a vivir juntos, a guardarse fidelidad y socorrerse mutuamente. Deberán, además, compartir las responsabilidades domésticas y el cuidado y atención de ascendientes y descendientes y otras personas dependientes a su cargo. ¿Está claro no?

Una curiosidad legal: ¿Sabías que hasta el año 1975 la mujer casada quedaba sujeta a la autoridad del marido y necesitaba su permiso para realizar actos que se excedieran de los cuidados domésticos? Efectivamente, las mujeres casadas únicamente gozaban de la conocida potestad de llaves, lo que equivale, salvando las distancias, al actual concepto ama de casa. Fue la ley de reforma de determinados artículos del Código Civil y del Código de Comercio sobre la situación jurídica de la mujer casada y los derechos y deberes de los cónyuges, publicada en los últimos años de la dictadura franquista la que vino a dar fin a esa situación de discriminación.

EL MATRIMONIO ES UN NEGOCIO

Debo de adelantarte desde ya que el matrimonio es un negocio. Hay que pensarlo así, porque en el mismo instante en que se unen dos personas matrimonialmente no lo hacen sólo afectivamente, sino que también patrimonialmente. Y este aspecto es algo de máxima importancia y que acarrea no pocos problemas, cuanto más en épocas de rupturas: ya se sabe que la pela es la pela. Y es que cuando vienen los problemas, lo primero que hacemos es hacer cuentas. Vamos a explicarlo:

Durante la soltería manejamos nuestras cuentas de la manera que estimamos pertinente sin dar explicaciones a nadie, faltaría más. Pero una vez casados la situación cambia. Celebrado e inscrito el matrimonio en el Registro Civil despliega todos sus efectos legales con consecuencias directas en la esfera patrimonial de los cónyuges.

La ley rige la economía familiar en diferentes ámbitos: en primer lugar existen normas que regulan el **sistema económico matrimonial primario** (que es de aplicación a todos los matrimonios) y en segundo lugar hay unas reglas que son de aplicación si se opta por el régimen de gananciales o de separación de bienes, elección que es competencia de los cónyuges, ya que podrán optar por la aplicación de uno u otro sistema atendiendo a sus preferencias.

En todo matrimonio, independientemente del régimen económico por el que se opte, la ley impone que los integrantes deberán contribuir al **sostenimiento de los gastos familiares**, lo que se conoce coloquialmente como «arrimar el codo»: alimentación, vivienda, vestido, mantenimiento, educación de los hijos, etc. Todas son potestades que asumen cada uno de los esposos de las que no se van a poder desentender. Por tanto, ¿qué sucede si uno de ellos no contribuye? El otro cónyuge tendrá la opción de solicitar al juez que le obligue a participar, sin que por ello implique que se inicie una separación o divorcio, aunque mucho me temo que la cosa no acabará bien.

A esta obligación se le conoce jurídicamente como el **ejercicio de la potestad doméstica**, que implícitamente lleva consigo el consentimiento o autorización de un cónyuge a favor del otro para que pueda tomar las decisiones cotidianas necesarias para cumplir con esta carga legal, siempre y cuando el acto a realizar bajo esta premisa quede dentro de los usos sociales ampliamente aceptados. Ello significa que comprar el pan, una batidora, matricular al niño en clases extraescolares, reparar el coche de tu pareja o reservar un viaje a Londres para un fin de semana, sea perfectamente posible hacerlo sin la necesidad de acudir a la tienda con una autorización de tu pareja.

En cambio, si el acto se aparta de lo estrictamente necesario para la atención de las **necesidades básicas de la familia**, sí será necesario recabar el consentimiento expreso de tu cónyuge. Piensa en una inversión de un inmueble, fundar una empresa o vender la vivienda familiar. Como ves, se trata de la realización de actos que cuestan mucha pasta, tanto que pueden afectar a la economía familiar de forma notoria. En este caso, el negocio realizado sin el consentimiento del otro, puede ser declarado nulo, lo que implica su anulación y la reposición de las cosas al estado en que se encontraban antes de la realización del negocio concreto. Todo ello porque puede comprometer la estabilidad de la economía familiar.

—Bien José, la vivienda familiar la adquirí antes de casarme, como soy su único titular ¿puedo decidir venderla sin el consentimiento de mi pareja?

—No, necesitas su autorización, porque tiene la consideración de elemento esencial para la atención de las necesidades básicas de la familia, que es prestar cobijo para todos los integrantes.

En cuanto a las deudas contraídas durante el matrimonio y que tengan como finalidad atender las necesidades ordinarias de la familia, aunque deriven de actos individuales de uno sólo de los cónyuges, la ley impone que responderán de las mismas los bienes comunes de los esposos. Ello implica que, si con los bienes comunes no se puede satisfacer la deuda, seguidamente el acreedor podrá dirigirse contra los bienes del cónyuge que haya contraído la deuda y por último, frente los bienes privados del otro.

—Entonces, si compro un coche valorado en unos 20.000€ con un préstamo y no puedo pagar: ¿puede el prestamista pedirle a mi pareja que pague el préstamo? Sí, inclusive con el embargo de sus bienes privados, aunque no haya firmado el préstamo, siempre y cuando la compra sea entendida como un acto de potestad doméstica, es decir: que la adquisición del coche lo fuera para atender las necesidades de desplazamiento de los miembros familiares, no como capricho.

—José, esto es un poco lioso, ¿me lo aclaras? Mira este caso, con él entenderás bien las facultades que alcanzan el ejercicio de la potestad doméstica y sus implicaciones para los cónyuges.

Ana y Rubén están casados en gananciales. Antes de contraer matrimonio, Ana compró un coche valorado en unos 15.000€. Vivían en un piso viejo que necesitaban reformar, pues tenía humedades y entraba el frío por todas partes; así que Rubén fue a su banco para pedir un préstamo que le financiase la obra de 15.000€ a pagar en los siguientes cinco años. Por dificultades de la vida, la pareja dejó de pagar las cuotas del préstamo, y el banco presentó una demanda para cobrar lo que la pareja les debía. En la investigación judicial, el juez se enteró de que Ana tenía un coche, así que decidió su embargo para así cancelar la deuda. Dado que la contratación del préstamo tenía la finalidad de cubrir una necesidad del matrimonio comprendida dentro del ejercicio de la potestad doméstica, Ana no tenía derecho a reclamar nada a Rubén.

En cambio, si Rubén hubiese pedido el préstamo para irse de viaje a las Islas Mauricio junto a unos amigos durante dos meses, Ana sí que hubiese podido reclamar a Rubén la cantidad equivalente al valor de su coche, ya que el fin del préstamo no era satisfacer las necesidades familiares y excedía del ejercicio de la potestad doméstica. Como ves, patrimonialmente, un matrimonio funciona de manera similar a una empresa, en la que los cónyuges adquieren roles parecidos a los socios de la sociedad. La ley les faculta para tomar decisiones individuales que tengan como finalidad satisfacer las necesidades comunes, en cambio, la ley también establece consecuencias si hacen actos en perjuicio de la familia. Toma buena nota de lo anterior, de manera que te pueda servir para prevenir futuras reclamaciones de tu pareja.

Junto al régimen económico primario que acabo de exponer, los matrimonios pueden optar por establecer un sistema patrimonial basado en la sociedad de gananciales o separación de bienes; te voy a ofrecer detalles de uno y de otro para que entiendas las diferencias y puedas decidir qué sistema prefieres para tu economía familiar.

RÉGIMEN DE GANANCIALES

En el régimen de gananciales, el matrimonio formado por los miembros de la pareja se asimila a una sociedad, y desde la fecha en que tenga lugar el matrimonio, el patrimonio adquirido vendrá a formar parte de la propia sociedad de gananciales, en la que cada uno de los integrantes de la pareja tendrá su cuota de participación. ¿Se entiende?

Salvo que se haya optado por un régimen de separación de bienes, el régimen de gananciales es el que regirá la vida matrimonial según la ley.

Para entender bien cómo funciona el régimen de gananciales lo vamos a escenificar dibujando tres saquitos, verás:

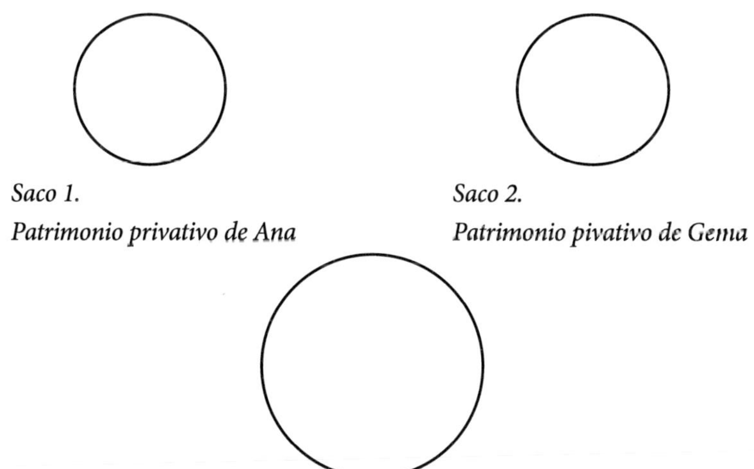

Saco 1.
Patrimonio privativo de Ana

Saco 2.
Patrimonio pivativo de Gema

Saco 3. patrimonio perteneciente a la sociedad de gananciales
formada por Ana y Gema después de casarse

El saco 1 representa el patrimonio privado de Ana antes del matrimonio, el saco 2 representa el patrimonio privado de Gema antes del matrimonio y el saco 3 el de la sociedad de gananciales.

Mediante la sociedad de gananciales se hacen comunes para los cónyuges las ganancias o beneficios obtenidos indistintamente por cualquiera de ellos, que les serán atribuidos por mitad al disolverse. Esto significa que, si posteriormente la pareja acaba por destruirse mediante divorcio o porque se opte por cambiar a un régimen de separación de bienes, se hará un reparto entre los cónyuges de todos los bienes que integren la sociedad de gananciales, sin considerar si procede del trabajo de uno de ellos o de ambos.

Muchas personas dudan acerca del carácter ganancial o privativo de sus bienes durante el matrimonio, así que para que tú lo tengas claro a partir de ahora, te los voy a desgranar:

Son bienes privativos, aunque exista matrimonio los siguientes:

1. Los bienes que ya poseyera antes de la existencia de la sociedad de gananciales (puedes pensar en el saldo de tu cartilla de ahorro, el coche o piso que ya hubieras adquirido antes del casamiento). Puede que ese coche lo estés pagando a plazos y acabes con la deuda durante el matrimonio, habiendo usado dinero ganancial para saldar la misma, según la ley ese coche seguirá siendo privativo. En cambio, si tenías una casa comprada con hipoteca antes del matrimonio, te casas y sigues pagando hipoteca acabando de pagarla estando vigente el régimen de gananciales, la ley dice que su titularidad corresponderá al cónyuge y a la sociedad en proporción a los pagos que haya efectuado cada uno.

2. Los bienes que recibas sin tener que pagar nada a cambio, que se llaman a título gratuito. (Son bienes que recibes durante el matrimonio por herencia, regalos o donaciones y el dinero que consigas por la venta de cada uno de ellos).

3. Los bienes adquiridos a costa o en sustitución de los bienes privativos. (Tenías un coche privativo y durante el matrimonio lo vendes: ese dinero es privativo).

4. Los bienes adquiridos por derecho de retracto, ejemplo: eres dueño de una finca de olivas que te pertenecen de manera privativa, y el vecino que linda con tu parcela vende su finca. Te enteras y quieres ejercer tu derecho de retracto para que la finca de tu vecino acabe siendo tuya, y si lo consigues esa parcela será privativa, aunque lo hagas estando vigente la sociedad de gananciales.

5. Los bienes y derechos patrimoniales inherentes a la persona y los no transmisibles inter vivos: Ejemplo:

Se entiende como privativo los derechos derivados de un título profesional para ejercer una profesión, que lógicamente se atribuyen al cónyuge que a base de su esfuerzo ha conseguido los requisitos necesarios para la consecución de un título. Piensa por ejemplo en un señor que ha estudiado medicina obteniendo su diploma de graduado que posteriormente monta una clínica, estando vigente la sociedad de gananciales, la ley dispone que: el título obviamente es del doctor, que para eso ha estudiado, en cambio la clínica es ganancial. Igualmente serán privativos los derechos que pueda recibir una persona por explotar su imagen o su voz, o en caso de que se comercialice con aspectos ligados a su propia intimidad (caso de famosos que conceden entrevistas para dar a conocer alguna circunstancia privada).

6. El resarcimiento por daños inferidos a la persona de uno de los cónyuges o a sus bienes privativos. Ejemplo: sufres un accidente con lesiones, la indemnización que consigues es privativa.

7. Las ropas y objetos de uso personal que no sean de extraordinario valor. El cepillo de dientes que compres es personal y lógicamente privativo, salvo que sea de oro macizo.

8. Los instrumentos necesarios para el ejercicio de la profesión u oficio, salvo cuando estos sean parte integrante o pertenencias de un establecimiento o explotación de carácter común.

Los bienes mencionados en los apartados 4.º y 8.º no perderán su carácter de privativos por el hecho de que su adquisición se haya realizado con fondos comunes; pero, en este caso, la sociedad será acreedora del cónyuge propietario por el valor satisfecho.

¿Y qué bienes serán gananciales?

1. Los obtenidos por el trabajo o la industria de cualquiera de los cónyuges. Esto es: el salario, la nómina, pensión o los honorarios que reciba el cónyuge trabajador o pensionista. Es muy obvio, pero te mostraré un ejemplo: es ganancial la nómina que obtienes por desempeñar tu trabajo, aunque tu pareja no haga ninguna actividad profesional. A mucha gente le cuesta entender esto, pero es así.

2. Los frutos, rentas o intereses que produzcan tanto los bienes privativos como los gananciales. Ejemplo: los ingresos que recibas por el alquiler de un inmueble.

3. Los adquiridos a costa del caudal común, bien se haga la adquisición para el matrimonio, bien para uno solo de los esposos.

4. Los adquiridos por derecho de retracto de carácter ganancial, aun cuando lo fueran con fondos privativos, en cuyo caso la sociedad será deudora del cónyuge por el valor satisfecho.

5. Las empresas y establecimientos fundados durante la vigencia de la sociedad por uno cualquiera de los cónyuges a expensas de los bienes comunes. Si a la formación de la empresa o establecimiento concurren capital privativo y capital común, corresponderán en proporción al valor de las aportaciones respectivas.

—Vaya José, es un poco lío ¿no?
—Puede que tratar de distinguir en el listado anterior el carácter ganancial o privativo de los diferentes bienes te haya abrumado un poco, pero para aclararte esta regla no falla: todo lo que se adquiera vigente del matrimonio en régimen de gananciales

será ganancial, salvo aquellos bienes que procedan de donaciones y herencias.

A continuación, te voy a dejar algunos ejemplos prácticos donde verás claramente la distinción:

✓ Vivienda familiar adquirida, vigente la sociedad de gananciales, gravada con hipoteca que se va pagando con el sueldo de los esposos: es ganancial. ¿Y si sólo aporta fondos uno de los cónyuges por no tener ningún ingreso su pareja? También es ganancial.

✓ Vivienda gravada con hipoteca adquirida por una persona antes de contraer matrimonio en gananciales, que es destinada a ser la vivienda familiar y que vigente la sociedad, es sufragada con el sueldo de cada uno de los cónyuges: en parte privativa y en parte ganancial en proporción al valor aportado por cada uno.

✓ Vivienda que está completamente pagada, sin cargas y que pertenece a una persona antes de contraer matrimonio en gananciales que estando vigente la sociedad de gananciales es arrendada: el inmueble seguirá siendo privativo de esa persona, pero las rentas serán gananciales.

✓ Vehículo taxi que es usado por la esposa casada en gananciales para ejercer su trabajo: es privativo de la taxista. ¿Y si es adquirido con fondos gananciales? Seguirá siendo privativo de ella, pero en este caso la conductora deberá a la sociedad un tanto equivalente al valor del coche abonado con cargo al patrimonio ganancial.

✓ Local comercial comprado vigente la sociedad de gananciales con cargo a fondos comunes: es ganancial. ¿Y si es comprado parte con fondos comunes y parte con capital privado de uno de los cónyuges? Será parte ganancial y parte privado, en proporción al valor aportado.

✓ Indemnización de 30.000€ recibida por uno de los esposos en régimen de gananciales al sufrir un accidente de tráfico: privativa.

✓ Cuentas bancarias con fecha de apertura anterior al matrimonio ganancial que figuran exclusivamente a nombre de uno de los cónyuges: el saldo que había antes del matrimonio será privativo, pero el saldo que figure a partir del enlace será ganancial.

✓ Pensión de jubilación recibida por uno de los cónyuges, casado en régimen de gananciales: el derecho a cobrar la pensión es privativo, pues pertenece a la persona que se la ha ganado con su trabajo. Pero el dinero recibido por la pensión es ganancial. Se extinguirá con el fallecimiento del pensionista.

✓ Herencia recibida por uno de los cónyuges vigente el matrimonio estando casados en gananciales: privativa.

✓ Donación recibida por uno de los cónyuges constante el matrimonio estando casados en gananciales: privativa.

✓ Apartamento comprado en Roquetas por uno de los cónyuges estando vigente el matrimonio en gananciales con cargo a fondos recibidos por herencia: privativo.

✓ El saldo de la libreta del banco, la casa, el coche, el depósito bancario, las acciones, de las que sea titular el esposo/a antes del enlace: privativo

Ya que están claros qué bienes son privativos o gananciales hay que detenerse en explicar el deber que recae en cada uno de los miembros de la pareja en torno a la administración de las «cuentas».

Administrar significa dirigir, gobernar u organizar. Esto aplicado en la sociedad de gananciales no es más que organizar sus bienes y administrarlos, lo que implica para los afectados, realizar las actuaciones tendentes a su mantenimiento, conservación o las necesarias para una posible venta, arrendamiento o donación.

Pues bien, según dispone la ley, la regla general es que dicha labor es competencia de ambos cónyuges por igual, aunque se permiten supuestos en que dicha labor recaiga sobre sólo uno de ellos, vamos a verlo.

Hoy día nadie se cuestiona que cualquiera de los miembros de un matrimonio pueda por sí mismo y sin autorización expresa del otro realizar compras, pagar impuestos, pedir préstamos, contratar productos financieros, etc, siempre que sea en favor de la propia familia, tal y como expliqué unas páginas atrás. De hecho, ello facilita las relaciones comerciales y el desarrollo de la propia sociedad. Pero no podemos perder de vista que actos realizados por uno sólo de los cónyuges que tenga como finalidad perjudicar al otro miembro o crearle un perjuicio, tendrá consecuencias.

De hecho, la norma impone del deber de información recíproca y periódica entre los cónyuges sobre sus actividades económicas, resultando que, si uno de ellos realizare un acto en su propio beneficio con un perjuicio correlativo a su pareja o a la propia sociedad ganancial, será deudor de la misma por el importe al que haya ascendido el daño. Para estos actos dañinos, la ley prevé varias opciones para el cónyuge perjudicado, que abarcan desde la solicitud del reintegro a la sociedad de gananciales de la cantidad defraudada, la rescisión del acto (lo que implicaría que el juez ordenase anular el negocio fraudulento, reponiendo la situación al momento anterior al acto rescindido) hasta la petición de la disolución judicial de la sociedad de gananciales. (Recuerda el caso de Rubén y Ana).

Y siempre será necesario el consentimiento mutuo de los cónyuges para la donación de los bienes que integren la sociedad de gananciales.

Cuando las cosas van bien nadie piensa en las consecuencias de sus actos, puesto que actúa en la confianza de que su pareja le consiente y no duda de su comportamiento. Pero la situación varía enormemente en escenarios de crisis de pareja donde se vaticina un posible divorcio. Son frecuentes los casos de que uno de los cónyuges decide por su cuenta y riesgo retirar el 50% de la cantidad disponible en la cuenta del banco, en la creencia de que al estar vigente el régimen de sociedad de gananciales le pertenece la mitad de todo. A esta práctica se la conoce como el fenómeno de «saqueo de cuentas» y tengo que advertirte que, si por casualidad se te estuviera pasando por la cabeza llevar a cabo un acto similar, podrías incurrir en delito de apropiación indebida: mala decisión.

Por infortunios de la vida, no sería extraño pensar que alguno de los miembros de la pareja pueda quedar privado de su capacidad de tomar decisiones como consecuencia de accidentes o enfermedades que ocasionen daños cerebrales o físicos. Ante ello, la ley ofrece como solución que esa privación de capacidad de uno de los esposos sea asumida por el cónyuge que conserva su capacidad íntegra, atribuyéndose la facultad plena de la administración de la sociedad ganancial. Para ello tendrá que iniciarse un procedimiento judicial en el que el juez tomará la decisión una vez analizada la situación.

SEPARACIÓN DE BIENES

Aquí podríamos aplicar el dicho aquel que decía: «juntos, pero no revueltos». Efectivamente, las parejas que deciden por fijar este régimen económico tienen claro que no quieren confundir sus patrimonios, que «lo tuyo es tuyo y lo mío es mío».

Es importante saber que, salvo que te sea de aplicación el régimen foral balear o catalán, para poder establecer un sistema de separación de bienes deberás de acudir a notaría, de lo contrario regiría el régimen general de gananciales. Podrás imponer este régimen bien antes del matrimonio o durante el mismo. Así, podría ser aconsejable decidirse por el sistema de separación antes de fundar una empresa por parte de un miembro de la pareja para proteger el patrimonio familiar, especialmente la vivienda y los ahorros.

A priori, puede parecer que el régimen de separación de bienes es el sistema que mejor protege la igualdad de los cónyuges y premia proporcionalmente a aquel que mayor esfuerzo realiza por conseguir mejorar; en cambio, la realidad es que puede acabar por perjudicar al miembro familiar que se dedica al cuidado doméstico, que precisamente por atender estos menesteres facilita que su pareja pueda conseguir un progreso particular mayor. Es por esta causa que, en un posible caso de ruptura conyugal, la sentencia de divorcio establezca una compensación económica en favor del cónyuge dedicado al cuidado del hogar a cargo de la pareja trabajadora. (De esto hablaré en el capítulo del divorcio ampliamente).

A diferencia del matrimonio ganancial, en el régimen de separación de bienes, los bienes que integren el patrimonio de los cónyuges serán privativos de alguno de ellos sin llegar a confundirse nunca, lo que conlleva que cada uno se preocupe de atender los gastos que genere cada bien que integre su patrimonio, sin afectar a su pareja.

El momento en que se adquieran los diferentes bienes será irrelevante a fin de establecer su carácter ganancial o privado, pues, aunque decidas comprar un apartamento o un coche vigente el matrimonio, será exclusivamente del cónyuge adquiriente; ahora bien, ello no impide que si de mutuo acuerdo la pareja quiere hacer una adquisición conjunta así proceda, aportando fondos privados, correspondiendo así la titularidad del bien adquirido a cada parte en proporción al valor aportado.

—Vaya José, parece un poco frío este sistema ¿no?

—Bueno, hoy día es claro que la autonomía y libertad de las personas están más patentes que nunca, quedando lejos ya aquellos tiempos en que la mujer contraía matrimonio principalmente para ser bien aceptada socialmente y poder acceder a unas condiciones de vida necesarias para su desarrollo. Así que puede ser un sistema idóneo para las necesidades sociales que imperan actualmente, permite la convivencia en pareja, pero sin confundir sus patrimonios.

Sin embargo, esta libertad no exime a los miembros de la pareja del deber legal de contribuir conjuntamente al sostenimiento de las cargas del matrimonio, cuanto más si hay hijos menores que atender. De hecho, el trabajo para la casa será computado como contribución a las cargas familiares y dará derecho a obtener una compensación que el juez señalará a la extinción del régimen de separación de bienes (en caso de divorcio).

Tampoco podemos olvidar que a las obligaciones contraídas en el ejercicio de la potestad doméstica ordinaria responderán ambos cónyuges en la forma que ya se ha explicado en el capítulo relativo al régimen matrimonial primario.

Entre las ventajas que destacan en este régimen matrimonial destaca la independencia de cada esposo, puesto que no tiene que dar explicaciones a su pareja de qué hace o deja de hacer con su patrimonio.

NO ME CASO, MEJOR PAREJA DE HECHO

Una pareja de hecho o una pareja estable no matrimonial, no es más que la unión de dos personas que formalmente viven en comunidad como una familia, pero no desean que se les reconozca legalmente como matrimonio, por lo que no se les aplicará el régimen legal previsto para los matrimonios que hemos explicado en las páginas anteriores. Hay que aclarar desde ahora mismo que **unión de hecho y matrimonio son dos instituciones jurídicamente distintas**, aunque erróneamente exista la creencia de lo contrario; para nada es así.

El origen de esta institución lo encontramos en Cataluña en el año 1998 cuando entró en vigor la primera Ley de Uniones Estables de Parejas en España, que nacía para reconocer algunos derechos a las parejas homosexuales. A esta primera norma, posteriormente se le fueron añadiendo otras parecidas dictadas por el resto de autonomías, resultando que coexisten 17 legislaciones diferentes sobre parejas de hecho en España (una por comunidad autónoma) para regir una sola realidad. Una locura, más cuando cada una establece preceptos diferentes. Aun así, mi objetivo es presentarte la regulación sobre parejas de hecho de una manera amplia para que puedas conocerla y compararla con la institución matrimonial, a fin de que valores qué régimen legal es más favorable a los intereses de tu unión sentimental.

Hay que insistir en que matrimonio y pareja de hecho no es lo mismo. Las raíces de las uniones formales las encontramos en las reivindicaciones de colectivos homosexuales en momentos históricos en los que no les era posible contraer matrimonio, por lo que muchas de esas parejas formadas por personas del mismo sexo, reclamaban que se les reconocieran una serie de derechos como los que sí gozaban los matrimonios. Hoy día sabemos que dos personas del mismo sexo pueden contraer matrimonio en igualdad de condiciones y derechos que los heterosexuales, sin embargo, la regulación de las parejas de hecho se mantiene en vigor y es bien acogida entre personas, bien del mismo o de diferentes sexos, que, con el ánimo de vivir en familia, prefieren no someterse a las reglas del matrimonio.

—Parece una buena opción José, ¿cómo se constituye formalmente una pareja de hecho?

—Depende de la comunidad autónoma en la que te encuentres, pues difiere de un lugar a otro, aunque de manera aproximada se fijan las siguientes formas:

a) Por la inscripción de la pareja en el registro administrativo creado al efecto.

b) Por la constitución de la pareja en escrituras públicas ante notario.

c) Por el mero transcurso del tiempo de convivencia de la pareja, extremo que habrá de demostrarse por alguna de las formas admitidas en derecho (declaración de testigos, certificados de empadronamiento, u otros que prueben la convivencia estable).

De entre los tres modos anteriores, las dos primeras son las que ofrecen más seguridad legal, descarta la tercera.

En el siguiente enlace encontrarás una página en la que podrás encontrar los registros de todas las comunidades autónomas y consultar el procedimiento a seguir para inscribir tu relación sentimental en el registro de parejas de hecho.

Registro de uniones de parejas de hecho

En mi humilde opinión, lo deseable es que la pareja quede inscrita en los registros oficiales una vez que sus integrantes deciden establecerse de manera formal, para así tener acceso a los diferentes derechos que la ley les otorga y que voy a exponerte a continuación:

En materia de arrendamientos de vivienda:
Derecho a subrogarte en la posición del inquilino en caso de su fallecimiento, siempre que se demuestre una convivencia previa a dos años al tiempo del óbito. Si existen hijos comunes no se va a precisar cumplir el requisito de tiempo de convivencia previa. Para demostrar el tiempo de convivencia, será conveniente

disponer de escritura pública en la que conste la unión formal de la pareja, el Registro Administrativo o el certificado de empadronamiento. Ejemplo:

Pedro y María, pareja de hecho, vivían desde hace tres años de alquiler en un piso, estando el contrato firmado únicamente por María que lamentablemente falleció en un accidente de tráfico. Pedro, además de estar muy afectado por el suceso, estaba preocupado ya que su casero le quería echar del piso, puesto que él no figuraba en el contrato. Buscó asesoramiento y confirmó que gracias a ser pareja de hecho formalmente reconocida con María, la ley de otorgaba el derecho a continuar como titular del contrato, sustituyendo a María.

En asuntos de herencia:

Pocos o ninguno. Así de rotundo lo tengo que afirmar, salvo que los miembros de la pareja de hecho gocen de vecindad civil gallega, balear o vasca, y le sea de aplicación su derecho foral, el cual casi equipara a pareja de hecho con matrimonio en términos hereditarios. Para el resto de parejas, decir que algunas leyes autonómicas sí atribuyen algún derecho hereditario al miembro superviviente de la relación afectiva, que se reduce en el derecho al uso de la vivienda familiar durante un periodo de tiempo después de la muerte, y la atribución del ajuar doméstico. Siempre será necesario que al tiempo de la muerte, la pareja se encuentre inscrita convenientemente en el registro oportuno y además exista previa convivencia, puesto que si se demuestra lo contrario, se perderían todos los derechos.

Como habrás podido comprobar, ser pareja de hecho no te deja muy bien en materia de derecho sucesorio. Para paliar esta posición, es aconsejable que el fallecido se haya preocupado por hacer testamento en el que incluyese como heredera a su pareja de convivencia, en los límites legales.

Nunca pensamos en la muerte, ya sea por lo macabro del asunto o por descuido, pero lo cierto es que obviarlo procura una situación patrimonial nada deseable a nuestra pareja, hecho en el momento de tu óbito.

Así las cosas, será más comprometida la situación hereditaria de la pareja si ni siquiera hay hijos comunes, ya que por ley serán los sobrinos —que viven en Cuenca y no te llaman ni para dar malas noticias—, los que tengan todos los derechos sobre la sucesión, sin que a tu pareja le quede nada. Por ello, si estás en esta situación y lo que estás leyendo te preocupa, acude rápidamente a asesorarte sobre la posibilidad de realizar testamento a favor de tu pareja, pues es la única manera que tendrás de dejarle un legado aceptable en caso de muerte.

Los testamentos se pueden modificar tantas veces como a uno le apetezca, por lo que si más adelante tiene lugar una ruptura sentimental, puedes acudir de nuevo a notaría para revocarlo.

Yolanda y Juan eran pareja de hecho con dos hijos. Sabiendo que la ley apenas otorga derecho a las parejas de hecho en asuntos de herencia, decidieron hacer testamento en el que se instituían herederos el uno del otro. Después de muchos años las posiciones de Yolanda y de Juan eran cada vez más distantes, hasta que finalmente acabaron separándose poniendo fin a su relación sentimental. Mucho después Yolanda falleció con un buen patrimonio y con el testamento en vigor. Enterado del suceso, Juan quiso solicitar sus derechos hereditarios, oponiéndose sus dos hijos, ya que la relación sentimental acabó hace tiempo y pensaban que Yolanda ya no quería que Juan fuese su heredero. Se asesoraron oportunamente y lograron que se despojase a Juan de todos los derechos de la herencia.

Administración económica de las parejas de hecho:

Si bien el entramado socio económico del matrimonio queda perfectamente reglado por la ley, en los casos de las uniones de hecho lo que destaca es la ausencia de reglas que vengan a regular cómo se debe de administrar el patrimonio económico. Con todo, esto no es obstáculo para que si los miembros de la pareja quieren establecer unas reglas de administración así lo hagan. Por tanto, sería admisible acudir a notaría y ante el notario establecer unas directrices para regular la economía familiar, estableciendo normas sobre la administración de la vivienda familiar, sobre los gastos de la familia o la administración del negocio común si fuera el caso. Se trata de un acuerdo adoptado entre los miembros de la pareja de hecho, y homologado por el notario, en el que queda perfectamente definido quién será el responsable de hacer los pagos de alquiler, o de hipoteca, o de satisfacer los gastos ordinarios y extraordinarios.

A mi modo de ver, sería aconsejable desde un punto de vista práctico, que la pareja adopte unas mínimas normas económicas y de convivencia, sobre todo con vistas a una futura ruptura de la unión, escenario en el que como ya hemos visto, las reclamaciones están a flor de piel y se ponen de manifiesto cuestiones puramente económicas: el ejemplo más común es el de la pareja que ha convivido durante años en una vivienda y se disputan cuotas de titularidad del inmueble del tipo:

«...es que la casa es mía…,»

«... resulta que yo he pagado más que tú…»

«... ¿no te acuerdas que el dinero de la reforma lo puse yo?...»

«... estos muebles son míos, no que son míos, etc.»

—Pero José, si yo he optado por prescindir del matrimonio precisamente para tener plena libertad, yo no quiero poner reglas en mi vida de pareja.

—Me parece genial, de hecho, la mayoría de las parejas estables no suelen hacerlo, y viven el día a día conforme ellos estiman pertinente sin existir pactos económicos. Sin embargo, en caso de una futura crisis de convivencia (donde volvemos a sacar la calculadora), no sería extraño que una de las partes acuda a los tribunales a reclamar lo que piensa que es suyo. Comprueba la situación de esta pareja:

Isaac y Tania eran pareja de hecho, vivieron siempre en la casa de Isaac que asumía íntegramente los pagos de hipoteca, hasta que fue despedido de su empresa y no pudo hacer frente a los pagos. Ante eso, Tania decidió pagar con su propio dinero las cuotas, hasta que Isaac volvió a encontrar trabajo y continuar con los pagos. La pareja vivió feliz durante muchos años, hasta que por determinadas circunstancias la relación se enfrió y la dieron por finalizada. Entonces, Tania le reclamó a su ex las cantidades de las cuotas hipotecarias pagadas mientras este se encontraba en el paro. Isaac se negó, argumentando que ella también vivía en la casa y que en ese momento su deber era pagar la hipoteca. Fueron a juicio y Tania venció.

Aunque la vivienda en que reside la pareja sea titularidad exclusiva de uno de ellos, cabe la posibilidad de que el otro contribuya al pago de gastos con fondos propios generándose para esta un derecho de reembolso.

Como consejo personal, te invito a que en el supuesto de que estés dispuesto a formalizar tu pareja como unión de hecho, previamente te asesores y optes por establecer pactos económicos que rijan la administración económica de la pareja durante la vigencia de la unión y para ahorrar disgustos en el caso de una posible ruptura.

Pacto indemnizatorio a favor de uno de los convivientes cuando se ponga fin a la relación sentimental:

Esta previsión tiene por objeto compensar económicamente a la parte más débil de la relación, dado que resulta bastante habitual que uno de los integrantes de la unión haya destinado más esfuerzos al cuidado de la familia y del hogar, mientras que el otro se ha centrado más en tareas profesionales.

En situaciones de crisis sentimentales, al finalizar la relación se suelen comparar patrimonialmente los convivientes y puede resultar patente que uno de ellos haya experimentado un detrimento en su patrimonio particular, y por contra, su pareja haya conseguido una mejora significativa.

La existencia de un pacto que venga a corregir esta desigualdad al final de la relación puede ser de gran ayuda para facilitar la tarea jurídica y poner fin a la relación de forma rápida y limpia. La ausencia de pacto, implicará que quien afirme encontrarse en una situación de desventaja al final de la relación deba acudir a los tribunales para solicitar su auxilio y conseguir una compensación. Para ello, los tribunales suelen aplicar lo que jurídicamente se conoce como «prohibición de enriquecimiento injusto» cuya observancia implicará el abono de una cantidad económica con cargo al conviviente que mayor enriquecimiento haya experimentado durante la etapa de convivencia.

La idea que pretendo exponerte se basa en que el enriquecimiento experimentado por uno de los convivientes, sea precisamente la causa del empobrecimiento del otro, y que este empobrecimiento resulte de la pérdida de oportunidades del miembro de la pareja de experimentar un desarrollo patrimonial por su mayor dedicación a las labores de cuidado de hogar y familiar. Lee estas dos historias:

Eufrasio y Rogelia fueron pareja de hecho, tuvieron hijos y mantuvieron durante 20 años una situación estable de pareja de hecho. Rogelia trabajaba sólo en temporadas como dependienta de una heladería y a media jornada, por lo que siempre estuvo más centrada en cuidar a la familia. En cambio, Eufrasio consiguió promocionar en su trabajo y siempre le fue bien económicamente. Conscientes de ello, acudieron a notaría a establecer un pacto en el que acordaron una pensión compensatoria a cargo de Eufrasio si se diera el caso de una futura ruptura. Al cabo del tiempo, dieron por finalizada su relación sentimental y Rogelia recibió su pensión.

Raimundo de 60 años era agricultor, tenía una gran explotación agrícola y gracias a ello obtenía grandes beneficios todos los años. En el año 2010 conoció a Marisa, una señora con 55 años, desempleada y sin estudios, se enamoraron y se formalizaron como unión de hecho. Ella tenía conocimientos del campo y trabajaba tanto o más que Raimundo en las tierras sin recibir compensación a cambio. Además, gracias a su labor los ingresos del varón se incrementaron considerablemente. Después de 7 años de convivencia sentimental, tuvo lugar la ruptura de la relación y Marisa sospechaba que tenía derecho a una compensación económica. Buscó asesoramiento y el abogado le indicó que podría reclamar una indemnización por enriquecimiento injusto a su pareja.

Efectos fiscales de las uniones de hecho:
En el Impuesto para las Personas Físicas (IRPF)

a) *Deducciones por familia numerosa:*
Recientemente, el Tribunal Supremo ha equiparado a la pareja de hecho y matrimonio a los efectos del reconocimiento de familia numerosa, por lo que, desde mi punto de vista esta equiparación debe alcanzar también a los beneficios fiscales que se atribuyen a las familias numerosas.

Si la familia tiene la consideración de familia numerosa, se podrá aplicar una deducción por ser ascendiente, o hermano huérfano de padre y madre, de hasta 1.200€ anuales. Si la familia es numerosa de categoría especial, esta deducción se incrementará en un 100%. La cuantía anterior se incrementará igualmente hasta en 600€ anuales por cada uno de los hijos que formen parte de la familia numerosa que exceda del número mínimo de hijos exigido para que dicha familia haya adquirido la condición de familia numerosa de categoría general o especial, según corresponda.

b) *Deducción por el mínimo por descendiente:*
Por lo que respecta a la reducción por descendientes, por cada menor de veinticinco años o con discapacidad cualquiera que sea su edad, siempre que conviva con el contribuyente y no tenga rentas anuales, excluidas las exentas, superiores a 8.000 euros, se tendrá derecho a 2.400 euros anuales por el primero, 2.700 euros anuales por el segundo, 4.000 euros anuales por el tercero y 4.500 euros anuales por el cuarto y siguientes. Cuando el descendiente sea menor de tres años, el mínimo se aumentará en 2.244 euros anuales.

c) *Imposibilidad de aplicar deducciones por tributación conjunta en el IRPF:*
Para las uniones de hecho esta posibilidad no se contempla, pues está reservada únicamente para los matrimonios. No obstante, sí sería posible realizar la presentación conjunta de uno de

los progenitores con sus descendientes siempre que conforme una unidad familiar. Para ello, será necesario que los descendientes sean menores de edad o mayores de edad incapacitados sujetos a patria potestad, y que perciban ingresos inferiores a 1.800€ anuales. El otro progenitor estará obligado a realizar la declaración individual.

Efectos fiscales en escenarios de disolución de la comunidad de las parejas de hecho:

Tenemos que considerar que en el momento de la ruptura, en el caso de que haya bienes (sobre todo inmuebles) pertenecientes a los dos miembros de la pareja, una posible solución patrimonial sería atribuir a uno de ellos la titularidad total del bien a cambio de un precio, y ello podría tener repercusiones fiscales a efectos del IRPF, del Impuesto sobre Transmisiones Patrimoniales y Actos Jurídicos Documentados, y del Impuesto de Sucesiones y Donaciones, en su caso.

Por todas estas cuestiones, es muy aconsejable acudir a un especialista en tributos para recibir la información necesaria antes de optar cuáles de las opciones disponibles serían más favorables para el supuesto de liquidar la comunidad de bienes que exista al finalizar la relación.

Deducciones autonómicas:

Recordaremos en estas líneas que las diferentes autonomías establecen deducciones propias y puede que contemplen medidas para uniones de hecho, así que tendrás que estar pendiente de tu caso concreto.

Pensión de viudedad a favor del conviviente:

Las personas que forman parte de una unión de hecho tienen derecho a cobrar una pensión de viudedad, pero habrán de cumplirse las siguientes condiciones:

En primer lugar, tenemos que diferenciar si el fallecimiento tiene lugar por enfermedad común o por accidente laboral. En el primer supuesto, es necesario que el fallecido haya trabajado durante 500 días dentro de un período ininterrumpido de 5 años inmediatamente anteriores al fallecimiento para trabajadores que se encuentre de alta o en situación similar al alta en la Seguridad Social.

En el caso de fallecer sin estar de alta en la Seguridad Social, se deberá acreditar un periodo de cotización de 15 años.

Si el fallecimiento es debido a un accidente laboral o enfermedad profesional, no se exige periodo de cotización previo.

Además de los anteriores, se deberá acreditar que la pareja consta formalmente inscrita en los registros oportunos, que dicha inscripción conste al menos dos años antes de la fecha del óbito, que la convivencia haya sido estable durante 5 años anteriores a la fecha de la muerte y que no existan causas de impedimentos matrimoniales o vínculo matrimonial con terceras personas.

—Bueno, José te pregunto: ¿Y si se hubiera terminado mi relación sentimental, tendría derecho a una pensión de viudedad?

—Buena pregunta, vamos a verlo:

Cuando la pareja de hecho formalmente constituida se extinga por voluntad de uno o ambos convivientes, el posterior fallecimiento de uno de ellos solo dará derecho a pensión de viudedad a favor del superviviente cuando este no haya constituido una nueva pareja de hecho ni contraído matrimonio.

Asimismo, se requerirá que la persona sobreviviente estuviera recibiendo una pensión compensatoria y que esta se extinga con motivo de la muerte del obligado al pago. La pensión compensatoria deberá estar determinada judicialmente o mediante convenio o pacto regulador entre los miembros de la pareja otorgado en documento público.

En el supuesto de que la cuantía de la pensión de viudedad fuera superior a la pensión compensatoria, aquella se disminuirá hasta alcanzar la cuantía de esta última.

En todo caso, tendrán derecho a la pensión de viudedad las mujeres que, aun no siendo acreedoras de pensión compensatoria, pudieran acreditar que eran víctimas de violencia de género en el momento de la extinción de la pareja de hecho mediante sentencia firme, o archivo de la causa por extinción de la responsabilidad penal por fallecimiento; en defecto de sentencia, a través de la orden de protección dictada a su favor o informe del Ministerio Fiscal que indique la existencia de indicios de ser víctima de violencia de género, así como por cualquier otro medio de prueba admitido en Derecho.

Otra cuestión que te interesará saber, es que a las parejas de hecho les asiste el derecho de adoptar menores.

Permisos laborales:

En el ámbito del trabajo, existen una serie de derechos atribuidos a una persona que forme parte de una unión sentimental inscrita:

a) Derecho de adaptación de la duración y distribución de la jornada de trabajo para conciliar vida personal y profesional.

Derecho a disfrutar de permisos retribuidos para ausentarse del trabajo, en caso de:

b) Matrimonio: 15 días naturales

c) Por accidente o enfermedad graves, hospitalización o intervención quirúrgica sin hospitalización que precise reposo domiciliario: 5 días. Este derecho también es aplicable si el enfermo es familiar hasta segundo grado consanguíneo de tu pareja de hecho.

d) Por fallecimiento de tu pareja de hecho o de alguno de sus familiares de segundo grado consanguíneo: 2 días.

e) Reducción de jornada, con la reducción proporcional de salario, por razones de cuidado de tu pareja de hecho o de alguno de sus familiares de segundo grado consanguíneo, siempre que no desempeñe ninguna actividad retribuida y no pueda valerse por sí mismo.

f) Excedencia (las excedencias no son remuneradas) por un periodo de tiempo no superior a dos años por cuidado de tu pareja de hecho o de alguno de sus familiares de segundo grado consanguíneo, siempre que no desempeñe ninguna actividad retribuida y no pueda valerse por sí mismo.

HASTA AQUÍ HEMOS LLEGADO: CARIÑO, QUIERO EL DIVORCIO

Una anécdota previa: hace unos días, me comentaba un conocido que se quería divorciar, pero que no podía porque su mujer no le dejaba, jaja. El pobre estaba amargado pensando que tendría que seguir casado hasta que su mujer le diera permiso. Decir que desde hace muchos años en España el divorcio es libre, y que es una decisión individual con independencia de que tu pareja te deje o no divorciarte.

En capítulos anteriores te comentaba que los divorcios en nuestro país han experimentado un auge considerable, principalmente desde que fuera aprobada la conocida ley del «divorcio exprés» durante el mandato del presidente Rodríguez Zapatero. Gracias a esta norma, para divorciarse únicamente es preciso que se den dos circunstancias: el deseo de cualquiera de los cónyuges de poner fin a su unión sentimental y que hayan transcurrido tres meses desde que se celebrase el matrimonio. Punto.

Con independencia de las causas que puedan dar lugar al traste con el matrimonio, mi intención es ofrecerte unas cuantas ideas jurídicas para ayudarte a afrontar la separación.

Por sí misma, una ruptura sentimental puede ser realmente un suceso traumático para los que la sufren, dado que viene a poner a fin a una etapa intensa de su vida y lleva consigo implicaciones para personas allegadas a los miembros de la pareja como son familiares o amigos; por ello es fácil entender que en algún momento se puedan perder los nervios, pero siempre es deseable mantener la calma, pensar en el futuro y ponerse en lugar de quienes nos acompañen en el camino, cuánto más si hay hijos menores afectados.

Una crisis matrimonial se puede afrontar desde dos posturas: el entendimiento y sentido común, lo cual permitirá superar el trance de manera sosegada y con mayor control de la situación; o egoísta y beligerante, que alargará y encarecerá el proceso tanto económica como emocionalmente.

—José, he pensado que lo mejor para mí sería empezar una nueva vida, no quiero seguir casado, ¿qué puedo hacer?

—En España necesitamos ser asistidos de un abogado que dirija el proceso. El papel del abogado que participe en el divorcio se reduce a la redacción del convenio regulador, donde se incluirán todos los aspectos relativos a guarda y custodia de los hijos menores, régimen de visitas, alimentos, pensión compensatoria, atribución de la vivienda familiar o liquidación del régimen matrimonial.

Si existen hijos menores o incapaces en el matrimonio, la autoridad para adoptar el divorcio será el juez (**judicialización del proceso**).

En cambio, si no hay hijos menores, podríamos desjudicializar el proceso iniciando una vía rápida conocida como **divorcio exprés**, que en pocos meses te devolverá a la soltería. El acto lo presidirá un notario o el letrado de la Administración de Justicia (es un funcionario que ostenta la máxima autoridad en la oficina judicial) y acordará tu divorcio una vez examine el convenio regulador que redactará tu abogado.

En todos los casos la figura de abogado es imprescindible.

—Vaya José, que fácil parece, ¿pero existen algunas diferencias entre optar por el divorcio ante el notario o ante el letrado de la Administración de Justicia?

Sí, hay unas pequeñas diferencias, te las explico:

Optar por la **notaría** implicará que tendrás que abonar los honorarios que cobra el notario y además pagar el Impuesto de Actos Jurídicos Documentados. El notario suele cobrar entre 200 y 230€ y el divorcio será acordado mediante escrituras.

En cambio, una de las grandes ventajas que tiene atribuir al **letrado de la Administración de Justicia** la competencia para la disolución del matrimonio es hacer uso del derecho de asistencia jurídica gratuita del que te hablaba en los primeros capítulos del libro. Si accedes al derecho tendrás abogado y procurador gratis y el divorcio no te costará ni un duro. Si no estuvieses en condiciones de acceder a este derecho, deberás abonar los honorarios relativos a procurador y abogado, entre otros gastos que dependerán de las circunstancias personales.

En lo referido a tiempo, normalmente el divorcio **ante notario es mucho más rápido**, basta pedir cita y acudir con el convenio redactado. Mientras que, ante el letrado, al ser un órgano judicial, necesariamente tendrás que esperar que tu asunto guarde la cola que tenga el juzgado, hasta que pueda ser resuelto, careciendo de la opción de elegir el día y hora que mejor te convendría.

—José tengo hijos, ¿ellos tienen que intervenir en el divorcio?

—Si son mayores de edad, únicamente tendrán que acudir el día de la cita en la notaría o cuando señale el letrado de la Administración de Justicia para dar su consentimiento respecto de las medidas que a ellos le afecten acordadas en el convenio regulador. Si son menores de edad o incapacitados el proceso será judicial.

—¿Puede el notario o el letrado poner problemas?

—Exactamente, estos profesionales se encargan de verificar que los pactos contenidos en el convenio son justos para las partes. Si observan que algunas de las cláusulas son perjudiciales para algunos de los cónyuges o para los hijos, advertirá a las partes de ello y dará por terminado el expediente sin adoptar el divorcio, quedando abierta la vía judicial.

En caso de que en el matrimonio existan hijos menores o incapacitados, el proceso se complica ¡toma buena nota para no perder detalle!

Como te adelantaba unas líneas más atrás, el talante de los cónyuges va a tener sus efectos en el propio procedimiento: del mismo modo que en lo personal podemos afrontar el proceso de manera cordial, también podemos hacerlo con una actitud más combatiente, pertrechados con el fusil y el casco si es necesario; atendiendo a ello la ley diferencia entre dos cauces de divorcio bien diferenciados: **de común acuerdo o amistoso, o contradictorio** (a las armas). Lógicamente el primero de ellos es el más conveniente, tanto por lo económico, como por lo emocional, y por esas sencillas razones es el procedimiento preferido por los que desean poner fin a la relación matrimonial, concretamente en el año 2022 el 80% de los divorcios fueron acordados de mutuo acuerdo, frente al 20% que prefirieron optar por el sistema contencioso.

El divorcio de común acuerdo o amistoso, es un cauce en el que gracias a un mayor entendimiento entre las partes, suelen conseguirse resultados más satisfactorios para los interesados, ahorrando grandes dosis de energía y muchos disgustos. El proceso es bien sencillo: el abogado (que puede ser el mismo para los dos miembros de la pareja) se reunirá con los afectados, y su labor consistirá en ayudarles en alcanzar los acuerdos de aspecto socio económico, que quedarán recogidos en el convenio regulador que se presentará junto con la demanda ante el Juzgado de Familia.

Una vez el juez reciba la demanda con el convenio regulador, llamará a los cónyuges a fin de que ratifiquen el texto por separado en su presencia, y una vez hecho esto, dictará sentencia en la que fijará las reglas que regularán la vida familiar y económica de los ex cónyuges a partir de la ruptura.

El hecho de que el proceso pueda seguirse con un único abogado significa que el divorcio de mutuo acuerdo sea bastante más barato que el proceso contencioso, en el que necesariamente tienen que intervenir dos letrados, uno por cada parte.

En el proceso puede participar un **mediador** en asuntos de familia, pero no es obligatorio. Se trata de un especialista en asuntos familiares, que, al margen de los temas legales, complementa la labor del abogado en el seno del divorcio. A día de hoy, es una figura poco conocida para la mayoría y que puede resultar muy interesante en aras de ayudar a las partes en la redacción del convenio regulador, propiciando un escenario cordial en el que se tomarán decisiones tan importantes tales como determinar la edad a la que el menor podrá tener acceso a un móvil, regular los horarios de salida con los amigos o decidir qué actividades extraescolares serían más convenientes. El mediador no toma ninguna decisión, sino que acerca posturas y promueve que el proceso sea ameno y lo más afín a los intereses de los afectados.

> Samuel y Patricia eran matrimonio que tenían dos hijas menores, a pesar de mantener siempre una buena relación decidieron poner fin a su unión matrimonial y querían hacerlo de la mejor manera posible; sin embargo, no lograban ponerse de acuerdo en algunas cuestiones que afectaban a los hijos: mientras uno defendía que las niñas hicieran la comunión, el otro pensaba lo contrario; tampoco acercaban posturas sobre la edad a la que tendrían móvil propio o respecto de las actividades extraescolares. Así que buscaron el auxilio de un mediador en asuntos familiares, quien les ayudó a alcanzar una solución que fue satisfactoria para ambos. Con las posturas ya claras en todos los aspectos del divorcio, el abogado redactó y firmó el convenio regulador y presentó la demanda. Al poco tiempo tuvieron la sentencia que homologó el convenio y liquidó el matrimonio.

A diferencia del amistoso, **el divorcio contencioso es la guerra**. En este caso no hay entendimiento entre la pareja, hay desavenencias acerca de la guarda y custodia de los menores, se discute quién va a disfrutar de la vivienda familiar, quién se hace cargo de los pagos, y hasta quién se queda con el gato. Como ves, el debate entre la pareja puede ser candente y lleno de reproches, con lo cual tenemos todos los ingredientes para fabricar una bomba explosiva con capacidad de destruir familias enteras.

El divorcio contencioso es el proceso en el que cada uno de los ex cónyuges hace la guerra por su lado, por ello **las partes acuden al proceso con su propio abogado y procurador**. En este proceso también podrás solicitar el derecho de asistencia jurídica gratuita.

La mayor diferencia con el divorcio amistoso es en relación a las medidas que queden recogidas en la demanda, que las definirá el juez, a distinción del divorcio de mutuo acuerdo donde el juez únicamente supervisa y homologa el convenio regulador. Por ello, las partes en este proceso pierden el control de la situación, y su suerte queda a merced de la voluntad del juez, que dictará sentencia una vez haya sido celebrado el juicio.

En cuanto a la dilación temporal, si en el divorcio amistoso podemos tener la sentencia en unos tres o cuatro meses; en el contencioso podemos irnos a la frontera del año.

Y en el aspecto económico hay que hacer un esfuerzo importante a la hora de demostrar la situación patrimonial de los cónyuges para que el juez se pueda hacer una idea lo más fiel posible a la realidad patrimonial de cada miembro, y conforme a ello, dictar las medidas económicas del divorcio, por lo que burocráticamente el tema se complica bastante.

—José, resulta que mi separación está en marcha, pero puede pasar mucho tiempo hasta que obtenga la sentencia definitiva de divorcio ¿qué hago?

—Desde que el abogado presenta la demanda hasta que es resuelta en el juzgado, pueden pasar meses y es por ello que, junto a la demanda, el abogado presentará al juez un documento que es conocido como medidas previas, donde se solicita a su señoría que adopte una serie de pautas, que rijan hasta el momento de la sentencia, las obligaciones familiares, entre las que se incluirán las relaciones con los hijos, uso de la vivienda familiar o la distribución de gastos entre los cónyuges. Como digo estas medidas serán temporales hasta que tenga lugar el juicio sobre el divorcio y su posterior sentencia.

—Vale José entiendo, pero ¿me puedes decir qué medidas se contemplan en la sentencia? En la sentencia se decidirá todo en cuanto sea relativo a guarda y custodia de los hijos, atribución del uso de la vivienda familiar, sobre la distribución de gastos, la liquidación del régimen económico matrimonial y hasta quién queda en compañía de las mascotas si las hubiere. Ten en cuenta que estas medidas, a pesar de ser definitivas, podrán ser revisadas posteriormente cuando las circunstancias hayan cambiado.

DESGRANANDO EL DIVORCIO: EL USO DE LA VIVIENDA FAMILIAR

—Lola vete tú de la casa.

—¿Por qué no vas tú?

—Pero Lola, sabes que la casa es mía, la compré yo.

—No perdona, te vas tú, que yo me quedo con los niños.

— ...

En este capítulo las batallas pueden ser cruentas, pues sin duda, junto con la atribución de la guarda y custodia de los hijos, es la cuestión que más quebraderos de cabeza trae a los ex cónyuges.

En cuanto al derecho al uso de la vivienda familiar la ley busca otorgar la mayor protección a las partes más vulnerables de un proceso de divorcio: los hijos menores de edad; por ello, cuando la pareja tiene hijos menores o incapaces a su cargo y se atribuye una custodia exclusiva a favor de un progenitor, el uso de la vivienda familiar va a ser atribuida a los menores junto a su progenitor custodio. Se entiende que lo mejor para los niños será mantenerlos viviendo en el lugar en que lo venían haciendo habitualmente con sus padres hasta que alcancen los 18 años.

En cambio, si la custodia es compartida, la atribución del uso de la vivienda familiar obedece a varios factores que habrán de ser tenidos en consideración. En primer lugar, deberemos comprobar si existe pacto entre los ex cónyuges al respecto, pues el juez se regirá por lo acordado. De no existir pacto, el juez tendrá que decidir a quién asignar el uso de la vivienda familiar durante un tiempo prudencial, hasta que pueda procurarse un techo. La decisión la fundamentará en favor del ex cónyuge que se encuentre con mayores dificultades para buscar una nueva vivienda, por lo que generalmente se asignara el uso durante uno o dos años (que es el tiempo que se estima que una persona puede tardar en reubicarse) con independencia de la propiedad del inmueble; para posteriormente proceder a la venta de la vivienda si fuese un bien ganancial.

Irremediablemente, esto comporta que uno de los progenitores deberá buscar otra morada en la que poder seguir viviendo y tener a sus hijos en su compañía, ello implicará que los niños pasen diferentes periodos de estancia en los respectivos domicilios de sus progenitores, pasándose su infancia yendo y viniendo de un lugar a otro.

—Pero José, mi ex tiene una situación patrimonial parecida a la mía, y resulta que el piso es de mi propiedad exclusiva.

—En ese caso el juez suele atribuir el uso de la vivienda familiar al titular del inmueble, cosa lógica.

—Otra cosa José, ¿y si la vivienda familiar es de los abuelos de los niños?

—Es bastante habitual supuestos en los que los abuelos, que teniendo entre su patrimonio un bien inmueble, conociendo las dificultades de sus descendientes para procurarse un hogar, hubieren decidido ayudar a sus hijos y nietos, cediendo el uso de su vivienda en la que pudieran desarrollarse familiarmente. En estos casos, tras el divorcio, los abuelos pueden solicitar del juez el desahucio del inmueble y recuperar la propiedad.

—¿Y si el piso es de alquiler?

—En este supuesto, el progenitor que no siendo titular del contrato del alquiler, que adquiera tras la ruptura el derecho de hacer uso de la vivienda familiar, podrá continuar en el inmueble comunicándolo al casero.

Otra cuestión importante y que sucede con mucha frecuencia reside en el supuesto de que el usuario de la vivienda familiar rehace su vida con un tercero que entra a vivir en la vivienda. En este caso los jueces entienden que los motivos que fundamentaron la atribución del uso de la vivienda han desaparecido y que la mera convivencia con una tercera persona en el que era el original domicilio familiar, conlleva la pérdida del derecho de uso y disfrute del mismo, pues la atribución del derecho ya no sirve a la misma familia para la que fue adoptado.

—¿Y quién se hace cargo de los gastos de la vivienda?

—Según se acuerde en el convenio, si no hay acuerdo, los relativos a la titularidad como el IBI serán de cuenta del propietario y los gastos del suministro los asumirá el que haga uso de la vivienda. Las cuotas hipotecarias serán pagadas por el titular del préstamo, lo que significa que si la hipoteca fue concedida a la comunidad de gananciales, serán ambos progenitores los que deban hacer frente a las cuotas mensuales, con independencia de quién disfrute del hogar.

En el caso de que no haya hijos menores o discapacitados, el criterio para atribuir el uso de la vivienda familiar atenderá a criterios económicos y sociales en favor del cónyuge mayor necesitado de protección y por un tiempo limitado, independientemente de que el titular de la vivienda fuese su ex.

—Bien José, resulta que yo soy el titular de la vivienda, pero en ella vive mi ex, ¿podría venderla?

—Sí, pero en esos casos los compradores de la misma adquirirán únicamente la titularidad del bien, pues no podrán hacer uso de él hasta que cese el derecho de uso de la familia (siempre que este derecho esté anotado en el Registro de la Propiedad).

—Me asalta otra duda José, si mi ex que teniendo el derecho de uso de la vivienda se marcha a vivir con su nueva pareja a otro lugar, ¿puedo solicitar el cese del derecho de uso?

—Exacto, y si posteriormente le va mal, ya habrá perdido el derecho que tenía y tendrá que buscarse otra casa.

DESGRANANDO EL DIVORCIO: LA GUARDA Y CUSTODIA DE LOS HIJOS MENORES

Junto con la atribución de la vivienda familiar, la medida que más polémica suele suscitar en los procesos de divorcio es la referida a la guarda y custodia. La guarda y custodia tenemos que entenderla como un derecho de compañía para estar con los menores, que es diferente al ejercicio de la patria potestad, ya que esta se refiere a los deberes que incumben a los progenitores con sus hijos encaminados a sustentar al menor y procurarle una educación adecuada. Y estas cargas recaen en ambos progenitores, con independencia de quién esté en su compañía.

—José resulta que el juez ha atribuido la guarda y custodia del niño a mi ex pareja, ¿entonces yo me puedo desentender del cuidado de mi hijo?

—No, puesto que conservas los derechos y obligaciones que la patria potestad conlleva, por lo que deberás seguir atendiendo a los cuidados de tu hijo, aunque no esté en tu compañía y ello implica que deberás colaborar dentro de tus posibilidades en la crianza y educación del menor. En el proceso de divorcio puede solicitarse por cualesquiera de las partes la privación de la patria potestad, pero esta es una medida excepcional que se establece cuando uno de los progenitores está afectado de adicciones, alcoholismo o enfermedades psiquiátricas que supongan para el menor un peligro para su propio desarrollo, tanto físico como emocional.

En base a estudios realizados, se ha constatado que los hijos criados bajo un sistema de **custodia en exclusiva** de uno de sus progenitores son más violentos y radicales, con altos índices de fracaso escolar y con mayores probabilidades de realizar actos delictivos; lo que sin duda va en contra de sus propios intereses y por ello, el régimen de custodia compartida se ha convertido en los últimos años en el preferido por los tribunales.

Para decidir qué progenitor quedará en compañía del menor, el juez tomará la decisión pensando principalmente en los intereses de los menores, según las circunstancias socio familiares que se observen en cada caso. Atendiendo a este criterio, como decía antes, la historia ha venido demostrando a lo largo del tiempo que el régimen que mejor ampara las necesidades de los críos es el de **custodia compartida**, en el que los progenitores disfrutarán de la compañía de sus hijos en un reparto de tiempo equitativo, que no tiene por qué ser idéntico y procurando no dividir a los hermanos.

La adopción de este régimen de estancia, permite que los progenitores participen conjuntamente en la crianza de sus descendientes, favoreciendo un clima de respeto mutuo y colaboración que alcanza a otros miembros familiares como los abuelos, que sin ningún género de dudas suponen una fuente de apoyo familiar de incalculable valor para los menores.

Al margen de que el régimen de guarda y custodia afecte directamente a los progenitores, no podemos olvidar que cuando hay malas relaciones entre ellos, los **hermanos, parientes, allegados y especialmente abuelos** se puedan ver afectados en el sentido de sufrir una pérdida de comunicación y estancia con los menores. Es por ello que la ley dispone que estarán legitimados para pedir al juez que les autorice un régimen de estancia y comunicaciones con los menores, resolviendo el juez lo que estime más conveniente en base al interés del menor. Para ello, por medio de abogado y procurador, se presentará demanda solicitando la medida.

—José, tenemos guardia compartida, a pesar de ello tengo que pagar alimentos, no lo entiendo.

—Así es, déjame decirte que erróneamente existe la creencia de que gozar de un régimen de custodia compartida implica la extinción de la pensión de alimentos, de la que hablaremos seguidamente. Y es una creencia lógica, dado que, si cada progenitor va a pasar un tiempo más o menos equitativo en compañía del menor, sería cabal pensar que cada uno asuma los gastos que necesite el niño mientras esté con él. Pero no es así, ya que la pensión alimenticia es adoptada por la autoridad judicial en favor del menor y atendiendo al principio de capacidad económica de cada progenitor, cuya finalidad es satisfacer las necesidades materiales de su hijo y que se extiende más allá de los estrictos periodos de tiempo que pase bajo su techo.

Tal es la aceptación judicial acerca de la custodia compartida que se ha venido inclusive a apostar por ella en situaciones de bebés lactantes, pues para dar el biberón al chiquitín solo necesitamos dos manos ¿no es así?

—José, ¿cuándo no es aconsejable un régimen de custodia compartida? Aunque hemos visto que lo aconsejable sería un sistema de custodia compartida, no siempre esto redunda en favor del interés del menor. Judicialmente se va a tratar de que el menor sufra lo menos posible la separación matrimonial, para ello se va a procurar mantener a los menores en el mismo entorno socio familiar en que vivían antes de la ruptura de sus progenitores y ello a veces es incompatible con el sistema de custodia compartida.

Podemos pensar en los supuestos en que uno de los progenitores se vea obligado a abandonar la ciudad en la que residía durante su matrimonio, sea por causas laborales o de otra índole. Sería imposible materialmente mantener un sistema de custodia compartida donde un progenitor viva en Málaga y el otro en Bilbao, lo que implicaría constantes viajes del menor y seguramente un gasto insoportable para una familia media. Tampoco es conveniente un sistema de custodia compartida cuando existe un mal clima entre los progenitores, que nunca son capaces de ponerse de acuerdo con los menores de por medio sufriendo los envites de uno y otro lado.

Entre otras causas que impiden que el menor quede en compañía de los dos progenitores será el desempleo continuo de uno de ellos, o la falta de atención prestada antes de extinguirse la relación matrimonial (no resulta muy lógico pensar que, si durante la etapa de convivencia familiar uno de los progenitores nunca se ocupaba del menor, lo vaya a hacer a partir del divorcio), al igual que estar siendo investigado por delitos de malos tratos o de violencia en el entorno familiar.

Para el progenitor no custodio se establecerá un **régimen de visitas** procurando el contacto entre los miembros familiares. A falta de un acuerdo entre los ex cónyuges, lo más habitual es que se adopte por su señoría una estancia del menor con su progenitor no custodio durante fines de semana alternos, algunas tardes entre semana y un periodo de vacaciones al año. Ten en cuenta que el incumplimiento reiterado del régimen de estancia y visitas puede comportar una revisión de las medidas judiciales con multa pecuniaria, inclusive un posible delito de desobediencia. Así que, ¡ojo al dato!

Amén de todo lo anterior, se tendrá muy en cuenta el informe de los equipos técnicos que participan en el proceso de divorcio y del Ministerio Fiscal, que ofrecerán un criterio al juez para que decida acerca de qué sistema de custodia será el más favorable para los hijos, a los que igualmente se les tendrá en cuenta para tomar la decisión, siempre que tengan la suficiente madurez para comunicar su preferencia.

En extremos de desastre absoluto, la norma permite que la custodia la ostenten los abuelos, en circunstancias en que los progenitores no se encuentren en condiciones de poder atender las necesidades de sus descendientes. Hablamos de enfermedades psíquicas, toxicomanías o inclusive la falta de escolarización de los menores.

Como ves, la casuística es tan amplia como divorcios existen, así que no hay dos divorcios iguales.

Independientemente de que el divorcio sea contencioso, aconsejo que los progenitores con hijos menores mantengan unas relaciones «correctas» entre ellos. No se puede perder de vista que los menores son la parte más débil de la relación familiar y se encuentran en una etapa en la que se está formando su propio carácter, inmersos de lleno en el proceso que les llevará a ser personas adultas el día de mañana. Siempre se ha dicho que los niños son esponjas y que aprenden todo lo que ven; de hecho, se comportan como espejos, hacen y repiten lo que observan, y sus progenitores son sus referentes en la etapa infantil, mucho más que los profesores, sus tíos o sus abuelos. Por ello, sirvan estas líneas para hacer una llamada al sentido común y al entendimiento entre progenitores, aunque sólo sea por el bien de sus descendientes.

Cierto es que el divorcio resulta necesario en circunstancias en que la relación de pareja no es posible, pero también es cierto que procurar un clima de cordialidad o corrección entre los progenitores ayudará a que los menores superen el trance sin sufrir consecuencias que luego tengan reflejo en la edad adulta.

—José tengo una pregunta: si mi pareja no me deja ver a mis hijos ¿qué puedo hacer?

—La cuestión es muy preocupante y tiene que ser tratada cuanto antes por un experto para estudiar jurídicamente la situación. En crisis matrimoniales es frecuente esta problemática en divorcios o separaciones en la que las posturas están muy alejadas y el ambiente familiar es tenso. Generalmente se provoca esta situación por diferentes razones: obligar a que el ex pague o incremente la pensión; o para evitar que el menor se relacione con la nueva pareja del ex, por temor de no volver a ver al menor, para evitar malas relaciones con familiares del entorno del ex, que el propio menor no quiera verle o para protegerle de comportamientos o hábitos que puedan suponerle un riesgo, etc.

Como sabes, cualquier medida judicial implica el transcurso de un tiempo que puede abarcar meses, es por ello que buscar mecanismos extrajudiciales como la mediación familiar puede ser muy interesante si tenemos predisposición a entendernos o encontrar soluciones, lo que te ahorrará tiempo y disgustos.

Cuando no se cumplen las medidas acordadas, como la relativa al régimen de estancia de los menores hay que diferenciar si ya tienes sentencia de divorcio o no. En el supuesto de existir la sentencia, la medida es interponer demanda de ejecución de medidas, a través de abogado y procurador, en la que se obligue por parte de su señoría a cumplir con el régimen de estancia y visitas previsto en la sentencia de divorcio con el apercibimiento de que si no cumple, se le impondrá una multa económica por cada día de incumplimiento, que suele rondar los 50 o 60€, así que más vale que se aplique, de lo contrario la broma puede salir cara. Pero si la situación es más seria, la responsabilidad del incumplidor puede ser de carácter penal, enfrentándose a delitos como de desobediencia, de coacciones o de sustracción de menores, que abarcan penas de cárcel de hasta 4 años. Si el caso lo requiere, otra opción es la presentación de demanda de modificación de medidas, en la que puedes solicitar la custodia en exclusividad, por incumplimiento de las medidas de tu ex cónyuge.

En cambio, **si no tienes aún la sentencia de divorcio**, será momento de pensar en presentar la demanda de divorcio con la petición de medidas provisionales que prevean un régimen de guarda y custodia del menor con sus progenitores en el caso de existir matrimonio, o en su defecto, la demanda se ceñirá en solicitar la adopción de medidas de estancia y custodia del menor.

Evidentemente, quien sufre la pérdida del derecho de estar con su hijo va a padecer un sentimiento de pérdida o de culpa con afectaciones a su estabilidad emocional en mayor o menor grado que le situará en condiciones de pedir una indemnización por daños morales, existiendo antecedentes judiciales en los que se ha castigado al responsable al pago de hasta 60.000€, así que cuidado con tomar decisiones a la ligera.

DESGRANANDO EL DIVORCIO: LA PENSIÓN DE ALIMENTOS

Continuando hablando de las diferentes medidas que han de adoptarse en un proceso de divorcio, es momento de tratar todo lo relativo a la pensión de alimentos. Antes de nada, conviene aclarar el concepto, y es que esta retribución es una obligación de los progenitores respecto de sus hijos, al tratarse de una manifestación de la patria potestad. Entonces, quede claro desde ahora que el abono es en favor de los menores y no de nuestra ex pareja, por mucho que sea ella quien los recibe en su cuenta del banco.

La finalidad no es otra que satisfacer las necesidades básicas de los descendientes tales como vestido, morada, asistencia sanitaria, educativa e inclusive algunas actividades de carácter lúdico o teléfono móvil, de acuerdo con los usos sociales.

Esta obligación es atribuida a los dos progenitores, con independencia del régimen de custodia, y va a ser fijada por su señoría de manera proporcional a los ingresos de los obligados en correlación con las necesidades de sus hijos. En cuanto al montante de la pensión, también se tendrá en consideración la tenencia de rentas de inmuebles, la participación en fondos de inversión y señales externas sobre el nivel de vida (cuántos vehículos tiene y su marca, si viaja con frecuencia, si paga servicios de entretenimiento en el domicilio, consumo de estupefacientes o alcohol...) en definitiva, se tendrá en cuenta toda su situación personal, procurando que el necesitado de alimentos, mantenga el mismo nivel socio económico que venía disfrutando durante el matrimonio.

Generalmente, para un trabajador con unos ingresos medios (pongamos 1.300€ mensuales), la pensión de alimentos oscilará entre los 125 y 200€ por cada menor, existiendo un mínimo vital de subsistencia que se fija, unos 100€. Las referidas cantidades podrán incrementarse notablemente a medida que los ingresos y patrimonio del obligado sean mayores, o al contrario si sus posibilidades menguan.

Existe la creencia más o menos extendida de que la custodia compartida del menor, exime a los progenitores del abono de la pensión. Efectivamente así es en situaciones en que los padres tengan una situación patrimonial parecida, en cambio, cuando es palpable la desigualdad en términos económicos, se fijará una pensión de alimentos a cargo del ascendiente con mayores recursos económicos, que, gracias a su mejor posición económica, deberá contribuir en mayor medida en colmar las necesidades de su prole.

—Muy bien José, ya lo he entendido, pero ¿hasta cuándo tengo que estar pasando alimentos?

—Depende, como regla general mientras tus hijos se encuentren bajo tu techo, existiendo un límite temporal que se sitúa en el momento en que estos se encuentren en condiciones de acceder al mundo laboral, para poder procurarse su propio sustento.

Otra duda que se suele plantear es cuándo debe un progenitor empezar a pagar alimentos. En este sentido, la norma establece que se podrán reclamar alimentos al obligado desde el momento de la presentación de la demanda de divorcio. Por ello, mi recomendación si te encuentras en fase de separación, es que no dejes de contribuir en ningún momento en el pago de alimentos para satisfacer las necesidades de tus hijos, puesto que, si decides dejar de pagar, tu ex pareja puede pedirte que pagues todo lo que debes, y el juez puede ordenar que abones las mensualidades con carácter retroactivo, y el monto puede ser importante. Así que no es muy buena opción esperar a ver qué dice la sentencia de divorcio.

De hecho, para evitar esto, en la presentación de la demanda se puede solicitar que se adopten medidas que garanticen el abono de la pensión, como puede ser el embargo de parte de la nómina del progenitor. De todas maneras, en el caso de que alguien se niegue por completo a cumplir con esta obligación, basta con que deje de pagar dos mensualidades consecutivas para que se pueda atribuir el delito de impago de pensiones, castigado con una pena de hasta un año de prisión. Por tanto, será mejor que pagues.

Armando se fue de casa, no aguantaba más la situación. Estaba casado con Lucía y tenían dos hijos comunes menores. Mantenían una relación muy tensa, sus puntos de vista discrepaban mucho y no se ponían de acuerdo en nada. Tanto él como ella trabajaban y no tenían problemas económicos, pero Armando decidió marcharse de casa y no pasar pensión, pensó que ya lo haría cuando se aclarasen las cosas. Al año tuvo lugar el juicio y Lucía, que había permanecido con sus hijos en casa soportando todos los gastos, reclamó a su ex el pago de alimentos y las cuotas de la hipoteca, así que el juez le condenó a pagar inmediatamente 10.000€ por esos conceptos.

Con independencia de lo dicho, quien teniendo el derecho a disfrutar esta pensión y no la recibiese porque el obligado no cumpla, existe un fondo público que funciona a modo de seguro en el que, si cumples ciertos requisitos, puedes presentar una solicitud para que se te abonen la cantidad debida. Te dejo enlace al portal oficial en el que podrás acceder a más información.

Anticipos del Fondo de Garantía del Pago de Alimentos

—¿Y si mi hijo, ya mayor de edad, no hace nada por buscarse las habichuelas?

—En estos casos, los jueces pueden acordar el cese del derecho a recibir alimentos, puesto que se entiende que el joven se encuentra en esta circunstancia por incurrir en mala conducta o falta de aplicación en el trabajo. Son los chavales (y no tan chavales) conocidos coloquialmente como «ninis», que se encuentran en permanente situación de dependencia de sus padres por razones que obedecen a su propio comportamiento. Por tanto, es entendible que en algún momento deba desaparecer la obligación de sus progenitores de mantenerle. Para ello, solamente deberás presentar una demanda al juzgado solicitando la modificación de medidas, indicando que tu niño ya es mayorcito y que ya has hecho bastante por él, que tiene que espabilar. En algunos casos se ha llegado inclusive a solicitar al juez que ordene al hijo a salir de casa de sus padres, sobre todo en situaciones de mala convivencia. No dudes de asesorarte en este sentido si tienes este problema.

Para fijar la cuantía de la pensión por alimentos se hace atendiendo a los gastos de la familia, ya sean ordinarios o extraordinarios. Los primeros son previsibles y periódicos (mensual o anualmente), mientras que los segundos ni son previsibles, ni son periódicos, pero sí son necesarios para cubrir las necesidades del alimentado. Esta clasificación también es objeto de pelea entre los ex cónyuges, dado que, por lo general, los gastos ordinarios ya están incluidos en la propia pensión de alimentos, mientras que los extraordinarios van a exigir desembolsos extras.

A modo de ejemplo, se consideran ordinarios los gastos de comedor, uniforme, excursiones del colegio, actividades extraescolares, vivienda, ropa deportiva, gastos educativos, etc; en cambio, se entienden como extraordinarios los gastos relativos a asistencia sanitaria no cubierta por el servicio público de salud como dentista, gafas, lentillas, prótesis, psicólogo, rehabilitación, la asistencia a academias por bajo rendimiento académico, viajes fin de estudio o campamentos de verano.

Para reclamarlos (los extraordinarios) se hace necesario recabar el consentimiento del obligado a pagarlos, comunicándole la necesidad de cubrir el gasto, así como su importe.

Puede ocurrir que el obligado, por infortunios de la vida, experimente un detrimento en su capacidad económica que lo deje en circunstancias de pobreza absoluta precisando de la ayuda de los demás para atender sus propias necesidades. En estas condiciones sería viable solicitar al juez que le cese o suspenda la obligación de pagar la pensión hasta que logre una mejoría económica.

Quizá te interese conocer esta historia:

José y Victoria tuvieron una hija en común durante su matrimonio, Paula. Cuando la niña cumplió los 15 años se divorciaron y el juez acordó que Paula quedaría en compañía exclusiva de su madre, e impuso la obligación de pagar alimentos a José, que ascendían a 200€ al mes. Tras el divorcio, la relación entre madre e hija no fue muy buena y al cumplir los 20 años decidió marcharse a vivir con su tía a otra ciudad, donde se matriculó en estudios universitarios. Paula seguía cobrando la pensión de alimentos del padre, en cambio, su madre nunca había tenido esa obligación ya que la mantenía en casa. La chica pensó que marchándose de casa tendría derecho a reclamar a su madre una pensión de alimentos y así lo hizo. El juez que estudió el caso desestimó su petición, explicando que la obligación de prestar alimentos de padres a hijos es obligatoria mientras mantienen la minoría de edad, en cambio cuando son mayores la situación cambia, y entendió, que Paula se marchó del hogar voluntariamente, y ello no le otorgaba derecho a reclamar alimentos a Victoria.

DESGRANANDO EL DIVORCIO: LA PENSIÓN COMPENSATORIA

La pensión compensatoria es diferente a la pensión de alimentos, su finalidad es nivelar el desequilibrio económico que pueda sufrir la persona peor posicionada económicamente en su nueva condición de divorciado y por causa del divorcio. O, dicho de otro modo, la razón de ser de la pensión reside en indemnizar la labor del ex cónyuge que mayor dedicación ha prestado a contribuir a la crianza de los hijos y al cuidado de las labores domésticas, permitiendo al otro cónyuge su proyección y mejora profesional.

En los matrimonios de hace 30 años era muy frecuente que la esposa se preocupare exclusivamente de criar a los niños y cuidar la casa, olvidándose por completo de sus posibilidades profesionales, lo cual en caso de un hipotético divorcio le haría quedar en una situación económica bastante comprometida, sobre todo por las pocas posibilidades reales de acceder a un puesto de trabajo remunerado.

Para fijar la pensión y su cuantía, el juez va a considerar diferentes aspectos, siendo el primero de ellos que el interesado solicite la medida en su demanda, de lo contrario no se establecerá. En segundo lugar, pudiera ser que los cónyuges hubiesen pactado antes de la celebración del matrimonio o durante el mismo, el establecimiento de la pensión de uno a favor del otro en un escenario de ruptura, en cuyo caso, el juez así lo ordenará.

—No lo entiendo bien José, ¿me lo aclaras?

—Si recuerdas, unas páginas más atrás hablábamos de los pactos matrimoniales que se dan entre los miembros de un matrimonio para regir su vida económica, y uno de esos pactos puede fijar la prestación de una pensión compensatoria en caso de divorcio a cargo de uno de los cónyuges y a favor del otro.

Igualmente se puede acordar lo contrario, esto es: dejar por escrito que en caso de divorcio no se adoptará ninguna pensión compensatoria.

Paulova una joven de 35 años y Rafael, de 65 años, decidieron contraer matrimonio. Rafael estaba soltero, había acumulado un buen patrimonio y veía que se acercaba a una edad un poco delicada y no tenía familiares cercanos que le cuidasen si se diera la necesidad. En cambio, Paulova llevaba poco tiempo en España, y pensó que contraer matrimonio con Rafael le ayudaría a establecerse en el país y echar raíces. Sin embargo, Rafael, dudando un poco sobre el éxito de la vida matrimonial con una pareja bastante más joven, se asesoró y estableció un pacto con Paulova, en el que se acordó la renuncia expresa a reclamar una pensión compensatoria a favor de ella.

Lógicamente, los pactos pueden existir o no, depende de cada pareja, pero si no hay pacto, su señoría sí va a considerar (en caso de que así lo solicite alguien) la implantación de la pensión atendiendo a las circunstancias de cada caso concreto, especialmente valorando las posibilidades reales de mejorar económicamente una persona una vez disuelto el matrimonio. **Cuando la probabilidad de mejora sea nula o poco probable, el juez adoptará el derecho a recibir la pensión a cargo de su ex cónyuge.** Por ello es determinante la edad de quién solicite la prestación, las cualidades profesionales y académicas, su situación patrimonial o su experiencia laboral, entre otras.

En definitiva, tal y como dice la norma, el juez analizará si efectivamente existe un desequilibrio económico entre los ex cónyuges o no en el momento de producirse el divorcio.

Una vez analizado el caso, la pensión puede consistir en una prestación periódica (generalmente por mensualidades) limitada en el tiempo (dos o tres años), o indefinida, o por contra puede consistir en un único pago.

Rosario y Tomás fueron matrimonio durante 35 años. Ella nunca trabajó, se quedó en casa cuidando a los niños, mientras que Tomás era un buen asesor con una trayectoria importante en el pueblo. Llegado el momento del divorcio, Rosario pidió al juez que impusiera a su ex la obligación de pasarle pensión compensatoria, y así fue: Tomás debería de pagar 1.000€ al mes en ese concepto.

La pensión compensatoria puede tener fecha límite (si así se dispuso por el citado acuerdo) o bien determinarse su extinción una vez que el desequilibrio ya se ha superado, básicamente porque el beneficiario haya mejorado su fortuna gracias a obtener ingresos por desempeñar un trabajo, haber recibido una herencia o ganar un premio de loterías. Igualmente puede modificarse por una alteración importante en el patrimonio de los afectados. En cualquier caso, si consideras que ha existido un cambio significativo en tus circunstancias y sospechas que no deberías seguir haciéndote cargo del pago de la pensión a tu ex, acude a un profesional que te asesore para pedir la extinción de esa obligación al juzgado.

El derecho a la pensión se va a extinguir sí o sí, una vez que quien la disfrute contraiga nuevo matrimonio o disfrute de una nueva relación de pareja, independientemente de que haya convivencia o no entre ellos. Y ¡atención!, en el supuesto de que el obligado al pago fallezca, el deber de seguir abonando la pensión recaerá en los herederos. ¿Curioso verdad?

Otra singularidad legal es la que condiciona la percepción de una pensión de viudedad a favor de aquel que, estando divorciado, percibiera una pensión compensatoria a cargo de su ex cónyuge al tiempo en que este haya fallecido. De darse el caso, **la pensión de viudedad sustituye a la compensatoria**, siempre y cuando la beneficiaria haya estado percibiendo la compensatoria hasta el momento del fallecimiento del obligado. ¡Otra perla más que conoces gracias a la lectura de este libro! Ponte en marcha y solicítala.

DESGRANANDO EL DIVORCIO:
LAS MEDIDAS SOBRE LOS ANIMALES DE COMPAÑÍA

En la sociedad actual, es fácil entender que un animal es un ser vivo que merece tener unos cuidados básicos y las últimas reformas laborales consideran a los animales como «seres con sentimientos» y muchos de nosotros los acogemos en casa teniéndoles como un miembro familiar más.

Antes de 2021 un perro o un gato recibían el mismo trato que una silla a efectos de divorcio y no se podían incluir medidas sobre su cuidado en el convenio regulador. A partir de ese año entró en vigor la ley sobre el régimen jurídico de los animales, de manera que las mascotas hoy día son tenidas en cuenta en un proceso de crisis matrimonial en el que se deberá de establecer el régimen de convivencia, cuidados del animal y reparto de gastos, bien de común acuerdo por los ex cónyuges, bien determinado por el juez, atendiendo el propio bienestar de la mascota y los hábitos de cuidado demostrados durante la etapa de convivencia.

El comportamiento que los cónyuges hayan tenido con su mascota durante el tiempo de matrimonio puede tener afectación en el mismo proceso de divorcio y sus medidas, ya que en caso de demostrarse que alguno de los ex cónyuges haya protagonizado episodios de malos tratos sobre el animal o inclusive que existiera el temor fundado de que pudiera haberlos, podría tener consecuencias sobre la guarda y custodia de los hijos menores, puesto que el tribunal puede atribuir esta competencia en exclusividad a uno de los progenitores o transformar una medida de custodia compartida en exclusiva.

PARTE V
EL MUERTO AL HOYO Y EL VIVO AL BOLLO: HERENCIAS

De entrada, cuando alguien muere, todo el mundo tiene la certeza de que el muerto se va al boquete, así de claro. En cambio, las dudas son mayores en cuanto a cómo se gestiona legalmente todo lo que conlleva su herencia, dudas que se manifiestan en forma de incertidumbre, incertidumbre que conduce a ansiedad y ansiedad que se paga con los demás, y al final la herencia se convierte en un infierno. Aunque claro, todo depende del bollo, que cuanto más tierno y crujiente más apetecible para los comensales. Lo vas comprendiendo ¿no? El bollo es la herencia y los comensales los herederos.

Amigo lector, coloquialmente se dice que no se conoce a la pareja hasta el divorcio, a los hijos hasta la vejez y a los hermanos hasta la herencia. ¡Ay Señor, cuántos quebraderos de cabeza nos pueden causar las herencias! Tantos que, en demasiadas ocasiones los herederos se pueden plantear su renuncia o acabar sentando en los tribunales a sus propios hermanos por desavenencias, y es que cuando hablamos de intereses, sobre todo de euros, las personas cambian.

Afortunadamente estas afirmaciones no suelen ser la tónica general, pero sí que se dan en más ocasiones de las deseadas. En cualquier caso, mi objetivo con este trabajo será que adquieras el conocimiento necesario para que el proceso de adquirir o de preparar tu herencia sea lo más parecido a ir al banco para actualizar tu cartilla de ahorro. ¿Preparado? ¡Vamos a ello!

Con el objeto de allanar el camino a tus sucesores, como casi todo en la vida, lo mejor que podemos hacer será anticiparnos al momento en el que el tío de la guadaña venga a llevarnos de paseo hacia lugares desconocidos. Por ello, lo recomendable será dejar todo previsto para que, llegado el momento, el asunto se resuelva de la mejor manera posible para nuestros herederos, aplicando el refrán que dice: «más vale prevenir que curar» y en temas de herencias, mucho más.

Por poco que sea el patrimonio que hayas acumulado en vida y vayas a dejar en herencia cuando estires la pata, es muy aconsejable que todo quede bien reflejado en el testamento, y para ello te recomiendo encarecidamente que acudas a un abogado especialista en herencias, le expliques cómo te gustaría que quedasen tus bienes repartidos y él será el profesional que, atendiendo a tus peticiones, adopte la estrategia a seguir para que la cosa se resuelva conforme a tus intereses. Y todo ello porque las herencias, son las cuestiones más complejas que existen en el mundo del derecho de familia.

—Pero José, ¿cómo que tengo que ir a un abogado? ¿Esto no se hace en una notaría?

—Así es, el testamento se hace en notaría, pero mi consejo es que antes de ir al notario, recibas el asesoramiento de un abogado experto, te explico: vamos a detenernos un instante y visualizar en la mente una notaría: nada más cruzar sus puertas advertirás una actividad intensa: el notario va de una sala a otra continuamente, los clientes se quedan en la sala de espera comentando sus historias esperando a que les toque su turno, los empleados con papeles de un lado para otro, atendiendo las llamadas telefónicas, imprimiendo documentos, el cliente que no se entera bien porque anda un poco teniente y eleva la voz más de lo necesario… ¿vas comprendiendo ya la razón por la que te he dicho que mejor ir primero a un abogado?

Además, puede que un notario tenga que atender en una mañana tres compra-ventas, redactar las escrituras de otros tres testamentos y divorciar a dos matrimonios ¿crees que va a tener el tiempo suficiente para poder analizar contigo tu situación patrimonial y buscar la solución más acorde para ti y tu familia? Me temo que no.

En mi opinión, la notaría no es el mejor lugar para detenerse a pensar y diseñar la estrategia concreta que tú necesitas para encaminar tu herencia.

Por ello, insisto, mejor acude al abogado antes que a la notaría, plantéale todas tus inquietudes, él te hará las preguntas necesarias acerca de tus circunstancias familiares de manera que pueda hacerse una idea cabal de tus necesidades y busque la opción más acorde a tu voluntad. El profesional diseñará una hoja de ruta que luego el notario plasmará en el testamento, facilitando la tarea a todos y dejando la sucesión tal y como realmente tú deseas, anticipándose y previniendo los futuros problemas que pueda acarrear la herencia, allanando el camino a tu futura generación.

—José, ¿qué es una herencia?

—Una herencia es la sucesión de un conjunto de obligaciones, bienes y derechos de una persona que van a recaer en unas u otras personas, es decir: tus herederos. Partiendo de esta definición, ya vamos aclarando conceptos y podemos observar que, aparte de bienes, también sucedemos a otros en sus obligaciones y derechos. Pero, ¿qué es una obligación? Es un deber que alguien asume y puede referirse a deudas (préstamos, hipotecas, tarjetas de crédito...) y avales en garantía de terceros, por ello es importante que entiendas que como heredero puedes verte en la obligación de adquirir las deudas o avales de quienes te dejen la herencia. Por tanto, antes de lanzarte a aceptar una herencia, hay que **investigar bien el patrimonio** de tus padres o de quien sea vayas a suceder. Para ello, en el momento de que tengas conocimiento de que eres heredero, te recomiendo que realices los siguientes pasos:

1. Dirige un escrito al Banco de España solicitando un informe de deudas del fallecido, utilizando el procedimiento que te facilito en el siguiente enlace:

2. Averigua si existen deudas tributarias en Hacienda o en la Seguridad Social, lo cual será sumamente importante en caso de que el fallecido haya sido empresario. Te dejo los enlaces de los procedimientos:

Hacienda   Seguridad Social

Y un último paso, acude al juzgado del lugar en que el fallecido tuviere su domicilio y presenta un escrito solicitando si existe algún proceso judicial pendiente contra el fallecido, es un escrito sencillo que no tiene que tener ningún formato especial y que puedes presentar por ti mismo, sin necesidad de representante.

Una vez hayas realizado estos trámites sabrás si te han dejado deudas o no, y podrás hacerte una idea cabal de la situación patrimonial del fallecido y estarás en condiciones de pensar si conviene aceptar la herencia o no.

—¿Y cómo se procede a continuación?

—Una vez que sabes que tienes la condición de heredero tienes tres posibilidades: aceptar la herencia, aceptar la herencia a beneficio de inventario o renunciar a la herencia. Te explico:

Si no hay deudas puedes plantearte **aceptar la herencia** sin más, lo cual conllevará que a partir de ese momento tú serás el titular de los bienes heredados y tendrás que cumplir con las obligaciones legales pertinentes por ser propietario de aquello que hayas adquirido.

Si existen deudas antes de hacer nada hecha el freno, detente y valora qué hacer: para ello primeramente evalúa el alcance de las mismas y el valor del patrimonio de la herencia. En nuestro ordenamiento existen herramientas que convienen activar para protegernos frente a las deudas que puedan existir en una herencia. Si es así y ya has confirmado la existencia de ellas, podría interesarte activar el mecanismo conocido como la **aceptación de la herencia a «beneficio de inventario»** cuya finalidad es proteger tu patrimonio personal como heredero.

Te explico: aceptar la herencia de este modo es una vía muy útil para suceder a otra persona sin miedo a que se vea afectado tu patrimonio personal, puesto que, haciendo uso de este derecho, la deuda que te venga por la sucesión se saldará con cargo al mismo patrimonio que obtengas por la herencia. Es decir, el saldo de tu cuenta corriente y tus bienes estarán a salvo, porque la deuda que puedas heredar será liquidada con los bienes que te hayan dejado en la propia herencia.

Además de la investigación sobre las deudas, es conveniente antes de aceptar o renunciar a la herencia, que solicites en el plazo debido ante notario hacer un inventario de los bienes que englobe la herencia, para conocer con detalle qué valor tiene. Así que, en el momento que sepas que tienes la condición de heredero acude sin demora a asesorarte sobre el tema, pues el plazo para hacer inventario y aceptar la herencia a beneficio de inventario en algunos supuestos concretos es breve, y una vez superado perderás el derecho. Por cierto, si vives en el extranjero, podrás acudir al consulado del país más próximo y hacer allí todas estas gestiones.

La tercera alternativa que tienes es simplemente **renunciar a la herencia** expresando claramente tu voluntad ante notario, el cual levantará escritura pública. Optando por esta modalidad, te olvidas de todo y por supuesto no tendrás que pagar impuestos. Pero ¡cuidado! Si tienes claro que no quieres nada de la herencia, mejor no hagas ningún tipo de gestión con los bienes de la herencia, porque de hacerlo, se entenderá que quieres aceptar la herencia y ya no podrás renunciar. En cuanto a los bienes y deudas que te correspondieran por herencia que has rechazado, se le darán el destino que la ley contemple o según se haya dispuesto en el testamento, en caso de existir.

> Jacobo ya viudo falleció dejando a su único hijo, Ramiro, toda su herencia que se componía por el piso en que había residido toda su vida y una deuda de unos 25.000€. A las dos semanas del fallecimiento de Jacobo, Ramiro decidió poner en alquiler el piso que recibiría en herencia, sin que todavía hubiera realizado el acto de aceptación alguno. Al tiempo, Ramiro tuvo dificultades para hacer frente a los gastos que le suponía mantener el piso de su padre y de la deuda, por lo que quiso renunciar a toda la herencia. Acudió a asesorarse al respecto, pero le informaron que ya no sería posible, puesto que dar el piso en arrendamiento se entiende como un acto de aceptación de herencia de manera tácita.

Otra modalidad de renunciar, es hacerlo a favor de otra persona, sería así como decir: cojo mi parte de la herencia y al mismo tiempo se la regalo a otra persona. Ojito con esto puesto que de hacerlo así te puede suponer pagar unos cuantos euros de más, ya que Hacienda estará esperándote a que abones el Impuesto de Sucesiones (por aceptar primeramente la herencia) y luego el Impuesto de Donaciones (por regalarla). No obstante, si heredaras de tus padres, el Impuesto de Sucesiones hoy día está bonificado en muchas de las comunidades autónomas, siempre que el valor de lo heredado no supere el millón de euros.

Es interesante saber que, en caso de que existan varios herederos, cada uno de ellos podrá decidir qué hacer con su propia porción de la tarta, es decir: mientras que uno puede aceptarla, los otros pueden renunciarla, y su parte se repartirá entre el resto de herederos que sí quieren recibir la herencia. En el testamento se puede decidir quién recibe la herencia en el supuesto de que uno de los herederos renunciara a su parte, y si no existe tal previsión, la ley se encarga de hacer el reparto.

Al igual que las deudas, los avales también se transmiten y por ende, también se asumen, ello implica que si el fallecido era avalista de alguien en el momento de su fallecimiento y en supuesto de que aceptases la herencia, automáticamente te convertirás en el avalista. ¡Toma ya! Se trata de una consecuencia legal poco conocida pero que existe.

> Plácido tenía dos hijos: Juan y José. Cuando José se compró su vivienda necesitó un avalista para que el banco le concediese la hipoteca y sin que Juan supiera nada, Plácido se presentó ante el banquero y firmó los papeles para avalar a José. A los 10 años de eso, Plácido falleció aceptando cada hijo su parte en la herencia, lo que convirtió automáticamente a Juan en avalista de su hermano. José se quedó en paro y no pudo hacer frente al pago de varias cuotas de su hipoteca, por tanto, el banco se dirigió a Juan para que respondiese por José.

Esta situación también se puede salvar, primero averiguando si tu padre prestó tal garantía pidiendo informe al Banco de España y segundo, aceptando la herencia a beneficio de inventario, aplicando lo escrito en líneas anteriores.

Conociendo que las deudas también se transmiten a los herederos, mi consejo personal para quien tema fallecer y trasladar la deuda, es que contrate un seguro que cubra la deuda debida en caso de fallecimiento. ¡Fíjate que cosa tan sencilla! Estos seguros se comercializan por muchas aseguradoras que a cambio de una prima anual que puede oscilar entre los 100€ y 300€ (dependiendo de tus circunstancias) cubren el fallecimiento del asegurado, abonando a los beneficiarios la suma que se haya estipulado en la póliza y que puede ser mayor o menor, por ejemplo de 200.000€, a satisfacer en el momento en que se ponga en conocimiento de la aseguradora el fallecimiento del asegurado. Con esta cantidad, por regla general, sus beneficiarios podrán hacer frente a los gastos de la herencia y cubrir las deudas pendientes.

Y como no podía ser de otro modo, en el plazo de seis meses desde que se produjo el fallecimiento, tendrás que pasar por caja y satisfacer el Impuesto de Sucesiones (ello no implica aceptar la herencia, de hecho, si no quieres aceptarla así lo deberás hacer constar ante la Administración Tributaria para que no quede dudas). Consulta acerca de las bonificaciones que existen en cada comunidad autónoma.

¿HAGO TESTAMENTO?

Sí, por dos razones fundamentales, la primera: si no haces testamento la ley decidirá por ti qué se hace con tu patrimonio y quién se beneficiará de él. Sólo por esta primera razón yo haría testamento. Y segunda: no hacer testamento implica para los herederos legales sufrir un proceso legal llamado «declaración de herederos» para repartir la herencia, que es complejo burocráticamente y mucho más caro que hacer un simple testamento. Verás, a nadie le gusta pensar en la muerte y solemos vivir como si este hecho nunca fuese a producirse o al menos no en un futuro inmediato, por ello muchos de nosotros ni siquiera pensamos en hacer testamento. Decirte que este trámite no cuesta más de 100€ y es un acto que ahorrará un montón de disgustos para tus descendientes o herederos. Te voy a adelantar el camino que deberán recorrer tus descendientes o herederos tras tu fallecimiento si no hay testamento:

Tus hijos (si los hay) o tus herederos deberán solicitar un certificado de últimas voluntades en el que constará si existe testamento hecho por el fallecido o no. El trámite puede hacerse telemáticamente, a continuación, te dejo el enlace al trámite que puedes hacer *on line* con tu certificado digital:

Certificado de Actos de Última Voluntad

Realizada la gestión anterior, pueden suceder dos cosas: la primera sería comprobar que el fallecido sí hizo testamento, de ser así conocerás en qué notaria fue realizado y podrás dirigirte a ella para pedirle copia.

Y la segunda opción es que no haya testamento, en cuyo caso los herederos deberán superar la temida «declaración de herederos».

Los padres de Rosa y Leticia fallecieron en un trágico accidente de tráfico, sin haber hecho testamento. Cuando superaron el duelo, Rosa y Leticia decidieron hacer los trámites de la herencia, se presentaron en la notaría y salieron de allí abrumadas por todos los deberes que el oficial les había mandado: tenían que buscar los DNI de sus padres, el libro de familia, solicitar el certificado de fallecimiento y pedir un certificado de actos de última voluntad. Cada trámite de los anteriores les suponía gastar tiempo y dinero, pero una vez lo consiguieron, aún les faltaba algo más: encontrar dos personas que fueran conocidos de la

> familia y presentarse junto con toda la documentación en la notaría. Una vez que lograron hacerse con todo lo anterior, el notario pudo realizar el acta de declaración de herederos y Rosa e Isabel ya pudieron disfrutar de la herencia.

Este proceso que sufrieron las hermanas es el que hay que seguir siempre que no exista testamento que ordene la herencia. En resumen y mal hablando: un coñazo para quien lo sufre y que le va a costar más del triple de lo que hubiese costado hacer testamento, por tanto, mi recomendación es que hagas testamento.

LA HERENCIA ES UN PASTEL CON TRES PORCIONES

Antes de seguir, es importante que te explique cómo se compone la herencia de un familiar fallecido. Todo el patrimonio de tu familiar fallecido se mete en un mismo saco en el que caben todos sus bienes ya sean inmuebles, cuentas corrientes, acciones, etc. Ese lote se representa como el pastel. Todo junto se valorará en euros y dará un resultado. Ahora bien, la ley establece que en la herencia el pastel se divide en tres porciones que se llaman: tercio de mejora, tercio de libre disposición y tercio de legítima legal.

A los herederos les corresponderá más o menos pastel según haya decidido el fallecido en su testamento, dentro de unos límites, ya que la ley reserva el trozo de pastel «legítima legal» a los hijos del fallecido por considerarles herederos forzosos.

—Para el carro José que me pierdo, ¿estás diciendo que no puedo decidir en mi testamento quienes son mis herederos como libremente me dé la gana?

—Así es amigo lector, la ley ofrece ciertos límites en cuanto a herencia para proteger a los hijos del fallecido, los cuales sí o sí van a tener derecho a una parte de la herencia, de la cual el testador no podrá privar y que se llama legítima, a no ser que concurran motivos de desheredación y así lo haya dispuesto en su testamento el fallecido. Esto lo veremos unas líneas más adelante.

Lo que sí se permite, es que mediante testamento se mejoren a unos descendientes en perjuicio de otros, atribuyéndoles la porción de «mejora» y de «libre disposición». Mira lo que hizo Justo:

Justo tenía tres hijos: Juan, Rafael y Rosa. Justo quería favorecer a Juan, que siempre había estado junto a él ayudándole en todo, mientras que Rafael y Rosa, mantenían una relación más lejana. En el testamento, Justo dejó establecido que a Juan le atribuía el tercio de libre disposición y el tercio de mejora, mientras que a Rafael y a Rosa les dejaba tan solo el tercio de legítima. Entonces, aplicando las reglas dejadas en el testamento, resultará que a Juan le corresponderá, además del 66% del total (los trozos del pastel llamados mejora y libre disposición), un 11% correspondiente a la porción de legítima estricta que tiene que repartirse con sus otros dos hermanos, lo que todo suma un 77%.

A los otros hermanos, Rafael y Rosa, les quedó el resto que equivale al 23% del total a repartir entre ambos.

Resumiendo, el tercio de libre disposición se lo puedes atribuir a quien te dé la real gana, esto incluye a tus nietos, al colega de toda la vida, al vecino que te ha querido como un hermano, a Cáritas o a la asociación motera con cuyos socios tantos momentos buenos disfrutaste. Luego, el tercio de mejora lo puedes usar para favorecer a alguno de tus descendientes, mientras que por el contrario el tercio de legítima está reservado por la ley para los hijos, sin que puedas limitarlo.

LA PENA DEL VIUDO

El viudo es esa persona que ha compartido contigo una parte importante de tu vida, ya sea para bien o para mal, y puede que incluso se haya ocupado de ti cuando te ha azotado la enfermedad. Al momento de tu muerte a tu viudo le corresponderá mayor o menor porción de herencia, en función de si existen disposiciones a su favor en el testamento o si no hay testamento, en cuyo caso te adelanto que va a ser poco favorecido en comparación con los herederos después de tu muerte. Para tener una idea aproximada de esto, en primer lugar, hay que distinguir si los bienes que deja el muerto son gananciales con su cónyuge o privativos.

Popularmente se piensa que una vez fallecido el esposo, al cónyuge viudo casado en gananciales le queda la titularidad de los bienes de su marido o el derecho de hacer uso de todos sus bienes hasta la muerte ¡¡¡error!!!, te explico: En el típico supuesto de estar casado y dejar viuda con hijos comunes, los herederos serán tus hijos, quedando a tu viuda únicamente el 50% de la titularidad de todos los bienes gananciales y un derecho de usufructo de la porción de mejora (que se trata de una facultad de hacer uso de una pequeña parte de la herencia). Por tanto, a partir del momento de la muerte de su cónyuge, pasará a compartir su patrimonio con sus hijos, conservando un derecho de usufructo que será menor cuanto más mayor sea la viuda. A este derecho de uso temporal se le llama **usufructo viudal** (no te preocupes que unas líneas más abajo hay unos ejemplos).

Pero ahí no acaba todo, para ahondar más en el drama, al tener que compartir la propiedad tu viuda con los herederos se forma lo que legalmente se denomina **comunidad de bienes**, ello puede suponer que le obliguen a vender los bienes que comparten en herencia, aunque ella no quiera. Esto sucede porque según la ley, en España nadie está obligado a permanecer en comunidad de bienes y por tanto puede emprender acciones legales para acabar con esa situación, lo cual implicará la venta de los inmuebles y resto de bienes que integren la comunidad y la liquidación de la misma, quiera o no quiera el cónyuge viudo.

—Ostras José, entonces ¿cabría la posibilidad de que los hijos obliguen a su progenitor a vender la casa donde ha vivido toda su vida, aunque él no quiera? Claro, al ser un bien que han heredado y que comparten con su ascendiente, se subastará judicialmente (si no hay acuerdo entre los herederos de qué hacer con la casa) y se repartirá entre los herederos lo obtenido por la venta, correspondiendo al padre o madre la mitad de su valor.

En el supuesto de los bienes privativos del fallecido, existiendo hijos comunes, al cónyuge viudo únicamente le corresponde por ley el usufructo de un tercio de la herencia, lo que traducido a la realidad es lo mismo que decir «na». Con un ejemplo lo vas a comprender rápidamente.

Vamos a calcular el valor del usufructo viudal de María de 70 años, viuda de Luis que falleció sin dejar testamento constituyendo su patrimonio un piso de 100.000€. Para saber qué derecho tiene María sobre la herencia tenemos que averiguar su porcentaje de participación en la herencia, que se obtiene restando a 89 la edad del viudo en el momento del fallecimiento de su cónyuge. Entonces, 89-70=19%. Así que, el valor de su herencia es el 19% de un tercio de los bienes. Ya que María concurre a la herencia con sus hijos siendo a repartir el piso de 100.000€, dividiremos los 100.000/3 (para saber el valor de cada porción) resultando 33.333,33€ a los que le vamos a aplicar el 19% (este es el derecho de la viuda), se obtiene como resultado la cantidad de 6.333,33 € que pertenecen a María como viuda de Luis con los que apenas podrá pagar el alquiler de un apartamento durante un año. ¡Alucinante!

Si en su testamento Luis hubiera atribuido a María la porción de libre disposición, le hubiera mejorado sustancialmente la situación, puesto que le corresponderían 33.333,33€ más el usufructo valorado en 6.333,33€ lo que en total serían: 39.666€, la cosa cambia bastante.

Para que te sea más comprensible el tema, te dejo a continuación tres escenarios sucesorios diferentes de una misma familia según si hay testamento o no y si los bienes tenían carácter de ganancial o no. ¡Ánimo!

Eufrasio estaba casado en gananciales con Purificación y tenían dos hijos: Wenceslao y Marta, dejando a su muerte un patrimonio de 200.000€ compuesto por un inmueble valorado en 150.000€ y una cuenta corriente con un saldo de 50.000€, sin deudas. La edad de Puri en el momento del fallecimiento de Eufrasio era 70 años.

Escenario 1: Eufrasio fallece con testamento en el que instituye a sus dos hijos herederos universales y a su cónyuge viuda le atribuye el usufructo universal de todos sus bienes. Al fallecer Eufrasio, antes de repartir la herencia, hay que liquidar la sociedad de gananciales, resultando que a Puri se le atribuye la mitad de los bienes gananciales, es decir, se queda en poder de 100.000€.

Ahora calculamos el valor de la herencia que le corresponde. Para ello averiguamos el porcentaje del usufructo aplicando la fórmula 89-70= 19% que aplicado a los 100.000€ arrojan un valor de 19.000€.

A la viuda le queda tras la liquidación de gananciales 100.000€ y por los derechos de herencia a la muerte de su marido la cantidad de 19.000€ que sumados son 119.000€.

A los hijos les quedará el resto por parte iguales, esto es: 100.000-19.000= 81.000/2= 40.500€ a cada uno.

Escenario 2: misma familia que la anterior pero el Eufrasio no hizo testamento.

Al no existir testamento a Puri le corresponde únicamente lo previsto por la ley, es decir: el usufructo del tercio de mejora. Para averiguar la situación patrimonial de ella tras la muerte de Eufrasio, liquidamos la sociedad, que como en el caso anterior asciende a la cantidad de 100.000€.

Ahora averiguamos el valor del tercio de mejora: 100.000/3= 33.333, al que le aplicamos el 19%, (que es el porcentaje del usufructo) resultando 6.333, con lo que la viuda contará con los 100.000€ que le corresponden por su liquidación de la sociedad de gananciales + 6.333 = 106.333€.

Para Wenceslao y Marta se hacen los siguientes cálculos:

100.000-6.333= 93.667/2 = 46.833,5€ le quedará a cada uno.

Escenario 3: mismo ejemplo que los dos anteriores, pero la vivienda tenía carácter privativo de Eufrasio, que al tiempo de fallecer tampoco hizo testamento.

En este supuesto, a la viuda únicamente le correspondería el usufructo del tercio de mejora. Liquidamos en primer lugar la sociedad de gananciales. Como el piso era privativo de Eufrasio, el único bien ganancial del matrimonio era el saldo de la cuenta corriente: 50.000€ que divididos entre dos: 25.000€ que conserva Puri a la muerte de su marido. En Cuanto a su derecho de herencia se limita al usufructo del tercio de mejora.

Conociendo que el valor del caudal hereditario es de 175.000€, estos los dividimos entre 3 para conocer el tercio de mejora, eso deja un resultado de 58.333€ al cual hay que aplicar el 19% correspondiente al usufructo viudal, obteniendo la cantidad de 11.083€ que son los que recibirá la viuda por la herencia de su marido y el resto a repartir en partes iguales a sus hijos.

> Después del fallecimiento de Eufrasio en este escenario a Purifi-
> cación le quedan 25.000€ de su cuenta de ahorro + 11.083€ de
> herencia de su marido: 36.083€
> A sus hijos, Wenceslao y Marta les queda por herencia: 175.000
> – 11.083: 163.917/2= 81.958,5€ para cada uno.

En caso de fallecer Eufrasio sin hacer testamento, sin hijos, pero con sus padres en vida, estos serían sus herederos y a Puri únicamente le hubiera quedado el derecho de usufructo, pero de la mitad de la herencia.

HIJO, SI NO ME HAS QUERIDO VIVO, MUERTO TAMPOCO

Unos párrafos atrás, he dejado apuntado la posibilidad que tenemos de **desheredar a alguno de los herederos forzosos** a los que la ley le reserva su porción de la herencia, que ya sabemos se conoce como legítima. Son frecuentes, desgraciadamente, los casos en que hijos que no han querido saber nada de papá o de mamá, especialmente en circunstancias de enfermedad o de necesidad, sorprendentemente aparecen en escena en el momento de coger la herencia, extendiendo la mano mostrando la calculadora con sus derechos transformados en euros.

Así las cosas, quien se ha visto necesitado de sus hijos y no ha recibido las atenciones más básicas podría pensar en despojar a sus descendientes de su herencia. Efectivamente, la norma contempla una serie de requisitos para que, llegado el caso, cualquier persona pueda desheredar a sus descendientes, siempre que concurran las circunstancias necesarias.

—José, entonces, si mi hijo Pepe que no me ha visitado en 25 años y no conozco ni a mis nietas, ¿puedo dejarle sin su cacho de tarta?

—Puede ser, pero hay que ser prudentes y examinar el caso concreto, pues como decía antes, la ley es muy estricta en cuanto a la reserva para los descendientes de su cuota legítima, y para poder privarles de ella, es necesario que quien tenga este interés, realice testamento indicando expresamente que quiere desheredar a su hijo y que lo hace en base a una de las causas que están previstas en la ley: el maltrato o la negación de alimentos, que es lo mismo que decir abandonar al progenitor sin proporcionarle los cuidados necesarios, especialmente cuando no pueda valerse por sí mismo debido a circunstancias propias de la edad o de enfermedad.

Son frecuentes las situaciones de personas de avanzada edad en la que aparece el Alzheimer o el padecimiento de cualquier otra enfermedad que limita la capacidad de atender las necesidades básicas del enfermo y que quedan al cuidado de uno sólo de los hijos, mientras que el resto se desentiende. Cabe recordar que la obligación de prestar auxilio y cuidado (conocida legalmente como la obligación de prestar alimentos), no sólo rige de padres hacia los hijos, sino que también es extensiva de hijos hacia padres y su omisión genera consecuencias, una de ella es la posibilidad de que un progenitor, decida desheredar a los hijos que se han olvidado de ellos.

Para materializar la desheredación, el interesado deberá acudir a notaría, para hacer testamento (recuerda que puede hacerse testamento tantas veces como uno quiera, siendo válido el último realizado), para lo cual el notario analizará la capacidad del interesado para realizar el acto, procediendo a levantar testamento si comprueba que tiene la aptitud necesaria para la validez del mismo o en caso contrario, negará la posibilidad de ejercitar la desheredación.

—Genial José, entendido, pero ¿y quién recibe la porción del desheredado?

—Sus hijos, que ocuparán en la herencia el lugar del desheredado. Si no tiene hijos, su parte se repartirá entonces entre el resto de herederos.

DEJADME DESCANSAR EN PAZ, NO QUIERO PELEAS

—Cuánto estoy aprendiendo de herencias José, pero me preocupa que mis hijos se vayan a pelear por la herencia cuando yo ya no esté en este mundo, ¿puedo hacer algo para evitar que se maten entre ellos?

—Primeramente, te recomendaría hacer testamento, siento ser redundante, pero es así. En el documento quedará todo claro y quienes no lo acepten, sólo tendrán que leer sus cláusulas para recordar la voluntad de sus ascendientes.

Aun así, existen más precauciones que te voy a explicar para que descanses en paz, qué menos:

Puedes repartir tus bienes en forma de **legados**. Un legado es una disposición hecha en el testamento del fallecido mediante el cual hace entrega de un determinado bien a una persona en concreto que puede ser un heredero legal o un tercero. Por tanto, puedes dejar en legado a quien tu desees el collar de oro, el Rolex, el piso de la playa, la casa del pueblo o la suma de 3.000€. Ahora bien, como ya hemos dicho antes, la ley reserva un mínimo de herencia para los herederos legales (descendientes, ascendientes, cónyuge viudo) y que se llamaba legítima. Por tanto, para hacer el legado tendrás que tener en cuenta las reservas de los trozos de pastel de los que hablábamos antes, para no dar más tarta de la cuenta a quien no le corresponda. Básicamente puedes repartir en legados todo lo que quieras, pero reservando siempre el trozo que le toca a los herederos forzosos (tus hijos) ya que, si te excedes, ellos podrán reclamar su parte a quien haya recibido de más. Es un poco complejo, por eso lo ideal es asesorarte. Seguimos:

Puede que, si el bien legado tiene un valor importante en el total de la herencia, y lo atribuyes a una persona que no tiene el carácter de heredero legal (tu amigo Ramón, por ejemplo) los perjudicados (que serían tus herederos) reclamen su parte legal y Ramón tenga que resarcirlos económicamente. Por ello, es importante que, si piensas distribuir tus bienes en legados, acudas a asesorarte para que el reparto no afecte demasiado a las legítimas y si afecta, que te quede claro en qué medida.

Como hemos dicho que el legado se puede dejar a quien quieras, esto incluye a tus hijos, de forma que puedes legar a uno de ellos el bien que desees y designar a todos herederos por partes iguales.

Los legados presentan unas particularidades, por un lado, estos se reciben libres de cargas y gravámenes, así pues, presta mucha atención puesto que, si legas un piso con hipoteca, has de saber que el favorecido por el legado recibirá el piso limpio de polvo y paja y los herederos se tendrán que hacer cargo de las cuotas hipotecarias. (Recuerda que la sucesión lo es en derechos y obligaciones y pagar una hipoteca es una obligación).

Otra cautela de la que te puedes valer para procurar evitar peleas entre los herederos es nombrar un **partidor contador** en tu testamento que se encargue de velar por que se cumpla tu voluntad. Normalmente, es alguien con quien el testador ha tenido confianza en vida y al que se le deja el encargo de partir la herencia, extremo que quedará documentado en un acta, previa valoración del patrimonio hereditario. Lógicamente, este nombramiento es voluntario y generalmente gratuito.

Y la última de las prevenciones es incluir una cláusula en el testamento denominada *cautela socini*, que no es más que un mecanismo previsto en la norma mediante la cual el testador dispone un castigo para quien no esté conforme con su voluntad, de manera que si entorpece que el testamento despliegue sus efectos, verá reducida su porción de tarta hasta lo mínimo indispensable (legítima estricta) repartiendo su resto de porción a los demás herederos que verán crecer su herencia.

Para ir concluyendo el bloque de herencias, respecto del cual espero que hayas conocido esta materia con la suficiente claridad como para dejar preparado tu camino sucesorio de manera consciente, tengo que advertirte que las donaciones hechas en vida van a tener repercusión cuando toque repartir la herencia, puesto que una vez más estas donaciones pueden afectar a la legítima legal de los herederos (sí otra vez nos topamos con las legítimas). Por tanto, el favorecido con la donación puede ser llamado por los herederos para que les compense en dinerito la parte que afecte a su legítima.

Y por último, Hacienda: a pagar el Impuesto de Sucesiones. Cuando un familiar tuyo fallece y eres heredero, tendrás que pasar por caja y pagar impuestos, porque en España se paga hasta por morirse. La recaudación de este tributo está en manos de las comunidades autónomas y cada una de ellas tiene una regulación, pero en muchas de las regiones, el impuesto se encuentra bonificado siempre y cuando los beneficiados por la herencia sean los hijos del causante y no se obtenga por la herencia una cantidad muy importante. El plazo para satisfacer el impuesto es de seis meses desde el fallecimiento del causante.

Trabajar, trabajar y más trabajar. De promedio, un trabajador dedica a trabajar 40 horas a la semana, lo que equivale a decir que trabaja ocho horas al día, o que los días laborales empeña el 33% del tiempo a su profesión. Cumplir con nuestras responsabilidades laborales es esencial, y qué mejor manera de hacerlo que con un conocimiento claro de los derechos que nos amparan según la ley. ¿Sabías que en España existe la jornada laboral de 8 horas desde 1593? fue Felipe II quien en esa fecha dictó la Ley VI de Ordenanza de Instrucción en la que dictaba que: «todos los obreros de las fortificaciones y las fábricas trabajarán ocho horas al día, cuatro por la mañana y cuatro por la tarde; las horas serán distribuidas por los ingenieros según el tiempo más conveniente, para evitar a los obreros el rigor del sol y permitirles el cuidar de su salud y su conservación, sin que falten a sus deberes». Extendió esta norma hasta las colonias americanas ya que las Leyes de Indias garantizaban la jornada de ocho horas, repartidas en cuatro horas por la mañana y cuatro horas por la tarde «para librarse del sol».

Desde principios del siglo XIX el trabajador se convirtió en poco menos que un esclavo, con largas jornadas laborales, trabajando en condiciones peligrosas, con salarios bajos, y trabajo infantil generalizado, llevaron a movimientos de reforma laboral y sindicales que lucharon por mejoras en las condiciones de trabajo y los derechos de los trabajadores. Un personaje destacado del momento fue el Sr. Robert Owen, empresario londinense, que defendía que mejorar la calidad de vida de los trabajadores y establecer derechos laborales redundaría en mejores resultados no solo para su industria, sino para la sociedad en general. Fue precursor de la jornada laboral de ocho horas siendo su lema: «ocho horas de trabajo, ocho horas de ocio, ocho horas de descanso».

Se ha dedicado un esfuerzo importante a lo largo de los años hasta equilibrar los intereses de empleadores y trabajadores, a continuación, conocerás de manera general la principal norma laboral y los aspectos básicos que rigen la relación laboral. Hago una pequeña pero importante aclaración previa antes de seguir: todo lo que se explicará en ámbito laboral en esta obra es genérico, quiero decir que es de aplicación para el grueso de trabajadores; sin embargo, existen profesiones que por sus singularidades tienen una regulación especial al margen de la que seguidamente vas a conocer.

Estas profesiones especiales son:

1. Personal de alta dirección

2. Empleados del servicio doméstico.

3. Penados en las instituciones penitenciarias.

4. Deportistas profesionales.

5. Artistas que desarrollan su actividad en las artes escénicas, audiovisuales y musicales, así como las personas que realizan actividades técnicas o auxiliares necesarias para el desarrollo de dicha actividad.

6. Personas que intervengan en operaciones mercantiles por cuenta de uno o más empresarios sin asumir el riesgo y ventura de aquellas.

7. Trabajadores con discapacidad que presten sus servicios en los centros especiales de empleo.

8. Menores sometidos a la ejecución de medidas de internamiento para el cumplimiento de su responsabilidad penal.

9. Estudiantes de medicina de residencia para la formación de especialistas en Ciencias de la Salud.

10. Abogados que prestan servicios en despachos de abogados, individuales o colectivos.

Hecha esta advertencia querido lector, con este bloque vamos llegando al final de esta obra, y si la has leído en el orden propuesto, seguro que ya has aprendido un montón de fórmulas que te estarán siendo de gran utilidad. Ya te imagino en las reuniones sociales comentando con tus compañeros acerca de todo lo que has conocido y cómo has ido arreglando algunas tareas pendientes. Pues bien, ahora incluirás en ese arsenal más herramientas legales, ahora relacionadas con el mundo laboral y que te serán de aplicación tanto si eres empleado como empleador.

Como introducción, comentarte que de la relación laboral se desprenden **derechos y obligaciones**, tanto para el empleador como para el trabajador, los cuales se rigen por diferentes normas legales: contrato de trabajo, convenio colectivo que sea de aplicación y también en el Estatuto de los Trabajadores, conocido popularmente como la ley laboral. Por tanto, si tienes dudas acerca de algún aspecto relacionado con tu tarea profesional deberás acudir a estas figuras legales en el orden que te he mostrado, y seguro que encontrarás la solución. No obstante, intentaré ofrecerte todo lo que debes saber para que nadie «te la cuele», bien si eres empleado, bien si eres empleador.

EL CONTRATO DE TRABAJO

Para empezar, te voy a presentar un modelo de contrato de trabajo indefinido que es el que más se utiliza en nuestro país (que te puedes descargar desde la página del SEPE, te dejo el enlace más abajo) en el que podrás identificar sus cláusulas y compararlas con las tuyas para comprobar si las condiciones de trabajo que realmente figuran se están aplicando en tu día a día. Si algo no te cuadra, acude a asesorarte para defender tus intereses.

Modelos de contrato de trabajo

Un contrato de trabajo es un documento en el que se van a plasmar los acuerdos alcanzados entre empleado y empleador en la forma de la prestación del servicio y las contraprestaciones recíprocas que ligan a uno y a otro. Es el documento más importante que rige la relación laboral, puesto que recoge tanto derechos como obligaciones para los interesados, sirviendo posteriormente para demostrar incumplimientos legales y dota de seguridad y certidumbre la forma, el tiempo y la remuneración que se devengará por la realización del trabajo. Conservar una copia es de vital importancia para poder reclamar en caso de algún incumplimiento. No obstante, si has perdido tu copia, no te preocupes, en el siguiente enlace podrás descargar una:

Consulta de datos de contratos de un trabajador

Una vez estés dentro de esta página, picha en «acceso a la aplicación», te pedirá que te identifiques, ya sea mediante clave pin o certificado digital, y una vez identificado, podrás introducir los datos necesarios y descargar una copia de tu contrato.

Seguidamente te dejo una copia de contrato por tiempo indefinido, que aunque difiere un poco del resto de contratos nos va a servir para conocerlo y analizar sus detalles, con el objetivo de comprobar si tu relación laboral se acomoda a lo pactado o no. Vamos a ello.

Encabezamiento: datos del empleador y del empleado

MINISTERIO
DE TRABAJO
Y ECONOMÍA SOCIAL

SERVICIO PÚBLICO
DE EMPLEO ESTATAL | SEPE

Unión Europea
Fondo Social Europeo
"El FSE invierte en tu futuro"

CONTRATO DE TRABAJO INDEFINIDO

DATOS DE LA EMPRESA

CIF/NIF/NIE		

D./DÑA.	NIF/NIE	EN CONCEPTO (1)

NOMBRE O RAZÓN SOCIAL DE LA EMPRESA	DOMICILIO SOCIAL

PAÍS	MUNICIPIO	C. POSTAL

DATOS DE LA CUENTA DE COTIZACIÓN

RÉGIMEN	CÓDIGO CUENTA COTIZACIÓN	ACTIVIDAD ECONÓMICA

DATOS DEL CENTRO DE TRABAJO

PAÍS	MUNICIPIO

En el encabezamiento figuran todos los datos relativos a la empresa, siendo relevantes su número de CIF, así como la actividad económica y el domicilio del centro social. A efectos de una posible reclamación, aquí encontrarás estos datos necesarios para la identificación del empleador.

DATOS DEL/DE LA TRABAJADOR/A

D./DÑA.	NIF/NIE	FECHA NACIMIENTO	Nº AFILIACIÓN SEGURIDAD SOCIAL

NIVEL FORMATIVO	NACIONALIDAD

MUNICIPIO DEL DOMICILIO	PAÍS DOMICILIO

con la asistencia legal, en su caso, de D./Dña.
con NIF/NIE .... , en calidad de (2)

DECLARAN

Que reúnen los requisitos exigidos para la celebración del presente contrato y, en su consecuencia, acuerdan formalizarlo con arreglo a las siguientes:

Inmediatamente después, encontramos los datos personales del empleado y su número de afiliación a la Seguridad Social, que serán necesarios igualmente para poder dirigirnos frente a él. Una vez identificadas las partes, pasamos a las cláusulas que regirán la relación laboral:

Cláusula primera: funciones y grupo profesional

CLÁUSULAS

PRIMERA: el/la trabajador/a prestará sus servicios como (3) ....
incluido en el grupo profesional de ....
para la realización de las funciones (4) ....
de acuerdo con el sistema de clasificación profesional vigente en la empresa. En el centro de trabajo ubicado en (calle, nº y localidad) ....

☐ Trabajo a distancia (5)

Aquí se detalla para qué funciones se está contratando al trabajador, si lo es como camarero, si como mecánico, técnico, analista, conductor, informático, etc. y en qué grupo profesional se encuadra. El grupo profesional alude a las tareas a desempeñar por el empleado en su prestación laboral. Existen tres grupos:

El Grupo 1: encuadra a personal directivo y exige estar en posesión de estudios superiores.

El grupo 2: se asigna para personal con responsabilidad en algún área de la empresa tales como jefes de equipo.

El grupo 3: es en el que quedan asignados el resto de empleados, que no tienen responsabilidad técnica u organizativa.

En el convenio colectivo que sea de aplicación se designarán los diferentes grupos profesionales y el salario que le corresponde, por ello es importante que identifiques en tu nómina si te están pagando conforme al grupo en que estás incluido y si realizas las funciones que le están atribuidas. En caso de duda, acude a asesorarte para poder efectuar la reclamación oportuna.

En este apartado también se deberá hacer constar el domicilio del centro de trabajo y si el trabajo se hace a distancia.

Cláusula segunda: el contrato fijo discontinuo

Está destinada para los supuestos de contrato fijo discontinuo. Es decir, para trabajos de temporada que son tan frecuentes en nuestro entorno laboral y ligados a las diferentes etapas de mayor producción en sectores como el turismo, la construcción o la agricultura.

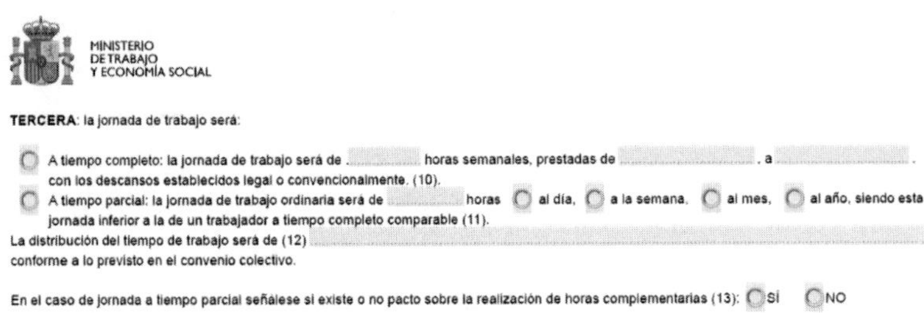

SEGUNDA: el contrato se concierta para realizar trabajos fijos-discontinuos de acuerdo con el artículo 16 del Estatuto de los Trabajadores (6)

dentro de la actividad cíclica intermitente de (7)
La duración estimada de la actividad será de (8)
La jornada estimada dentro del período de actividad será de   horas (9)
y la distribución horaria estimada será .
Los/as trabajadores/as serán llamados/as en el orden y forma que se determine en el Convenio Colectivo de

o acuerdo de empresa.

Si el convenio colectivo de ámbito sectorial permite en los contratos fijos-discontinuos utilizar la modalidad de tiempo parcial, indique si se acoge al mismo: ◯ SÍ   ◯ NO

(1) Director/a, Gerente, etc.
(2) Padre, madre, tutor/a o persona o institución que le tenga a su cargo.
(3) Indicar la profesión, oficio o puesto de trabajo a desempeñar.
(4) Las funciones pueden ser todas las del grupo profesional o solamente alguna de ellas.

1

Cláusula tercera: la jornada laboral

MINISTERIO
DE TRABAJO
Y ECONOMÍA SOCIAL

TERCERA: la jornada de trabajo será:

◯ A tiempo completo: la jornada de trabajo será de   horas semanales, prestadas de   , a   .
con los descansos establecidos legal o convencionalmente. (10).

◯ A tiempo parcial: la jornada de trabajo ordinaria será de   horas ◯ al día, ◯ a la semana, ◯ al mes, ◯ al año, siendo esta jornada inferior a la de un trabajador a tiempo completo comparable (11).

La distribución del tiempo de trabajo será de (12)
conforme a lo previsto en el convenio colectivo.

En el caso de jornada a tiempo parcial señálese si existe o no pacto sobre la realización de horas complementarias (13): ◯ SÍ   ◯ NO

En este apartado se hará constar la jornada para la que se contrata al empleado. Podrá ser jornada completa o parcial. Actualmente la jornada máxima anual establecida por el Estatuto de los Trabajadores es de 40 horas semanales en cómputo anual (el legislador prevé reducir la jornada hasta las 37,5 horas en el año 2025). No obstante, esta jornada podrá ser menor si así se contempla en el respectivo convenio colectivo, en cuyo caso será de aplicación. Aquí quedará también recogido por escrito el horario laboral.

Comprueba si el horario efectivo que realizas es conforme a tu contrato, lo contrario daría lugar a la oportuna reclamación. Ahondaremos en esta materia en el capítulo correspondiente.

Cláusulas cuartas a octava: duración del contrato, retribuciones, vacaciones, convenio colectivo aplicable, y contrato de relevo

CUARTA: la duración del presente contrato será INDEFINIDA, iniciándose la relación laboral en fecha ...., y se establece un período de prueba de (14) ....

QUINTA: el/la trabajador/a percibirá una retribución total de .... euros brutos (15) .... que se distribuirán en los siguientes conceptos salariales (16) ....

SEXTA: la duración de las vacaciones anuales será de (17) ....

SÉPTIMA: en lo no previsto en este contrato, se estará a la legislación vigente que resulte de aplicación y particularmente en el Estatuto de los Trabajadores y el Convenio Colectivo de ....

OCTAVA: el presente contrato se formaliza bajo la modalidad de contrato de relevo: ◯ SÍ   ◯ NO

En estos apartados podrás comprobar si la relación laboral es indefinida o por tiempo determinado, así como si existe periodo de prueba. Igualmente constará el salario a percibir, su distribución (pagas extras prorrateadas o no), las vacaciones anuales y el convenio colectivo de aplicación. Por último, se hará constar si el contrato es de relevo de persona trabajadora o no.

Cláusulas novenas a undécima: disposiciones formales

El/la trabajador/a:
◯ Que está en desempleo e inscrito/a como demandante en el Servicio Público de Empleo de ....
◯ Que tiene concertado con la empresa un contrato de duración determinada que fue registrado en el Servicio Público de Empleo de ...., con el número .... con fecha ....

El/la representante de la empresa:
Que el/la trabajador/a de la empresa, D/Dña. ...., nacido el .... que presta sus servicios en el centro de trabajo ubicado en (calle, nº y localidad) .... con la profesión de ...., incluido en el grupo profesional .... de acuerdo con el sistema de clasificación profesional vigente en la empresa que reduce su jornada ordinaria de trabajo y su salario en un ....(18) por acceder a la situación de jubilación parcial regulada por el artículo 215 del Real Decreto Legislativo 8/2015, de 30 de octubre, por el que se aprueba el texto refundido de la Ley General de la Seguridad Social ha suscrito con fecha ...., y hasta .... el correspondiente contrato de trabajo a tiempo parcial registrado en el Servicio Público de Empleo de .... con el número .... con fecha ....

NOVENA: ESTE CONTRATO PODRÁ SER COFINANCIADO POR EL FONDO SOCIAL EUROPEO.

DÉCIMA: el contenido del presente contrato se comunicará al Servicio Público de Empleo de .... en el plazo de los 10 días hábiles siguientes a su concertación.

UNDÉCIMA: PROTECCIÓN DE DATOS. - Los datos consignados en el presente modelo tendrán la protección derivada del Reglamento (UE) 2016/679 del Parlamento Europeo, de 27 de abril de 2016 y de la Ley Orgánica 3/2018, de 5 de diciembre.

---

(5) El trabajo a distancia se regula por lo dispuesto en la Ley 10/2021, de 9 de julio y requiere la firma del correspondiente acuerdo.
(6) Esta cláusula solo se cumplimentará en caso de desarrollar trabajos de carácter fijos discontinuos. Indicar la actividad profesional a desarrollar por el/la trabajador/a.
(7) Indicar la actividad fija discontinua o de temporada de la empresa y su duración.
(8) Diarios, semanales, mensuales o anuales. Detallar Convenio.
(9) Indique el número de horas según convenio colectivo para jornada completa, máximo legal o lo del trabajador a tiempo completo.
(10) Indique la jornada del trabajador.
(11) Se entenderá por «trabajador a tiempo completo comparable» a un trabajador a tiempo completo de la misma empresa y centro de trabajo con el mismo tipo de contrato de trabajo y que realice un trabajo idéntico o similar. Si en la empresa no hubiera ningún trabajador comparable a tiempo completo, se considerará la jornada a tiempo completo prevista en el convenio colectivo de aplicación, o, en su defecto, la jornada máxima legal.
(12) Indique la distribución del tiempo de trabajo según el convenio colectivo.
(13) Señálese lo que proceda y en caso afirmativo adjunte el anexo si hay horas complementarias.
(14) Respetando lo establecido en el artículo 14.1 del Estatuto de los Trabajadores.
(15) Diarios, semanales, mensuales o anuales.
(16) Salario base, complementos salariales, pluses.
(17) Mínimo: 30 días naturales.
(18) Un mínimo del 25 % y un máximo del 75 %.

SERVICIO PÚBLICO DE EMPLEO ESTATAL | SEPE

Estas últimas cláusulas tienen por finalidad cumplir otras disposiciones legales en las que no voy a profundizar por no ser finalidad de esta obra. Seguimos.

Visto en detalle cómo es tu contrato, ahora vamos a conocer con detenimiento los derechos laborales que te asisten como trabajador o empleador durante la relación laboral, ¿preparado? ¡Acción!

<u>**CONTRATOS TEMPORALES**</u>

Según las necesidades del empleador, la norma laboral permite celebrar contratos de duración determinada fijando en el contrato la fecha de fin del mismo; si bien, el objetivo de la ley es alcanzar el mayor porcentaje de contratación indefinida, estableciendo **límites a los contratos temporales**, todo lo cual redunda en la obligación del empleador de contratar de modo indefinido a sus trabajadores, salvo que concurran las circunstancias legales que permitan concertar una contratación temporal.

—José, mañana tengo una entrevista ¿me tiene que ofrecer un contrato indefinido?

—De entrada, sí, aunque atendiendo a las circunstancias y a las necesidades de la empresa es posible que el contrato que te quieran ofrecer lo sea sólo por un tiempo determinado.

—¿Cuándo puede el empleador realizar contratos temporales?

—Sólo cuando concurran circunstancias por razones de la producción o por sustitución de persona trabajadora. Te los explico:

a) El empleador podrá concertar contratos temporales cuando medien **circunstancias de la producción**, que tengan lugar para cubrir necesidades de la empresa con motivo de una mayor demanda de sus servicios, que respondan a una situación imprevisible y ocasional (como pueda ser el aumento de la demanda del trigo de una compañía española a consecuencia de la limitación de la exportación del trigo de empresas con actividad en países en conflicto; o como sucedió en la etapa del Covid-19 para fabricar material médico y sanitario que afectó a la industria textil y química, entre otras). Así, estas empresas que tengan un aumento de demanda podrán contratar por tiempo limitado a sus trabajadores.

> Luis era empresario español que se dedicaba a fabricar *chips* para automóviles. Por problemas que afectaban a la producción de estos componentes en China, sus competidores asiáticos no podían atender a los clientes temporalmente, Luis empezó a recibir un aumento de demanda que no entraba en sus previsiones, así que necesitó aumentar su plantilla para poder cubrir los pedidos. Preguntó a su asesor qué contrato podía ofrecer a los nuevos trabajadores para solventar la situación, recibiendo como respuesta que el contrato ideal sería el temporal por circunstancias de la producción. Contrató a 15 nuevos empleados durante 6 meses.

Otra causa prevista legalmente que permite celebrar este contrato es cubrir las vacaciones de otros trabajadores de la misma empresa. Ahora bien, el contrato por circunstancias de la producción no podrá extenderse por un tiempo superior a 6 meses, o a un año si así se ha recogido en el convenio colectivo que sea de aplicación.

Si te contratan en esta modalidad sólo para tres meses, cabría que se te renovara sólo una vez hasta llegar al máximo visto de 6 meses o un año.

Otra circunstancia válida que permite la celebración de este contrato responde a necesidades previsibles, pero únicamente podrá durar como máximo 90 días en el año natural que además, no podrán ser continuados.

> Manolo es un joven que alterna estudios y trabajo. Para ayudar en la economía familiar busca trabajo por temporadas y ha encontrado un trabajo en un chiringuito que le contrata durante 10 días en Semana Santa, 60 días en verano y 20 días en navidades. Le han ofrecido un contrato temporal por circunstancias de la producción. Se ha asesorado y le han indicado que su contrato es conforme a derecho puesto que trabaja durante 90 días al año discontinuos y eso es totalmente legal.

b) Contrato de Sustitución.

El contrato de sustitución es un contrato laboral de tiempo determinado que tiene las siguientes finalidades:

—La sustitución de un compañero que tenga derecho a regresar a su puesto de trabajo, siempre que se especifique en el contrato el nombre de la persona sustituida y la causa de la sustitución. Finalizarás en el puesto una vez que se reincorpore el trabajador sustituido.

> Ana era camarera de pisos. Un día trabajando se cayó por las escaleras fracturándose un tobillo, lo cual la mantendría durante 6 meses de baja. Casimiro, su jefe, contrató a Gaspar para cubrir la baja de Ana con un contrato de sustitución que finalizará en el momento que Ana vuelva a darse de alta.

—Para completar la jornada reducida de un compañero.

—Podrá celebrarse este contrato por un tiempo máximo de tres meses para cubrir un puesto de trabajo mientras tenga lugar el proceso de selección tendente a su cobertura definitiva mediante contrato fijo.

—A diferencia del contrato por circunstancias de la producción, la extinción de la prestación laboral en el contrato de sustitución no conlleva indemnización.

Peculiaridades que concurren en los contratos temporales:

Primero: si no se justifica la temporalidad de la relación laboral, estarás contratado en fraude de ley; ello comporta que adquirirás por ley la condición de trabajador indefinido. Así que acude a asesorarte para reclamar tus derechos.

> Perico llevaba trabajando en la misma fábrica 3 años. Le sorprendía que cada seis meses el jefe le hiciera firmar un contrato nuevo, es por ello que un día decidió revisar sus contratos: en todos se indicaba que estaba contratado durante 6 meses por circunstancias de la producción. Sospechando que su contrato no era legal, acudió a recibir asesoramiento donde le indicaron que efectivamente su relación laboral no era conforme a derecho y le aconsejaron iniciar trámites legales que le llevaron al reconocimiento de su actividad laboral como indefinido.

Segundo: puede pactarse un periodo de prueba por un tiempo no superior a un mes, salvo que por convenio se estipule otro periodo distinto. ¡Importante! Si no te dan de alta en la Seguridad Social habiendo transcurrido el periodo de prueba que se hubiera podido establecer, tendrás la consideración de indefinido. Quiere esto decir que si legalmente se podría haber pactado un mes de prueba en el contrato temporal y pasado ese mes no te han dado de alta, serás indefinido.

Tercero: si continúas prestando tus servicios una vez llegada la fecha de extinguirse el contrato sin que la empresa te haya notificado el cese de la actividad, automáticamente serás considerado trabajador indefinido.

Cuarto: a la finalización del contrato por circunstancias de la producción, tendrás derecho a una indemnización de una cuantía equivalente a la parte proporcional de la cantidad que resultaría de abonar doce días de salario por cada año de servicio. Para ello deberás conocer cuál es tu salario por día, incluyendo todos los conceptos retributivos y hacer el cálculo de la parte proporcional.

Quinto: adquirirás la condición de indefinido si has ocupado un puesto de trabajo de manera continuada o con interrupciones, **durante más de dieciocho meses en un periodo de veinticuatro meses,** mediante contratos por circunstancias de la producción.

¡Si eres empleador presta atención a lo siguiente! **La contratación en fraude de ley conlleva sanciones que pueden suponer multas desde los 751€ hasta los 7500€,** por cada uno de los contratos detectados. Y los inspectores hacen su trabajo, por ello no te arriesgues.

<u>OTROS CONTRATOS: EL CONTRATO DE RELEVO
Y EL CONTRATO A TIEMPO PARCIAL</u>

a) Contrato de relevo: se concierta para suplir a un compañero que se jubila parcialmente. Esto significa que no se jubila del todo, sino poco a poco.

Para ello, el trabajador que venga a sustituir al veterano de la empresa tiene que estar en desempleo o tener un contrato de duración determinada en la propia empresa.

—La duración del contrato será indefinida o por el tiempo que reste a su compañero para jubilarse plenamente. Si al tiempo de cumplir la edad de jubilación total, el trabajador relevado continuara prestando sus servicios en la empresa y el contratado como relevista tuviera un contrato por tiempo determinado, podrá pactar con la empresa renovar su contrato por periodos anuales, extinguiéndose el año que se jubile definitivamente el relevado.

—El contrato de relevo podrá celebrarse a jornada completa o a tiempo parcial. En todo caso, la duración de la jornada deberá ser, como mínimo, igual a la reducción de jornada acordada por el trabajador sustituido.

—José, ¿qué requisitos hay que tener para poder jubilarme parcialmente?

—Te explico:

Deberás estar en la edad que da acceso a la prestación de la Seguridad Social (haber cumplido 62 años y seis meses en 2024 con una cotización de 36 años) Si reúnes estos requisitos podrás plantear a la empresa que te jubile parcialmente, para ello: se acordará la reducción de jornada y de salario de entre un mínimo del veinticinco por ciento y un máximo del cincuenta por ciento y la empresa deberá concertar simultáneamente un contrato de relevo. La reducción podrá alcanzar el 75% cuando el contrato de relevo se concierte a jornada completa y con duración indefinida. Además, la Seguridad Social te abonará la pensión que te corresponda. No será necesaria la contratación de un trabajador relevista si el empleado que quiere jubilarse parcialmente ya ha cumplido la edad ordinaria de jubilación.

(Para una mayor información es necesario que se analice tu caso concreto atendiendo a tus circunstancias).

b) El contrato a tiempo parcial: es aquel que está previsto para los supuestos de contratación para jornadas inferiores a la completa. ¿Cuándo te pueden aplicar este contrato? Cuando el interés del empleador sea disponer de un trabajador que preste sus servicios en jornadas inferiores a las 40 horas semanales en cómputo anual, o las que establezca como jornada completa el convenio colectivo que sea de aplicación. La duración puede ser de manera indefinida o temporal, atendiendo a las circunstancias ya vistas anteriormente.

Peculiaridades del contrato:

✓ Tiene que formalizarse por escrito, de lo contrario se estima a tiempo completo y por tiempo indefinido.

✓ En el documento habrá de quedar escrito el número de horas por las que se contrata al trabajador y su distribución que puede ser irregular. Se ha de entregar al empleado un informe en el que conste el número de horas realizadas efectivamente cada mes y en caso contrario, el contrato se entenderá celebrado por tiempo completo.

✓ No podrás echar horas extras, salvo las obligatorias para reparar siniestros graves por accidente.

✓ Existe la posibilidad legal de hacer horas complementarias con el límite de las pactadas en el propio contrato que, sumadas a las ordinarias no podrán exceder del límite legal del trabajo a tiempo parcial. Si tu jornada es inferior a 10 horas semanales en cómputo anual, no podrás echar horas complementarias. Además, el número de horas complementarias pactadas no podrá exceder del treinta por ciento de las horas ordinarias de trabajo objeto del contrato, salvo que por convenio se haya dispuesto otro límite. El empleador deberá de avisarte con tres días de antelación la necesidad de hacer horas complementarias, salvo que en el convenio se establezca un plazo de preaviso menor. Cuando estés contratado bajo esta modalidad y no figure en tu contrato pacto sobre horas complementarias, el jefe podrá ofrecerte de manera voluntaria la realización de las mismas que no podrán superar el quince por ciento, ampliables al treinta por ciento por convenio colectivo, de las horas ordinarias objeto del contrato.

✓ Si el jefe no cumple con estas reglas, mi consejo es que en un primer momento acates las órdenes y posteriormente inicies las acciones legales para regularizar la situación.

✓ Las personas trabajadoras a tiempo parcial tendrán los mismos derechos que los trabajadores a tiempo completo

✓ La jornada de los trabajadores a tiempo parcial se registrará día a día y se totalizará mensualmente, entregando copia al trabajador, junto con la nómina, del resumen de todas las horas realizadas en cada mes, tanto las ordinarias como las complementarias.

✓ Si eres trabajador a tiempo completo, no te podrán modificar tu contrato a tiempo parcial ni viceversa, salvo que voluntariamente lo aceptes. No podrán despedirte por negarte, en su caso dispondrías de la posibilidad de impugnar el despido.

✓ Si mientras estás cobrando la prestación contributiva o el subsidio por desempleo empiezas a trabajar por cuenta ajena a tiempo parcial, puedes optar por suspender su prestación o compatibilizarla, en su caso.

> Recuerda que los contratos temporales obedecen a causas de temporalidad concretas, abusar de la contratación temporal puede comportar el reconocimiento de contrataciones fraudulentas con consecuencias tanto para el empresario como para el empleado, por lo que si tienes sospechas de que tu contrato no es conforme a lo previsto legalmente, acude a asesorarte para regularizar la relación laboral.

CONTRATOS FORMATIVOS

Los contratos que voy a tratar seguidamente son para estudiantes y aprendices, o para favorecer la formación de los empleados. ¿Eres uno de ellos? Pues atento que te interesa:

Te hablo del contrato para la formación en alternancia y el contrato para la práctica profesional.

a) Contrato para la formación en alternancia:

Esta modalidad contractual te interesará si eres joven sin experiencia previa y sin titulación y quieres ingresar en el mundo laboral de manera remunerada.

—Pero José, tengo titulación en jardinería, aunque me gustaría aprender mecánica, ¿puedo optar por esta modalidad de contrato? Efectivamente, la finalidad de este contrato es la cualificación del trabajador que carezca de experiencia y formación en un determinado sector, puesto que, si ya conoces la actividad, no podrás optar por el contrato que estamos viendo.

Igualmente, si eres empleador, es el contrato ideal si quieres ahorrarte gastos, dado que te permitirá bonificar cuotas de seguro social, de la formación teórica y por la tutorización del trabajador.

El trabajador podrá compatibilizar la actividad laboral retribuida con los correspondientes procesos formativos en el ámbito de la formación profesional, los estudios universitarios o del catálogo de especialidades formativas del Sistema Nacional de Empleo; en definitiva, es el contrato ideal para jóvenes que carecen de titulación y de experiencia laboral. Requisitos:

✓ El contrato deberá celebrarse por escrito, recibiendo a término tu diploma correspondiente.

✓ Podrás celebrar este contrato sin límite de edad, aunque no podrás tener más de 30 años si la formación está orientada a la obtención de un certificado de profesionalidad de nivel 1 y 2, que forme parte del catálogo de especialidades formativas del Sistema Nacional de Empleo.

✓ Tampoco será de aplicación el límite máximo de edad cuando el contrato se concierte con personas con discapacidad o con los colectivos en situación de exclusión social.

✓ La duración del contrato será la correspondiente para la obtención del título formativo, pero no podrá ser inferior a 3 meses ni superior a dos años. Si el contrato se realiza en principio con una duración inferior a dos años, se podrá renovar hasta alcanzar los dos años.

✓ En cuanto a tu jornada laboral, no podrá ser superior al 65% el primer año de contratación ni superior al 85% el segundo año de la jornada máxima prevista en el convenio colectivo que sea de aplicación, o en su defecto, de la jornada máxima prevista en la Ley Laboral.

✓ No se podrá celebrar este contrato si ya has estado contratado previamente más de 6 meses en la empresa ocupando un puesto relacionado con la formación que pretendes obtener.

✓ No te pueden obligar a la realización de horas extras o complementarias, salvo urgencia por accidente para la reparación de los daños.

✓ Tampoco se puede hacer el trabajo en horas nocturnas, salvo que la naturaleza de la actividad así lo exija.

✓ No te podrán establecer un periodo de prueba en esta modalidad de contrato.

En cuanto a la retribución: al menos el jefe deberá pagarte el sesenta por ciento el primer año o el setenta y cinco por ciento el segundo, respecto de la cuantía fijada en convenio para el grupo profesional y nivel retributivo correspondiente a las funciones desempeñadas, en proporción al tiempo de trabajo efectivo. Si no existe convenio para la actividad que realizas, el cálculo deberá basarse entonces conforme al salario mínimo interprofesional, que para el año 2024 es de 1.134€.

Además, a la finalización del contrato tendrás derecho al subsidio de desempleo y habrás cotizado para tu jubilación.

¿Qué pasa si eres padre o madre mientras te encuentras trabajando contratado bajo la modalidad de formación? Que la relación laboral se suspenderá y volverá a continuar una vez haya finalizado el permiso por esta causa. Digamos que se interrumpe, volviendo a continuar por donde te quedaste una vez vuelvas a estar disponible para trabajar.

Para finalizar, y te será de gran interés si eres empleador, indicarte que optar por establecer estos contratos te serán muy ventajosos en cuanto a costes por contratación, gracias a las bonificaciones estatales vigentes. Para beneficiarte de ellas tendrás que estar al corriente con cualquier obligación tributaria y Seguridad Social en el momento del alta del contrato, no haber sido excluido para obtener subvenciones y ayudas públicas y contar con el plan de igualdad registrado en el organismo pertinente, en su caso. Te dejo un enlace en el que podrás analizar más detenidamente las bonificaciones y otras características de esta forma de contrato.

Contrato Formativo para la Formación en Alternancia

b) Contrato para la práctica profesional:

Como aspecto destacable en este contrato es que el trabajador ya ha obtenido un título formativo y pretende iniciarse en un trabajo relacionado con sus estudios. La finalidad de esta modalidad contractual es dotar de una primera experiencia laboral al trabajador para que se inserte en el sector.

Además, para el empresario se contemplan algunos incentivos siempre que el contrato sea celebrado con personas con discapacidad, permitiendo reducir el 50% de la cuota empresarial de la Seguridad Social correspondiente a las contingencias comunes. Además, si una empresa que cuente en sus filas con menos de 50 trabajadores, decidiera hacer indefinido al trabajador contratado en prácticas, obtendrá una bonificación en las cuotas empresariales a la Seguridad Social, consistente en 500 euros/año, durante tres años, que ascenderá a 700€ si el contrato fuera de una mujer.

Si al finalizar el contrato de prácticas de un trabajador con discapacidad se transforma en un contrato indefinido, podrás acogerte a una serie de bonificaciones. Asesórate al respecto.

En cuanto a sus características, en el contrato para la práctica profesional destacan los siguientes aspectos:

✓ Deberá concertarse una vez terminados los estudios del trabajador en los siguientes tres años, o cinco años si se establece con una persona con discapacidad.

✓ No podrá suscribirse con quien ya haya obtenido experiencia profesional o realizado actividad formativa en la misma actividad dentro de la empresa por un tiempo superior a tres meses.

✓ La duración de este contrato no podrá ser inferior a seis meses ni exceder de un año. Podrá hacerse uso de esta modalidad de contrato, aunque se supere el tiempo máximo de un año si es en virtud de un título académico distinto. Es decir, podrás estar en prácticas un año como fontanero y otro año como electricista puesto que son titulaciones diferentes, salvo que se trate de la misma empresa en la que no podrás estar contratado en prácticas más de un año de ninguna manera.

✓ Se podrá establecer un periodo de prueba que en ningún caso podrá exceder de un mes, salvo lo dispuesto en convenio colectivo.

✓ La empresa deberá asignarte un tutor durante las prácticas y a la finalización del contrato tendrás derecho a solicitar la certificación del contenido de la práctica realizada.

✓ No es posible realizar horas extras, salvo urgente necesidad por accidente.

✓ En cuanto al salario, será el fijado en el convenio colectivo de aplicación, pero en ningún caso podrá ser inferior al que se establezca para el contrato de formación en alternancia ni al salario mínimo interprofesional, en proporción al tiempo de trabajo efectivo realizado.

✓ Cotizarás para desempleo y jubilación.

Usa el código QR para saber más acerca de este contrato:

Contratación adquisición práctica profesional

EL CONTRATO INDEFINIDO

Amigo lector, hasta aquí he tratado los diferentes contratos con duración determinada que en la actualidad existen, y ahora es momento de ver el contrato indefinido y el fijo discontinuo, que, a distinción de los anteriores, no tiene fecha de terminación, lo que no quiere decir que sea perpetuo. Vamos a verlos:

a) El contrato indefinido:
Es la joya de la corona, es el contrato al que todo trabajador aspira por ser el que más seguridad y garantías otorga a los empleados. Decir, que con la actual norma, es el contrato que necesariamente deberá ofrecerte el empleador, salvo que concurran circunstancias que justifiquen la temporalidad del empleo.

En la actualidad existen diferentes beneficios que contempla la ley por concertar una contratación indefinida a trabajadores con la consideración discapacitados, en exclusión social, víctimas de violencia de género, jóvenes, o por la conversión de contratos temporales en indefinidos.

La lista es larga, así que te la facilito en el siguiente enlace:

Guía de Bonificaciones / Reducciones a la contratación laboral

Tienes que estar al loro tanto si eres empleado como empleador, dado que un abuso de los contratos temporales que te he explicado en páginas anteriores tendrán la consideración de fraude y automáticamente convertirán al trabajador en indefinido por ley.

—Espera José que me pierdo, ¿qué quieres decir?

—Puede ser un poco confuso, pero te explico: un contrato laboral podrá celebrarse por tiempo determinado para cubrir las necesidades de la actividad empresarial durante cierto periodo de tiempo y dar lugar a la concertación del contrato por circunstancias de la producción o para la sustitución de persona trabajadora, siempre que se den las circunstancias que lo permitan. Ahora bien, si tu jefe te interrumpe el contrato repetidamente a lo largo del tiempo realizando nuevas contrataciones sucesivas, será un hecho que deberá hacerte saltar las alarmas y acudir a asesorarte, puesto que podrías encontrarte en una situación de contratación fraudulenta, basada en el abuso de contratos temporales que hace tu empresa.

—José, ¿me puedes decir cuáles son las situaciones de abuso más extendidas?

—Cómo no:

1. La reiteración de contratos temporales durante periodos prologados de tiempo.

2. No justificar las causas de contratación temporal o aludiendo razones poco convincentes.

3. Uso de la contratación temporal para cubrir necesidades permanentes de personal en lugar de contratar a empleados de manera permanente.

4. Haber superado el límite máximo de duración de la contratación temporal sin justificación legal adecuada.

Si tuvieras sospechas de encontrarte en una situación asimilada a la que te acabo de exponer, te recomiendo que busques asesoramiento legal para abordar el problema.

b) El contrato fijo discontinuo:

Es un contrato indefinido, pero en el que el trabajador presta sus servicios de manera intermitente en el tiempo, obedeciendo a razones de estacionalidad de la actividad o de la producción, resultando necesario para poder concertar este contrato que la interrupción del servicio del trabajador sea previsible.

Esta modalidad contractual es muy común en el mercado laboral español, siendo ejemplos paradigmáticos los sectores de la hostelería y la agricultura.

Sabemos, porque ya lo hemos aprendido por la experiencia, cuáles son las etapas del año en el que nuestra actividad va a ser más intensa y además, conocemos también que este aumento de la tarea se repite a lo largo de los años durante los mismos periodos. Esto hace que el empresario que realiza actividades ligadas a estos sectores tenga una mayor necesidad de aumentar la contratación en periodos de mayor demanda, dando lugar a la justificación de dotarse de una plantilla de trabajadores que refuercen el servicio en los periodos más álgidos del año.

Igualmente, este contrato está previsto para el desarrollo de trabajos consistentes en la prestación de servicios en el marco de la ejecución de subcontratas (sobre todo en el sector de la construcción) que, siendo previsibles, formen parte de la actividad ordinaria de la empresa.

Asimismo, podrá celebrarse un contrato fijo-discontinuo entre una empresa de trabajo temporal y una persona contratada para ser cedida. Es importante destacar que el contrato se deberá celebrar por escrito, consignándose para qué se está contratando y las circunstancias de la temporalidad. Se determinará el periodo de la prestación del servicio, lo que será determinante para identificar una **falta de llamamiento** en el periodo de temporada para el que se está contratado. Esta falta de llamamiento se puede considerar un despido, y procedería interponer una demanda por despido, lo veremos más adelante.

El criterio por el que se regirá la empresa para decidir el orden en que irá llamando a los trabajadores en situación de fijo discontinuo, normalmente obedece a razones de antigüedad, si bien, esta circunstancia debe estar definida en el convenio colectivo que sea de aplicación o por acuerdo de la empresa. El llamamiento deberá hacerse por escrito en el quede constancia de la recepción por parte del llamado y con una antelación suficiente para que el trabajador pueda preparar bien su vuelta al trabajo.

—José, una cosa: yo era trabajador fijo-discontinuo y en el periodo de parón, mi jefe me llamó por teléfono para notificarme la reincorporación, ¿eso es válido? No, puesto que la notificación tiene que quedar acreditada dejando constancia de la misma. En mi opinión puede ser válido un correo electrónico o un WhatsApp si es el medio habitual de comunicarte con tu jefe, pero lo ideal sería un burofax.

—Y una duda más, ¿qué sucede si me llama para volver al trabajo y no me incorporo?

—Lo más conveniente en caso de que no tengas interés en volver al trabajo es comunicar a la empresa el motivo: bien porque estés de baja o tus circunstancias no te permitan la reincorporación, de lo contrario la empresa lo puede considerar como una dimisión, o plantearte una sanción, inclusive un despido; y ello tendrá consecuencias en la prestación del desempleo.

En cuanto a efectos de calcular la **antigüedad** de un trabajador fijo discontinuo en la empresa, se tiene en cuenta toda la duración de su prestación laboral, computándose inclusive los periodos de inactividad, lo cual repercute en los complementos salariales que se fijen y resto de derechos derivados de la antigüedad en la empresa. Si durante el periodo de parón, percibes la prestación por desempleo, igualmente cotizarás a la Seguridad Social. Además de ello, la empresa deberá comunicar la existencia de vacantes de carácter fijo ordinario, para que si estas contratado como discontinuo, tengas la opción de cubrir una de las vacantes indefinidas con preferencia a terceros. Igualmente, durante el periodo de interrupción, podrás participar en actividades formativas.

José, tengo algunas preguntas: soy empleado fijo discontinuo, durante el periodo de inactividad:

1. ¿Recibo remuneración alguna? La respuesta es que no, y además la empresa no abonará aportaciones de cotización. No obstante, tienes la posibilidad de solicitar la prestación de desempleo si reúnes los requisitos necesarios.

2. ¿Puedo estar contratado a tiempo parcial en lugar de a jornada completa? Sí.

3. ¿Qué hago si transcurrido el periodo de inactividad el empresario no me llama? Puedes considerarlo un despido y emprender acciones legales. Tendrás 20 días hábiles desde que se produce esa falta de llamamiento. Por otro lado, si producido el llamamiento es el trabajador quien no se incorpora al trabajo, salvo que exista causa que lo justifique, se entenderá como un desistimiento.

4. ¿Tengo derecho a finiquito cuando acabe el periodo de actividad? Efectivamente, incluyendo la parte proporcional de las vacaciones no disfrutadas, pagas extraordinarias y todos los complementos salariales que no estén prorrateados.

5. ¿Puedo trabajar en otra empresa durante el periodo de inactividad con un contrato temporal? Generalmente sí, aunque tendrás que comprobar en tu contrato si existe un pacto de exclusividad o de no concurrencia que te lo impida. Si es así, acude a asesorarte.

6. ¿Cuánto tiempo puedo estar «inactivo»? Si tu contrato está ligado a contratas o subcontratas deberá quedar definido en el convenio colectivo o en su defecto por acuerdo de la empresa. En cualquier caso, la norma fija un máximo de tres meses de inactividad, transcurridos te deberán recolocar o estudiar despido.

<u>**EL TRABAJO A DISTANCIA**</u>

Independientemente de la duración de tu contrato, se puede establecer un pacto mediante el cual, siempre que la naturaleza de la actividad lo permita, se acuerde que la prestación laboral se realice a distancia o mediante teletrabajo. Esta es una cuestión relativamente novedosa y que tuvo gran impacto durante la etapa de la pandemia por el Covid-19. Si eres teletrabajador tienes que conocer las peculiaridades de tu relación laboral:

✓ El contrato o pacto de teletrabajo ha de constar por escrito, y tienes que conservar una copia.

✓ En la contratación de menores, y en los contratos en prácticas y para la formación y el aprendizaje, solo cabrá un acuerdo de trabajo a distancia que garantice, como mínimo, un porcentaje del cincuenta por ciento de prestación de servicios presencial.

✓ **No se puede imponer el teletrabajo, es voluntario.** De hecho, tanto la negativa a trabajar a distancia si eres trabajador presencial, o viceversa, no puede ser causa justificada de la extinción de la relación laboral ni de la modificación sustancial de las condiciones de trabajo.

✓ Tienes los mismos derechos que los compañeros que prestan su labor en el centro de trabajo, sobre todo de ámbito retributivo, promoción, tiempo de trabajo, formación y conciliación familiar

✓ El documento que contemple el pacto de teletrabajo o trabajo a distancia, contendrá: mención de los medios, equipos y herramientas que precisarás y el plazo de tiempo para su renovación, gastos que te implique la prestación laboral y el modo en que te los compensará la empresa, horario, distribución del trabajo presencial y a distancia, en su caso; centro de trabajo al que quedas adscrito, elección del lugar de trabajo a distancia, el plazo de preaviso para la conversión del modo de la prestación laboral, los modos de control de la empresa de la actividad y duración del acuerdo de trabajo a distancia.

✓ Si desde el inicio de la actividad laboral prestas tus servicios a distancia, gozarás de prioridad para ocupar puestos que requieran presencialidad bien total o parcial.

✓ La empresa no podrá exigirte la instalación de programas o aplicaciones en dispositivos que sean de tu propiedad, ni la utilización de estos dispositivos en el desarrollo del trabajo a distancia. Recuerda que es obligación de la empresa de dotarte de esos medios.

✓ Igualmente, la empresa deberá respetar tus periodos de descanso laboral, garantizando la ley el derecho a la desconexión digital. Un incumplimiento de este deber comportará sanciones y el derecho a solicitar una indemnización.

✓ En los convenios colectivos, existen reglas sobre esta modalidad de trabajo, consúltalos y asesórate.

Y hasta aquí todo lo relativo a contratos, que debería ser suficiente para que detectes incumplimientos que puedan dar lugar a una reclamación oportuna. Mi consejo es que, cuando sospeches alguna irregularidad acudas a informarte rápidamente para establecer un plan de acción, cuanto más si la acción está sujeta a plazo. En muchas ocasiones, el trabajador ha perdido la oportunidad de reclamar sus derechos por desconocimiento o por dejadez, lo que es mucho más grave. Como decía al inicio de esta obra, mi objetivo es que tengas las pistas necesarias para detectar situaciones de abuso o incumplimientos y no quedes desprotegido ante ellos. Tenemos derechos, ¡recuérdalo siempre!

CONOCIENDO UNA NÓMINA

La nómina, o el recibo individual de salarios, es el documento en el que queda constancia de las retribuciones que percibe el trabajador de modo que pueda comprobar si lo que percibe es lo acordado en el contrato o en el convenio colectivo; además de ello contiene otra información valiosa para los trabajadores las retenciones por IRPF o las cotizaciones a la Seguridad Social. Atento que vamos a conocer este documento con detalle:

RECIBO INDIVIDUAL JUSTIFICATIVO DEL PAGO DE SALARIOS

Empresa: Domicilio: CIF: CCC:	Trabajador: NIF: Núm. Afil. Seguridad Social: Grupo profesional: Grupo de Cotización:

Periodo de liquidación: del .... de .... al .... de ....de 20.....   Total días ☐

	IMPORTE	TOTALES
I. DEVENGOS		
1. Percepciones salariales		
Salario base	....	
Complementos salariales		
....	....	
....	....	
....	....	
Horas extraordinarias	....	
Horas complementarias (contratos a tiempo parcial).....................	....	
Gratificaciones extraordinarias...........................	....	
Salario en especie...	....	
2. Percepciones no salariales		
Indemnizaciones o suplidos		
....	....	
Prestaciones e indemnizaciones de la Seguridad Social		
....	....	
Indemnizaciones por traslados, suspensiones o despidos		
....	....	
Otras percepciones no salariales		
....	....	
A. TOTAL DEVENGADO.............	....	....
II. DEDUCCIONES		
1. Aportación del trabajador a las cotizaciones a la Seguridad Social y conceptos de recaudación conjunta		
%		
Contingencias comunes	....	
Desempleo...	....	
Formación Profesional...	....	
Horas extraordinarias..	....	
TOTAL APORTACIONES..	....	....
2. Impuesto sobre la renta de las personas físicas.............	....	
3. Anticipos...	....	
4. Valor de los productos recibidos en especie	....	
5. Otras deducciones...	....	
B. TOTAL A DEDUCIR.............	....	....
LÍQUIDO TOTAL A PERCIBIR (A – B).............	....	....

.... de .... de 20.....

Firma y sello de la empresa   RECIBÍ

Este es un modelo de nómina oficial, y se compone en cuatro apartados: la cabecera, los devengos, descuentos y el pie de página.

En la cabecera aparecen en el recuadro izquierdo los datos identificativos de tu empleador: denominación, domicilio, número de afiliación a la Seguridad Social y número de CIF, y en el recuadro derecho figuran los datos del empleado: nombre completo, DNI, número de afiliación a la Seguridad Social, el grupo profesional y el grupo de cotización.

¡Muy importante el grupo profesional! También puede que en tu nómina aparezca como «tarifa» que no será más que un número entre el 1 y el 11.

Este dato de la nómina hace referencia a las tareas que tiene que desarrollar el trabajador, quedando bien definidas en el convenio colectivo que sea de aplicación y que tienen efecto sobre la cotización a la Seguridad Social. Como podrás comprobar en la tabla que te dejo en la página siguiente, la norma no fija una cantidad exacta de cotización, sino que establece unos topes mínimos y máximos, que salvo para los grupos 1, 2 y 3, estos límites son idénticos para todos los grupos; ¿quiere esto decir que todos los profesionales englobados en un mismo grupo cotizan lo mismo? No, sino que ello dependerá de las retribuciones que perciba el asalariado; pero como existen los topes, nunca podrá ser superior al límite máximo previsto, por mucho que ganes. La cotización se hará en función a unos porcentajes previstos por la ley y que, dependiendo del tipo de contrato, serán mayores o menores.

Resalto la importancia de esta base de cotización, dado que determinará la cuantía de las diferentes prestaciones de la Seguridad Social, tales como bajas médicas o jubilación; así, cuanto mayor sea tu cotización, más alta será la prestación. Asesórate para conocer si estás cotizando correctamente.

Los grupos profesionales son 11:

Grupo de Cotización	Categorías Profesionales	Bases mínimas euros/mes	Bases máximas euros /mes
1	Ingenieros y Licenciados. Personal de alta dirección no incluido en el artículo 1.3.c) del Estatuto de los Trabajadores	1.759,50	4.495,50
2	Ingenieros Técnicos, Peritos y Ayudantes Titulados	1.459,20	4.495,50
3	Jefes Administrativos y de Taller	1.269,30	4.495,50
4	Ayudantes no Titulados	1.260,00	4.495,50
5	Oficiales Administrativos	1.260,00	4.495,50
6	Subalternos	1.260,00	4.495,50
7	Auxiliares Administrativos	1.260,00	4.495,50
		Bases mínimas euros/dia	Bases máximas euros /dia
8	Oficiales de primera y segunda	42,00	149,85
9	Oficiales de tercera y Especialistas	42,00	149,85
10	Peones	42,00	149,85
11	Trabajadores menores de dieciocho años, cualquiera que sea su categoría profesional	42,00	149,85

Puedes encontrar en tu nómina unos códigos que se identifican mediante las siglas: COD. CT que hacen referencia al tipo de contrato que te mantiene ligado a la empresa, (indefinido a tiempo completo, fijo discontinuo...) te facilito un enlace para que los conozcas:

Códigos tipos de contratos de trabajo

Otro dato importante que debe aparecer en la nómina es la antigüedad, si bien el modelo oficial no lo contempla. Es la fecha en la que te incorporaste a la empresa, y sirve para determinar determinados pluses salariales y derechos ligados a la antigüedad, así como una posible indemnización en caso de despido. La antigüedad ha de quedar referida a la primera incorporación a la empresa, aunque te cambien contratos de manera sucesiva, la antigüedad ha de ceñirse al primero de ellos.

El periodo de liquidación y total de días: simplemente hace mención al mes y número de días trabajados.

Pasamos ahora a la segunda y tercera parte de la nómina, los devengos y deducciones:

En cuanto a devengos, tenemos que distinguir entre salariales y no salariales:

a) Salariales:

Salario base: puede que te sorprenda si en tu nómina observas que lo percibido por salario base es una cantidad inferior al salario mínimo interprofesional (SMI), pero no te preocupes, puesto que esta es la cantidad mínima que deberás cobrar por el total de tus retribuciones, por ello el salario base puede ser menor y será el que se contemple en el convenio colectivo o por acuerdo con el empleador. Para saber si tu salario cumple la normativa en relación al salario mínimo interprofesional, tendrás que añadir al salario base, los complementos o pluses que se contemplen en tu nómina, más las pagas extras y hacer el cálculo. Si el resultado es inferior al SMI, tendrás la opción de reclamar para llegar a ese mínimo establecido por ley. ¡OJO! Algunos pluses (denominados no salariales) que aparezcan en la nómina no pueden computarse a efectos de este cálculo, como pueden ser el de transporte, vestuario o dietas. En la cláusula séptima de tu contrato encontrarás cuál es el convenio colectivo que se aplica en tu profesión y contendrá las tablas salariales, donde especificará cuál es salario base para tu puesto.

Complementos salariales: en este apartado se van a indicar las cantidades percibidas y que estén ligadas a ciertas circunstancias del puesto o del trabajador. Ejemplos de ellos pueden ser el complemento por turnicidad, por nocturnidad, antigüedad, idioma, penosidad del puesto o complejidad, entre otros. Se establecen en el convenio colectivo o por pacto entre empleado y empresa.

Detalle de horas extras y complementarias que has desempeñado, en su caso.

Gratificaciones extraordinarias: son las conocidas como pagas extras que como mínimo debes percibir, una en Navidad y otra según establezca el convenio o el acuerdo laboral, normalmente en verano. Se puede tener derecho a otras pagas extra si así lo dice el convenio. Igualmente, estas gratificaciones pueden estar prorrateadas, por lo que cobrarás la parte proporcional mes a mes. Revísalo.

La suma de estas percepciones va a determinar tu base de cotización sobre la cual se van luego a concretar prestaciones sociales como desempleo, baja laboral, paternidad o jubilaciones. Los complementos no salariales no se tienen en cuenta para calcular la base de cotización.

b) No salariales:

Tienen como objeto cubrir gastos que soporta el trabajador por el desarrollo de su actividad, o atendiendo a la producción de algunos eventos; y por tanto no son salario y no se pueden computar a efectos de cálculo salarial tal y como explicaba unas líneas más arriba. Los más comunes son: plus de transporte, distancia, comidas, vestuario, quebranto de moneda, herramientas.

Deducciones:

Se componen de dos grandes bloques y responden a las aportaciones que como empleado realizas mes tras mes tanto a la Seguridad Social como a Hacienda. En este apartado de la nómina también se reflejan las cuotas sindicales, la devolución de anticipos, aportaciones al desempleo o al fondo de formación. Vamos a ver dónde va a parar nuestro dinero.

El primer bloque es el destinado a Hacienda. El fisco quiere tener dinerito para cumplir con sus funciones y se financia gracias a nuestras aportaciones pagando impuestos. Pues bien, todos los meses adelantamos una parte de nuestra declaración de la renta que presentamos todos los años allá por el mes de junio.

Las retenciones a cuenta del IRPF se practican por la empresa a través de la nómina en función a las circunstancias personales de cada trabajador ya sea porque tenga hijos a cargo, si está al cuidado de dependientes, mayores de 65 años o discapacitados. Cuantas más cargas soporte el trabajador, menores serán sus retenciones. Llegado el momento de liquidar el impuesto, Hacienda comprueba si te tiene que devolver dinero o no, dependiendo de las aportaciones que ya has venido realizando durante todo el año y otros aspectos.

El porcentaje que nos retienen de la nómina para el IRPF se configura conforme a nuestro salario y va incrementándose progresivamente por tramos, cuantos mayores sean tus ingresos. Es importante saber que tienes la opción de solicitar a la empresa que te aumente o disminuya ese porcentaje, que nunca será inferior a un mínimo, para ajustar la tributación a tus intereses, sabiendo que, si no llegas a la cantidad que te corresponda, te tocará pagar cuando presentes el Impuesto de la Renta. Esto es interesante si prefieres cobrar más de manera mensual, aunque luego deberás regularizar la situación fiscal y pagar a Hacienda lo que corresponda.

La otra fisura por donde se nos escapa parte de nuestro sueldo es la correspondiente a la Seguridad Social, que tiene como misión la financiación de diferentes riesgos que cubre el Estado: desempleo, bajas laborales, jubilaciones, maternidad, etc. No obstante, la mayor parte del gasto que cubre estas contingencias son asumidas por el empresario, que cada mes, además de pagar tu nómina realiza un desembolso importante destinado a la Seguridad Social, que puede suponer un 30% de tu salario.

La aportación a la Seguridad Social que te corresponde como trabajador, se compone por el fondo para contingencias comunes, ya que el fondo para contingencias profesionales (accidentes laborales y enfermedades profesionales) es obligación del empresario. El primero se calcula practicando un porcentaje sobre tu base de cotización, la cual se compone de todos los complementos, pluses que figuran en tu nómina más el salario base, la parte proporcional de pagas extras y las percepciones de vencimientos superior al mes, prorrateadas. Excepcionalmente, no computan para calcular la base de cotización las siguientes percepciones:

1. Gastos de locomoción del trabajador que se desplace fuera de su centro habitual de trabajo para realizar el mismo en lugar distinto, cuando utilice medios de transporte público, siempre que el importe de dichos gastos se justifique mediante factura.

—Vaya José, yo uso mi vehículo particular ¿qué pasa en este caso? Pues la cantidad que te abone el empresario por este concepto no va a computarse en tu base de cotización con un límite que es 0.26€ por km recorrido. Lo que exceda de esta cantidad sí computaría en tu base. Esta es la tarifa para el año 2023, que cada año varía.

2. Gastos normales de manutención y estancia generados por realizar el trabajo en un distinto del lugar habitual. Para la estancia no existe límite, exigiéndose que se justifiquen con factura. En cambio, para la manutención existe un límite diario que asciende a 53,34€ diario si el gasto es en España y de 91,35€ si el gasto se hace en el extranjero en caso de haber pernoctado. Si no se pernocta, el gasto de manutención que se excluye de tu base de cotización es de 26,67€ (España) o de 48,08€ si el gasto es en el extranjero.

3. Las indemnizaciones por fallecimiento y las correspondientes a traslados, suspensiones y despidos, hasta el límite que esta-

blezca el convenio colectivo, el exceso sí computará en la base de cotización. En cuanto a las indemnizaciones por despido estarán exentas las cuantías hasta el límite previsto en el Estatuto de los Trabajadores.

4. Las horas extraordinarias, salvo para la cotización por accidentes de trabajo y enfermedades profesionales.

Para terminar este bloque, decirte que existen otras partidas destinadas a desempleo, fondo de garantía salarial, formación profesional, o una cotización adicional por horas extras, recayendo el mayor esfuerzo en tu empleador.

Todo lo relativo a Seguridad Social, es un mundo por analizar puesto que existen tantas posibilidades como trabajadores existen, así que por ello lo que he pretendido en esta materia es simplemente dártela a conocer y crearte consciencia de cómo contribuyes con tu trabajo a financiar el sistema, junto con el empresario, quien es el que asume la mayor parte del gasto.

Ya que conoces, al menos de manera aproximada cómo es tu nómina y sus diferentes bloques, podrás estudiarla y si encuentras algún aspecto que no te cuadre, acude a informarte.

DERECHOS DEL EMPLEADO DURANTE LA VIGENCIA DEL CONTRATO

Ahora te invito a que me acompañes para introducirnos de lleno en conocer los principales derechos que te asistirán durante la vigencia de la relación laboral, tales como permisos, vacaciones, jornada, turnos, protección de riesgos laborales, etc. Pero, antes de nada, quiero dejarte una cosa: la **garantía de indemnidad** como derecho especial, que te protege ante represalias de tu empleador con motivo de que como empleado ejercites reclamaciones en defensa de tus derechos.

—Vale José, parece interesante, explícamelo.

—Es una protección que te ofrece la ley en caso de que denuncies al empresario en el ejercicio de tus derechos laborales. Y es que ante el temor de que el patrón tome represalias contra ti por tratar de defender tus derechos, que pueden ir desde un empeoramiento de las condiciones laborales hasta el despido, seguramente haga replantearte la cuestión y en muchas ocasiones decidas tirar la toalla. Con ello, el empleador gana dos veces, una por mantenerse en el abuso del derecho y otra por evitar ir a un pleito. Es por ello que el derecho laboral contempla una garantía para el empleado que tiene como objeto evitar estos escenarios y proteger al empleado, ofreciendo como respuesta legal a las posibles represalias del jefe la nulidad de las medidas tomadas en respuesta a la acción del trabajador.

Demetrio estaba realizando jornadas más largas de lo convenido y decidió demandar a la empresa para regularizar la jornada. El juez examinó los hechos y estimó la denuncia de Demetrio. A los dos meses de eso, el jefe le mandó una carta de despido alegando motivos de bajo rendimiento poco justificados. Sin embargo, Demetrio rendía exactamente lo mismo que siempre, así que pensó que el cese fue adoptado como represalia a su denuncia e impugnó el despido por considerarlo nulo. El asunto volvió a caer en manos del mismo juez que entendió que el despido fue una rabieta del jefe y ordenó la readmisión del trabajador fijando una indemnización.

He considerado importante explicarte este mecanismo de defensa legal en ámbito laboral porque ahora te mostraré los derechos que te van a asistir durante la vigencia de la relación laboral, y para que no tengas miedo a denunciar aquello que pienses que se está vulnerando, ya que la ley te protege. Claro está que el empresario también goza de protección jurídica y también dispone de recursos legales para la defensa de sus intereses. No puedes olvidar que el empresario es tu empleador, que arriesga su patrimonio y que, mediante su labor, ofrece un valor a la sociedad del que nos beneficiamos todos gracias a disfrutar de su producto o servicio.

La ley laboral trata de equilibrar fuerzas, al mismo tiempo que empodera al empleado no olvida el interés empresarial, promueve la estabilidad laboral y contribuye al desarrollo socioeconómico del país. Ni más ni menos.

¿Preparado? ¡Vamos a ello!

LA JORNADA

La jornada de trabajo es la parte de nuestro tiempo vital que dedicamos a trabajar, de manera que continuamente cambiamos tiempo por dinero. ¿Y cuánto vale nuestro tiempo? Difícil de contestar ¿verdad? Se dice que el tiempo es oro, pero en el ámbito laboral parece ser que ese dicho no aplica bien. Todos tenemos la sensación de que nuestro trabajo no está bien remunerado.

Antes de escribir estas líneas, mientras me tomaba el café en el desayuno leía que más del 50% de los empleados de nuestro país reciben salarios de menos de 22.300€ anuales, que dividido entre los doce meses del año arroja la cantidad de 1.858€. Si dividimos esta cifra entre las 160 horas que deberíamos trabajar al mes, suponiendo que nuestra jornada es de 40 horas semanales, nos da un valor por cada hora trabajada de 11,6€. Ese es el valor medio de la hora que recibe un trabajador, ¿te parece suficiente? Ya sé la respuesta.

Visto que nuestro tiempo no está muy bien remunerado, o eso me lo parece a mí, como poco habrá que intentar que el tiempo que estemos currando sea lo más ameno y agradable posible y eso se consigue, en mi opinión, ejerciendo aquello que nos gusta, nos mueve y motiva; y en segundo lugar, que se desarrolle con el máximo respeto a los derechos laborales.

Pero antes, decirte que la explicación acerca de la jornada que viene a continuación no es de aplicación si te dedicas a cualquiera de los siguientes sectores, pues tienen unas singularidades propias que tendrás que revisar en tu convenio.

✓ Guardas y vigilantes no ferroviarios.
✓ Empleados del campo o forestal.
✓ Comercio y hostelería.
✓ Transporte marítimo y trabajo en el mar.
✓ Transporte por carretera o urbano.
✓ Transporte ferroviario.
✓ Transporte aéreo y personal de vuelo, personal aeronáutico de tierra.
✓ Empleos con riesgos ambientales, mineros, construcción y obras, empleados que desarrollen sus labores en cámaras frigoríficas.

—Genial José, entonces: ¿cómo saber cuál es mi jornada?

—La puedes comprobar en las cláusulas segunda y tercera de tu contrato de trabajo. Ahí verás con detalle cual es la duración y distribución del horario laboral, que deberá ajustarse al convenio colectivo de aplicación. La ley indica que como máximo la jornada no podrá superar las 40 horas semanales en cómputo anual (en 2025 se espera que la jornada máxima sea de 37,5 horas), aunque en el convenio puede establecerse una jornada máxima inferior.

—José que me lío, explica esto mejor.

—Existen tres normas que son nuestra referencia en la relación laboral: Estatuto de los trabajadores, convenio colectivo y contrato de trabajo. Verás, el Estatuto de los Trabajadores establece unos derechos mínimos que pueden mejorarse por los convenios colectivos, y estos a su vez por los contratos de trabajo, tanto en materia de jornada como en cualquier otro ámbito laboral: aunque la ley determine que la máxima jornada es de 40 horas semanales, esta previsión puede ser mejorada por convenio colectivo fijando una jornada máxima inferior a esas 40 horas semanales, mejorando lo que dispone el estatuto. Pero hay más, si tu contrato de trabajo establece que la jornada es de 35 horas semanales, ese será el tope máximo. Te aconsejo que busques en Google el convenio y el contrato, y compruébalo. Seguimos.

—¿Puedo trabajar una semana 42 horas y otra 38?

—Efectivamente, es lo que se conoce como una distribución de la jornada irregular, pero tiene como tope el previsto en el contrato o como máximo el 10%. Considerando que la jornada es de 1.760 horas anuales, el 10% son 176 horas que pueden repartirse para trabajar durante una hora más en invierno y luego compensarlas para hacer jornada intensiva los meses de verano. El empresario deberá de preavisar al empleado con al menos 5 días de antelación de la modificación de la jornada con motivo de lo comentado. No vale que el jefe, te imponga trabajar durante los días normales de tu descanso (el sábado, por ejemplo) con base a una distribución irregular de la jornada, eso sería una modificación sustancial de las condiciones de trabajo que lo veremos más adelante. Que no te la cuelen…

Continuamos con más aclaraciones: entre el final de una jornada y el inicio de otra debe respetarse un periodo de descanso mínimo de 12 horas que no puede solaparse con el descanso entre semanas que es de 36 horas. En la práctica se traduce en que legalmente el descanso semanal de 36 horas no empieza sino hasta que transcurren doce horas desde la finalización de la última jornada laboral. Sin embargo, esta regla admite matices en un trabajo con distribución de la jornada a turnos rotativos.

> Dámaso terminaba su jornada laboral el sábado a las 22:00 horas, descansaba el domingo y se incorporaba nuevamente los lunes a las 10:00. Hizo los cálculos y comprobó que desde que finalizaba su jornada el sábado hasta que volvía a empezar el lunes transcurrían sólo 36 horas, por lo que no se respetaban los mínimos legales de descanso (12 horas de descanso entre jornadas y las 36 horas de descanso semanales). Impugnó y ganó. Además, consiguió una indemnización por verse obligado a trabajar durante periodos de descanso legal.

La jornada diaria no puede superar como regla general las 9 horas, u 8 para los trabajadores menores de edad, incluyendo el tiempo dedicado a la formación (recuerda los contratos para la formación en alternancia explicados unas páginas anteriores).

—Pero, José, no sabía que los menores podían trabajar.

—Claro que sí, pero ojo, siempre que hayan cumplido 16 años, aunque en sectores como el cine o las artes pueden ser incluso niños pequeñitos, pero necesitan una autorización especial de sus progenitores.

Tu jefe debe elaborar anualmente un calendario laboral y exponerlo en un lugar visible en el centro de trabajo y ha de mostrar los días de trabajo con sus horarios, los días festivos y las vacaciones anuales.

Y ahora te pregunto yo a ti amigo lector: ¿crees que es necesaria una jornada de 8 horas para mantener el actual sistema productivo? O dicho de otra manera ¿piensas que podrías producir lo mismo o más en menos tiempo si se dieran las circunstancias apropiadas? El debate está sobre la mesa y son muchos los que piensan de manera afirmativa, entre ellos un servidor. Se trata de eficiencia y productividad y ambas van de la mano con la motivación del trabajador... véase el ejemplo de países situados un poco más al norte del Mar Cantábrico, Francia sin ir más lejos tiene una jornada laboral diaria de 35 horas desde el año 1998 y son el país más potente de la Unión Europea junto a los germanos. Podríamos preguntarles como lo hicieron ¿verdad?

Parece ser que en este 2024 vamos a ver rebajar nuestra jornada, veremos…

TAKE A BREAK, LA HORA DEL BOCADILLO

—José, ¿cuánto tiempo tengo de descanso durante la jornada?

—Comprueba tu convenio o contrato, y si no dice nada, siempre que la jornada diaria supere las 6 horas, al menos te corresponden 15 minutos para comer o para hacer abdominales, eso es asunto tuyo. Pero si eres menor de 18 años y tu jornada supera las 4 horas y media, el tiempo de descanso no podrá ser inferior a 30 minutos. ¡Ah!, otro aspecto importante: para que se considere tiempo efectivo de trabajo remunerado ha de establecerse en el convenio o el contrato. Si no dice nada… no se paga y no computa como tiempo de trabajo efectivo.

—¿Cuándo se pone el contador de tiempo en marcha a efectos de cómputo de jornada?

—Desde que te encuentres en el puesto de trabajo. No podemos contar el tiempo que dedicamos a desplazarnos o prepararnos. Para el cómputo deberá registrarse de manera fehaciente la hora de inicio y de finalización, esta medida es una doble garantía, tanto para el trabajador como para el empresario; con esta herramienta el trabajador evita que el empleador abuse de su tiempo, mientras que este podrá demostrar un despido objetivo por incumplimiento de horario.

—¿Cómo se puede registrar el horario? ¿Me pueden obligar a poner el dedo o tomar una foto en la que aparezca mi imagen en el lugar de trabajo?

—NO, puesto que existen otros medios igual de eficaces para realizar el control de presencia en el puesto de trabajo y que no invaden aspectos privados como tu imagen o huellas biométricas. En noviembre de 2023 la Agencia Española de Protección de Datos publicó una guía en la que se explica esto de manera amplia, así que, si aún se sigue utilizando este método de control en tu empresa, asesórate porque es muy posible que esté fuera de la legalidad.

<u>LA CONCILIACIÓN DE LA VIDA LABORAL Y FAMILIAR</u>

En la norma laboral y en los diferentes convenios colectivos se articulan medidas para que puedas disfrutar de tu familia de una manera compatible con el ejercicio de tus obligaciones laborales. Si yo te preguntase en este momento ¿qué es para ti lo más importante? Podrás decirme que tu trabajo, tu salud, el bienestar económico o la familia. Igual de lícito sería si la respuesta fuera el perro o el medio ambiente. Aquí para gustos, colores. Sea como fuere, la ley laboral nos otorga el derecho de adaptar la duración y distribución y la forma de prestación de la jornada, incluyendo la modalidad del trabajo a distancia, de manera que sea compatible con los intereses de la empresa, justificando tu petición en el cuidado de los hijos mientras sean menores de 12 años.

También puedes justificar la solicitud si siendo mayores de esa edad necesitan cuidados especiales o si necesitare los cuidados tu cónyuge o pareja de hecho, familiares por consanguinidad hasta el segundo grado, así como de otras personas dependientes cuando, en este último caso, convivan contigo en el mismo domicilio, y que por razones de edad, accidente o enfermedad no puedan valerse por sí mismos. En todos los casos deberá justificarse razonablemente.

Recomiendo que la petición la hagas por escrito, en el que deberás establecer el horario que mejor te convendría y argumentar (con papeles) los motivos por los cuales necesitas adaptar tu jornada, ya que cuanto mejor acreditadas queden tus circunstancias, más posibilidades de éxito tendrá la petición. El empresario dispone de un plazo de 15 días para contestar, y podrá admitir la súplica, ofrecer una alternativa o desestimar. Pero si opta por lo último no podrá denegar el permiso sin más, sino que tendrá que fundamentar muy bien su decisión. Pasado el plazo indicado, si no recibes noticias al respecto, ¡enhorabuena! se entiende concedido.

Mientras me preparaba a redactar estas líneas, me sorprendía una noticia que aparecía en algunos medios de comunicación relacionada con el asunto que ahora tratamos, y explicaba que los juzgados están recibiendo una avalancha de demandas interpuestas por los trabajadores solicitando el auxilio del juez porque, habiendo solicitado de la empresa el permiso para teletrabajar fundamentado en que así le es más fácil conciliar vida laboral y familiar, el patrón se lo ha denegado. Esto quiere decir dos cosas: que hay muchos trabajadores interesados en el teletrabajo y que la empresa no parece muy por la labor. Hecho este paréntesis, te recuerdo que, presentado el escrito, conserves a buen recaudo una copia sellada para acreditar su presentación.

—Guay José ¿Y si me deniegan el permiso, que puedo hacer?

Tienes la posibilidad de iniciar una reclamación judicial, pero date prisa porque dispones de un plazo de tan sólo 20 días hábiles para impugnar la negativa del empresario, en la que además de pedir el derecho a la conciliación, podrás pedir una indemnización por los daños y perjuicios creados. El proceso es rápido, primero vas a conciliación (trámite previo antes de ir a juicio) y si tampoco se consigue el derecho, se manda el papeleo al juzgado, una vez que su señoría reciba la demanda te citará a juicio y después de su celebración en un plazo de tan sólo tres días, tendrás la sentencia en la que se conceda o no tu petición. Acude a asesorarte, no te quedes con dudas.

HORAS EXTRAS

Amigo lector ¿eres de aquellos currantes que no mira el reloj y haces tantas horas extras como puedes, o prefieres ganar menos y tener más tiempo? Imagino que según tus necesidades ¿verdad? Bien, en cualquier caso, las horas extras están reguladas y ahora toca abordarlas.

Como ya sabes, una hora extra es toda aquella que sobrepasa las establecidas como jornada ordinaria en nuestro contrato y su realización es **voluntaria**, salvo que en el convenio o en el contrato se diga lo contrario. Diferentes son los tiempos de trabajo que haya que invertir en caso de extraordinaria necesidad, puesto que la ley impone la obligación de ejecutar las horas que sean necesarias para **reparar averías urgentes no previstas**, pero deberán ser compensadas como veremos ahora. Si se rompe una tubería y la fábrica se está inundando, no podrás dar de mano hasta que la situación se normalice.

—José, de vez en cuando hago horas, pero ¿cómo se remuneran?

—Para conocer el valor de las horas extras es preciso que acudas a tu convenio o contrato, pero, en cualquier caso, **el valor de una hora extra no puede ser inferior a la ordinaria** y cabe la posibilidad de que se te compense en el mismo tiempo de descanso. Es decir, o se pagan o se compensan en descanso, así, por cada hora extra realizada, se te debe compensar con otra hora de descanso de jornada ordinaria. Si no se dice nada al respecto ni en tu contrato ni el convenio, se tienen que compensar con tiempos de descanso en los siguientes cuatro meses a su realización

—Y ¿puedo hacer tantas horas como quiera o me ofrezcan?

—No, verás, si eres menor de 18 años no podrás echar horas extras, tampoco si eres un trabajador nocturno que tienes una jornada superior a 8 horas diarias en un periodo de quince días o si eres empleado con la jornada reducida. Para el resto de trabajadores, como máximo son 80 horas extraordinarias al año (hay que tener presente que las que te compensen en descansos no computan a efecto del tope mencionado). Superar este límite puede acarrear responsabilidad para el empleador con multas de más de 6.000€, recuérdaselo por si se le había olvidado, o quizá ni lo sepa, ¡ah! y que no se te olvide registrar las horas extras en el parte de jornada diario.

EL TRABAJO NOCTURNO

Quiero que estas líneas sirvan de homenaje a todo el trabajador que tenga que prestar sus servicios de noche. El mero hecho de tener que estar en pie mientras todo el mundo descansa, para mí ya es digno de admiración. Además, tener que llevar la vida al revés, implica la asunción de una serie de dificultades añadidas traducidas en efectos negativos para la salud física, mental y social de los empleados, debido a la interrupción de los ritmos naturales del sueño, la exposición a la luz artificial y la dificultad para conciliar la vida laboral con la vida personal y familiar.

Colectivos de seguridad, sanitarios, transporte, mantenimiento, hostelería, alimentación y todos aquellos que integran lo que conocemos como personal de servicios básicos para la sociedad y trabajadores nocturnos en general, merecen mi reconocimiento y aplauso. Gracias. Y no sólo para mí, sino que también la legislación les reconoce un estatuto jurídico propio y les dedica una serie de protecciones adicionales.

Are you ready? Let´s go!

Se considera trabajo nocturno todo el servicio prestado entre las 22:00 y las 06:00; mientras que es **trabajador nocturno**, aquel que realice normalmente en periodo nocturno una parte no inferior a tres horas de su jornada diaria de trabajo, así como a aquel que se prevea que puede realizar en tal periodo una parte no inferior a un tercio de su jornada de trabajo anual.

La retribución que percibas tiene que ser la fijada en el convenio colectivo y se prohíbe la realización de horas de servicio nocturno para menores de 18 años o para las mujeres embarazadas o en periodo de lactancia siempre que comporte un riesgo para su salud o la del bebé.

Como decía, el trabajo nocturno comporta una mayor penosidad y afectación a la salud, por ello, el empresario deberá velar especialmente por sus empleados nocturnos ofreciendo **revisiones de salud periódicas**, tanto que si se te detectan problemas de salud ligados al trabajo nocturno tendrás derecho a ser destinado a un puesto de trabajo diurno que exista en la empresa y para el que seas profesionalmente apto.

Normalmente el trabajo nocturno está mejor remunerado que el diurno, así que como siempre digo, es importante que consultes tu convenio colectivo aplicable para conocer en detalle las condiciones específicas de remuneración y otros beneficios relacionados con el trabajo nocturno.

EL TRABAJO CON JORNADAS ROTATORIAS O TURNOS

Este tipo de contrato genera unas dificultades añadidas para trabajadores que son dignas de protección. Aquí no hay mucho que explicar: el trabajo a turnos es el que se desempeña en distintos horarios a lo largo de un periodo de tiempo. Bien estás tres días de mañana, luego otros tres de tarde y luego descansas otros tres, bien trabajas dos días de mañana, dos de tarde y dos de noche… las opciones pueden ser infinitas. De cualquier manera, si por la actividad de la empresa te ves en la necesidad de trabajar de noche varias jornadas, el estatuto de los trabajadores dispone como límite máximo, la realización del trabajo nocturno durante dos semanas consecutivas, salvo que te adscribas al turno nocturno voluntariamente.

Para el empresario se establecen los mismos deberes en materia de salud del personal rotativo que las establecidas para el trabajador nocturno, y en cuanto a las retribuciones suele ser común que en el convenio se acuerde un plus por turnicidad, revísalo. Además de ello si estás formándote, tienes la posibilidad de pedir la adaptación al turno que mejor te convenga para simultanear la educación con la tarea laboral.

En cuanto al descanso mínimo entre jornadas, destacar que, si no se pueden respetar las doce horas por la configuración del turno, la ley permite que se reduzca el descanso entre jornadas a siete horas, mientras que las cinco restantes deberán de compensarse inmediatamente. En cambio, para el descanso ordinario semanal también es admisible que en lugar de tomar medio día de descanso cada semana, puedas optar por acumular este medio día de descanso durante varias semanas y luego disfrutarlo en un solo período más largo. Consulta tu convenio, seguro que hace una mejora de esto.

EL DESCANSO SEMANAL

Bien, y ¿qué sería de un trabajo sin un mínimo descanso semanal? Pues un tostón muy grande y que nadie soportaría. Yo al menos no conozco a día de hoy a nadie que trabaje los 365 días al año. Cada vez valoramos más nuestro tiempo y tratamos de trabajar lo menos posible, en el buen sentido de la expresión. No me refiero a ser unos vagos ni nada por el estilo, sino que la tendencia actual pasa por elegir profesiones que nos permitan gozar del mayor tiempo libre que sea posible. Pero hasta que el ser humano no consiga transformar el actual sistema laboral de intercambiar tiempo por dinero, no nos queda otra que arremangarnos, y luchar al menos, para que se respeten todos nuestros derechos, entre ellos el merecido derecho al descanso.

Actualmente la norma establece un descanso semanal de 36 horas, que es lo mismo que decir de día y medio, que se concreta en la tarde del sábado y todo el día del domingo, o bien el domingo y la mañana del lunes. Está permitido que el medio día de descanso sea acumulado por periodos más largos y se distribuya el descanso de manera que puedas disfrutar de días completos. Al respecto, no pierdas de vista lo previsto en tu contrato o en tu convenio ya que pueden fijarse unos descansos semanales más amplios, y tan contentos. Ahora bien, si eres menor de edad, el descanso que te otorga la ley es de dos días ininterrumpidos a la semana.

<u>**OTROS PERMISOS**</u>

La norma atribuye a los trabajadores unos periodos de permiso retribuidos al producirse ciertos eventos que te van a ser muy útiles conocerlos. Para solicitarlos, basta con dirigir una petición justificada con un preaviso suficiente. Ahí van:

✓ **Bonus de quince días naturales: por matrimonio o pareja de hecho.** Ahora tú sabrás si los empleas en irte de luna de miel o en pintar la casa. Asunto tuyo. Por cierto, no es necesario que pases por el altar y luego banquete, basta con presentar el certificado de matrimonio o Registro de pareja de hecho.

✓ **5 días hábiles por accidente o enfermedad grave, hospitalización o intervención quirúrgica** sin hospitalización que precise reposo domiciliario de tu cónyuge, de tu pareja de hecho o de tus hermanos y cuñados, los abuelos y nietos. Y también incluye la norma a otra persona con el único requisito de que seáis convivientes y precise de tus cuidados.

✓ **2 días hábiles en caso de fallecimiento de tu cónyuge, de tu pareja** de hecho o de tus hermanos y cuñados, los abuelos y nietos. Y si precisas desplazarte fuera de tu localidad el permiso es de 4 días hábiles.

✓ **1 día hábil por mudanza.**

✓ **El tiempo indispensable para el ejercicio de funciones sindicales.**

✓ **El tiempo indispensable, para que acudas a exámenes prenatales y técnicas de preparación al parto;** para el cumplimiento de un deber inexcusable, como pueda ser ir a juicio, firmar escrituras, trámites necesarios para la adopción de un niño, acudir a citas médicas, ir a las urnas…

✓ La ley también contempla la facultad del trabajador de ausentarse del trabajo durante **el tiempo indispensable por causa de fuerza mayor** cuando sea necesario por motivos familiares urgentes relacionados con familiares o personas convivientes, en caso de enfermedad o accidente que hagan indispensable su presencia inmediata.

✓ **Una hora de ausencia del trabajo,** que podrás dividir en dos fracciones, para el **cuidado de un lactante** hasta que cumpla nueve meses. Si el parto o la adopción es múltiple, este tiempo se ampliará proporcionalmente. La ausencia de jornada diaria la podrás sustituir por una reducción de tu jornada en media hora con la misma finalidad o acumularlo en jornadas completas (si así se prevé en tu convenio colectivo). Este derecho es propio y no lo puedes traspasar a tu pareja para que ella acumule tu hora. Además, el periodo de disfrute podrá extenderse hasta que el lactante cumpla doce meses, con reducción proporcional del salario a partir del cumplimiento de los nueve meses.

✓ También tienes derecho a **ausentarte una hora del trabajo en el caso de nacimiento prematuro de tu bebé** o que, por cualquier causa, deba permanecer hospitalizado a continuación del parto. Así mismo, podrás reducir tu jornada hasta un máximo de dos horas, con reducción proporcional de salario. Para disfrutar este permiso tienes que realizar la petición con preaviso de 15 días.

✓ **Por cuidado de hijo menor de 12 años o de una persona con discapacidad** que no desempeñe una actividad retribuida tendrás derecho a una reducción de la jornada de trabajo diaria, con la disminución proporcional del salario entre, al menos, un octavo y un máximo de la mitad de la duración de aquella. También podrás disfrutar de esta reducción de jornada si precisas estar al **cuidado directo del cónyuge o pareja** de hecho, o de un familiar hasta el segundo grado de consanguinidad y afinidad, incluido el familiar consanguíneo de la pareja de hecho, que por razones de edad, accidente o enfermedad no pueda valerse por sí mismo, y que no desempeñe actividad retribuida

✓ Existe también la posibilidad de **reducir, como mínimo la mitad de la jornada, en caso de tener un hijo menor de veintitrés años afectado de cáncer o afectado de enfermedad grave y que precise un ingreso hospitalario** prolongado. Mantendrás el derecho a esta reducción hasta que la persona cumpla 26 años; si antes de alcanzar 23 años acreditas, además, un grado de discapacidad igual o superior al 65 por ciento.

Estos permisos son susceptibles de ser mejorados por convenio, inclusive es factible que se permita que el trabajador acumule las fracciones reducidas para disfrutarlas en días completos. Y también hay que considerar que el disfrute de estos derechos tiene que amoldarse a lo previsto en el convenio colectivo, asesórate al respecto.

La denegación de cualquiera de los permisos anteriores te da el derecho a reclamar. Para ello tienes un plazo de 20 días hábiles desde que hayas tenido conocimiento de la negativa. Presentada la reclamación ante el Juzgado de lo Social, te llamarán a una conciliación previa al juicio donde cabe alcanzar una solución «amistosa». De persistir el problema, podrás llevar a juicio a la empresa. Si te decantases por impugnar la decisión empresarial, has de conocer que el proceso judicial será urgente (aunque esto sólo sea en un aspecto teórico) admitida la demanda, el juicio tendrá lugar a los 5 días y el juez expondrá su veredicto en los tres días siguientes. Recuerda que este era uno de los procesos a los que podías acudir a juicio por tu cuenta propia sin abogado ni procurador. ¿Te acuerdas que esto lo expliqué al inicio del libro? Aun así, yo no te lo recomiendo porque seguro que la empresa va a ir bien defendida.

La norma laboral, y con esto cerramos este capítulo, no olvida las dificultades que entraña ser **víctima de violencia de género o víctima de terrorismo**, otorgando el derecho a reducir la jornada con reducción de tu salario o a flexibilizarla, para hacer efectiva tu protección o tu derecho a la asistencia social integral. Espero que no sea el caso.

<u>**VACACIONES**</u>

¡Las vacaciones! Qué largo se hace el año hasta que llegan esos días en los que te olvidas de todo y te centras en ti, sólo en ti y en tu familia. Ya seas de los que disfrutes en la playa, en el campo o en casa con el aire acondicionado enchufado hasta que salten los plomos, la ley dice que te pertenecen como mínimo **treinta días naturales.** No obstante, en el contrato o en el convenio se puede mejorar esta previsión. Por tanto, si tu convenio establece que las vacaciones son de 33 días naturales, eso es palabra de Dios.

Otra cosa será como se establezca el periodo de descanso, que aquí el tema puede ser escabroso. La ley deja que sea por acuerdo con el empresario según permita el convenio colectivo. ¿Y si no hay convenio? Pues toca negociar con el jefe.

—Vale José, ¿tengo el derecho a disfrutar las vacas en agosto?

—Depende de lo que diga tu convenio, ya que la ley guarda silencio al respecto. Lo que sí te dice, es que debes saber con una antelación mínima a dos meses el periodo de disfrute del permiso anual para que puedas planificarte los días de descanso.

—¿Y si el jefe incumple el periodo de preaviso?

—Multa gorda más indemnización de daños y perjuicios.

—Genial José, ¿y si no quiero coger las vacaciones? ¿Me las pueden pagar?

—No, rotundamente no, salvo que no las hayas disfrutado por finalizar tu contrato antes de permitírtelas, en ese caso te corresponde una compensación económica en el finiquito. Por cierto, en el periodo de vacaciones debes cobrar el mismo salario que un mes de trabajo ordinario.

—¿Se pueden fraccionar las vacaciones?

—Sí, por acuerdo entre las partes y si lo establece el convenio.

—¿Qué ocurre si me pongo de parto durante las vacaciones o caigo enfermo y me tengo que dar de baja?

—Se interrumpen y al final de la maternidad/paternidad, o cuando te hayas recuperado, se reanudará el periodo vacacional de las que quedaban por disfrutar.

<u>EXCEDENCIAS</u>

Son permisos laborales que te permiten dejar de prestar tus servicios en la empresa durante periodos determinados de tiempo a la vez que conservas tu puesto de trabajo (condicionado a que existan vacantes en el momento de la vuelta), pero en esta ocasión no son remunerados. Existen diferentes motivos que pueden dar lugar a que tengas la necesidad de solicitar a tu jefe pasar a estar en excedencia.

El primero de los motivos que justifican la petición de la excedencia es la concurrencia de un **interés particular**. ¿Nunca te has planteado que te vendría muy bien pasar un tiempo borrado del mapa, en las Bahamas o quizá en tu apartamento sin que nadie sepa nada de ti? ¿Te ha rondado la cabeza la idea de cambiar de aires y sientes la necesidad de mudarte, realizar un proyecto que tienes en mente o cambiar de profesión? Quizá la excedencia sea tu opción.

La vida nos ofrece mil posibilidades diferentes y por ello gozamos en nuestra norma laboral de un permiso por excedencia que tiene una duración mínima de cuatro meses y máximo de cinco años para que puedas, sin la preocupación de perder tu puesto de trabajo, optar por iniciar un nuevo camino o simplemente descansar durante ese lapso de tiempo. Se trata de la excedencia por interés particular que como único requisito se te exige que tengas una antigüedad en la empresa de un año.

Vale, ya estás de excedencia disfrutando de tu nuevo plan de vida, pero el tiempo pasa y te acercas al límite de tiempo que tienes permitido para estar en excedencia y te planteas reincorporarte a tu trabajo, tienes que saber que la norma nos concede la posibilidad de conservar sólo **un derecho preferente al reingreso en las vacantes de igual o similar categoría** a la suya que hubiera o se produjeran en la empresa.

Esto quiere decir que una vez indiques que tienes la intención de volver, es posible que la vuelta no sea automática, pues como acabo de explicarte cabe la posibilidad de que la plantilla en ese momento esté completa y tengas que esperar a que se produzca una vacante en la empresa.

El segundo de los motivos por los que te puedes marchar de excedencia es por **cuidado de hijos**. En este caso, el tiempo que puedes estar ausente es de tres años.

Otra excedencia es contemplada para el **cuidado de familiares de hasta segundo grado** de consanguinidad o afinidad que por razones de edad, accidente, enfermedad o discapacidad no pueda valerse por sí mismo, y no desempeñe actividad retribuida. Si en lugar de estar casado tienes pareja de hecho, la situación no cambia y tienes el mismo derecho que un matrimonio al uso. Inclusive que el familiar al que tengas que cuidar sea por parte de tu pareja de hecho. La duración en este caso es de hasta dos años.

Por último, antes de pasar a otro tema, recordarte que los convenios colectivos pueden mejorar estos permisos y contemplar periodos de tiempo más prolongados. Y como siempre digo, asesórate, que no te la cuelen.

MODIFICACIÓN DE LAS CONDICIONES DE TRABAJO, ASCENSOS Y REALIZACIÓN DE FUNCIONES DE SUPERIOR O INFERIOR CATEGORÍA

La actividad laboral en la empresa puede variar a lo largo del tiempo. Piensa que la sociedad y las circunstancias cambian continuamente y ello puede repercutir en tu relación laboral. Así, es posible que la empresa se expanda y surjan nuevas posibilidades laborales, o que cambie el sistema de producción y tengas que adaptarte a las nuevas condiciones. Al igual que lo anterior, las previsiones de la empresa pueden no ser las deseadas y verte en una situación laboral comprometida. Ante los cambios de circunstancias en el mercado, la empresa si quiere pervivir, y con ello conservar sus empleos, deberá adaptarse para conseguir los fines propuestos, todo lo cual puede acabar repercutiendo en los empleados de diferentes maneras: cambio de funciones, traslados, automatización de la producción, etc.

Con todo, en la ley existen mecanismos cuyo objetivo es blindar la relación laboral, es decir proteger el empleo; piensa que un principio fundamental que siempre está presente en una relación laboral será el de conservar el empleo, por ello prevalece la regla de conservación del puesto de trabajo, aunque con sus límites, dado que no siempre será viable salvar el puesto. Lo veremos.

No te extrañe si un día el jefe te dice que a partir de determinado momento vas a realizar otras labores diferentes a las que venías haciendo. Es una decisión empresarial que se fundamenta en el poder de dirección que ostenta la jefatura de la organización, aunque tiene que respetar ciertos límites: en primer lugar no podrá mandarte a un puesto ajeno a tu grupo profesional en el que tengas que realizar funciones para las que tú no estás capacitado, porque se exige una formación específica de la que tu carreces.

No obstante, si la empresa alega que, debido a circunstancias técnicas o de organización necesitan «ascenderte» para que hagas funciones superiores, tendrás derecho a cobrar por las funciones que realmente realices; por contra, si lo que te proponen es la realización de funciones inferiores, deberás seguir manteniendo el mismo salario que ya tenías en tu anterior puesto, aunque puedes ver perder algunos complementos que estuvieran ligados a tu puesto de origen.

Realizado el cambio, va pasando el tiempo y sigues ejerciendo en el nuevo puesto sin que se vislumbre la vuelta a tus anteriores obligaciones. Eso se conoce como consolidación del puesto, lo que te facultará, conforme se prevea en tu convenio, a reclamar el ascenso una vez que hayas permanecido en el nuevo destino durante seis meses en un periodo de un año, o de ocho meses en un periodo de dos años.

Otra de las circunstancias que pueden motivar al patrón a cambiarte de funciones puede responder a intereses oscuros y realmente la motivación del cambio de puesto no sea la de cubrir una necesidad para la empresa, sino otra diferente.

—¿Qué quieres decir José?

—Digo que puede que al patrón le ronde la idea de despedirte y está buscando argumentos para hacerlo. Así, te asigna un puesto diferente al que venías haciendo y claro, como no tienes ni idea de cómo hacerlo, te despiden alegando tu falta de adaptación. Tranquilo porque la ley, anticipándose a estas conductas, te protege y establece que el empresario no podrá alegar como causa de despido la ineptitud sobrevenida o falta de adaptación a tu nuevo destino.

Otras importantes decisiones que pueden afectar a tu relación laboral son las que se definen como **modificaciones sustanciales de las condiciones laborales** y que impliquen una modificación de tu jornada de trabajo, horario y del régimen de trabajo a turnos, de tu salario, del sistema de trabajo y rendimiento, de tus funciones o de cualquier otra circunstancia que sea de importancia. La empresa tiene que motivar muy bien cuáles son las razones para ello y además tiene que cumplir una serie de formalidades en materia de negociación con los sindicatos.

El jefe tiene el deber de comunicarte por escrito con un preaviso de 15 días la modificación que te afecte y ante ello tienes tres opciones: aceptar las nuevas condiciones y seguir trabajando; o bien acatar la orden e impugnarla frente al juzgado si no estás conforme —para lo cual dispondrás de un plazo de 20 días desde la comunicación formal—; o por último, cabe la opción de rescindir tu contrato con el derecho a percibir una indemnización de veinte días de salario por año de servicio, prorrateándose por meses los periodos inferiores a un año y con un máximo de nueve meses. Esta última es una opción que la norma atribuye al trabajador, pensada para que ante unas nuevas condiciones laborales, el empleado tenga la facultad de marcharse con una indemnización.

Otra determinación empresarial puede ser **trasladarte a otro centro de trabajo** que implique cambio de tu lugar de residencia. Esta orden puede suponer un trastorno importante, dependiendo de las circunstancias personales y familiares del trabajador. No es lo mismo asumir una mudanza una persona sola a quien inclusive la novedad le podría suponer un plus motivacional, que mover a una familia entera con hijos, con el desarraigo que ello implicaría. Por ello, la norma establece unas previsiones que hay que tener en cuenta: el traslado tiene que estar justificado por la empresa y además te han de preavisar con una antelación de 30 días. En este tiempo tienes que tomar una decisión disponiendo de tres alternativas: la primera: aceptar el traslado, en cuyo caso tendrás derecho a una compensación por los gastos que te origine —la mudanza por ejemplo— en los límites que se prevean en tu convenio; como segunda opción disponible se alza la extinción de tu contrato, percibiendo una indemnización de veinte días de salario por año de servicio, prorrateándose por meses los periodos de tiempo inferiores a un año y con un máximo de doce mensualidades. Y como tercer y última vía acatar la orden y sentarlo en los tribunales a fin de que se determine la justificación o invalidez del traslado, en cuyo caso se determinará la readmisión al centro de trabajo de origen.

—Ostras José, que el jefe me ha mandado a Cuenca y la verdad es que yo allí no pinto nada, ¿qué hago?

—Si no estás conforme, como te decía te quedan dos opciones, irte de manera indemnizada o acatar y luego reclamar. Para realizar la impugnación dispones de un plazo de 20 días hábiles, activando un proceso que se considera urgente y preferente, una vez admitida la demanda se programará una vista en cinco días, que finalizada, se deberá emitir la sentencia en 5 días. El juez puede declarar justificada la decisión empresarial, en cuyo caso tendrás derecho a la finalización indemnizada de tu contrato tal y como se explica más arriba; o injustificada en cuyo caso te asistirá el derecho a ser repuesto en tus anteriores condiciones de trabajo, así como al abono de los daños y perjuicios ocasionados.

LA EXTINCIÓN DE LA RELACIÓN LABORAL: LA DIMISIÓN, LA EXTINCIÓN INDEMNIZADA, EL ACOSO LABORAL Y EL DESPIDO

En nuestra sociedad existe un dicho popular que dice: «quien tiene un trabajo tiene un tesoro». Ciertamente el empleo es una necesidad básica de cualquier persona, pues no sólo es la actividad que le va a permitir cubrir sus necesidades vitales, sino que también es el escenario donde cualquiera desarrolla su intelecto y sus habilidades, lo cual afecta al propio desarrollo de la personalidad de los individuos. Consciente de la importancia que despliega el mercado laboral en el progreso de la sociedad, el objetivo de la normativa es procurar la estabilidad del empleo; no obstante, existen vías para poner fin a la relación laboral, de manera que, ya sea por iniciativa del trabajador o del empresario, cabe la posibilidad de poner fin al vínculo y adiós muy buenas.

Es precisamente ello lo que nos va ocupar la última parte de esta obra, que, por su complejidad y relevancia, te invito a que te sumerjas en las próximas páginas de manera relajada, permite que la mente fluya y detente en cada uno de los siguientes enunciados a fin de que, llegado el temido momento de un despido o bien te invada el deseo de abandonar tu puesto de trabajo, superes el trance con todas las garantías que la ley ofrece. ¿Preparado? ¡Vamos a ello!

En primer lugar, examinaremos una de las causas por las que el trabajador, *motu propio*, puede poner fin a su relación laboral por medio de la **dimisión** del cargo. Para ello únicamente se requiere la firme voluntad de abandonar las tareas sin la necesidad de tener que alegar causa alguna, dado que el trabajo es evidentemente voluntario.

La dimisión del trabajador es una causa válida para extinguir el trabajo. Si barajas esta opción, basta con comunicar a la empresa tu decisión mediante la redacción de un escrito, indicando tus datos personales y la fecha en la que piensas abandonar el barco, con la antelación **que se prevea en el convenio colectivo**, y en su defecto, con un plazo suficiente para que al jefe le dé tiempo a organizar tu relevo o a reorganizar la plantilla (normalmente 15 días). Una vez hecho, entrégaselo a la empresa conservando una copia sellada, y si no te recepcionan la carta o no te ponen tu sello, manda un burofax a la dirección de la empresa que conste en tu contrato de trabajo, así te garantizas que la empresa ha tenido conocimiento de tu decisión.

Cursada la dimisión, tendrás derecho a que la empresa te liquide el finiquito (la parte proporcional a pagas extras y vacaciones no disfrutadas, entre otros) pero no a indemnización. La dimisión no otorga derecho a percibir la prestación de desempleo.

Por cierto, ándate con ojo si un día tu jefe se dirige a ti con una carta escrita en la que consta tu baja voluntaria y muy amablemente te invita a firmarla. Este acto no es más que una simulación de una dimisión del propio trabajador y que realmente esconde un despido. ¡No se te ocurra firmarla! Si lo haces habrás renunciado a tu indemnización y a tu derecho a paro.

Tampoco sería extraño que te plantearas una dimisión si no percibes la nómina puntualmente o incluso acumulas meses sin cobrar, también si en tu trabajo el clima laboral es malo, o si sufres demasiado estrés, o te sientes pisoteado, o te cambian las condiciones de trabajo o te trasladan… en todos estos casos lo mejor **es recibir asesoramiento previo a ejercer cualquier acción**, puesto que existen herramientas legales que te protegen, e incluso podrás conservar el derecho a ser indemnizado en determinadas circunstancias, por ello infórmate ¿de acuerdo?

La otra vía para poner punto y final al contrato laboral por mera voluntad del empleado, es la conocida como la **extinción indemnizada** de la relación laboral. Es una decisión que toma el propio trabajador después de constatar que su empresa le ha **modificado de manera importante sus condiciones de trabajo**. Como sabes, el jefe tiene la potestad de dirigir y organizar la empresa de la manera que mejor estime oportuna para alcanzar los objetivos propuestos, y bajo esta potestad, tiene la autoridad de tomar la determinación de cambiar ciertas condiciones de trabajo de sus empleados, respetando siempre unos límites que garantizan los derechos de sus trabajadores.

—¿Cuándo tiene lugar una modificación laboral que permita la extinción indemnizada del contrato?

—Cuando exista una modificación sustancial de las condiciones de trabajo que afecten, entre otras, a:

a) Jornada de trabajo

b) Horario y distribución del tiempo de trabajo

c) Régimen de trabajo a turnos

d) Sistema de remuneración y cuantía salarial

e) Sistema de trabajo y rendimiento

f) Retrasos continuos en el pago de las nóminas del trabajador

g) Funciones del trabajador

Respecto de esta última —me refiero a un cambio de las funciones—, para detectar una extralimitación poderes de dirección del empleador que afecte a derechos de sus empleados, deberás conocer cuáles son las competencias que se atribuyen al grupo profesional en el que se encuadre tu contrato. Pongamos un ejemplo:

> Javier es un oficial de primera de la construcción, y se encarga de supervisar y controlar la actividad a pie de obra, se ocupa de que los trabajos se adecuen al proyecto y dirige a su equipo para alcanzar los fines previstos. Marcelo, su jefe, se dirigió a él, y le ordenó que a partir de la próxima semana sus funciones se limitarían a subir y bajar material y garantizar que a los peones no les faltara de nada. De un día para otro, pasó de ser un órgano técnico a un mero cargador de material. Este cambio le afectó enormemente, porque, además, perdía una cantidad importante de dinero, por ello optó por extinguir su empleo en la empresa con derecho a percibir una indemnización.

Generalmente los convenios colectivos hacen una clasificación de los diferentes grupos profesionales y detallan cuáles son las funciones que se le asignan a cada uno de ellos. A la inversa de lo sucedido con Javier, a quien degradaron de funciones, puede suceder lo contrario: experimentar un aumento. Este ascenso mantenido durante más de seis meses en un año, o de ocho durante dos años, otorga el derecho al empleado a reclamar el ascenso si así está previsto en su convenio colectivo, y en todo caso, a percibir la remuneración adecuada a las funciones de superior categoría.

Una vez que Javier detectó que se había producido una modificación importante de sus condiciones de trabajo, tuvo tres opciones:

a) Acatar la orden sin más.

b) Solicitar la extinción indemnizada del contrato de manera automática. Para lo cual el trabajador deberá de comunicar su decisión a la empresa de forma escrita, petición que puede ser estimada o desestimada.

c) Acatar la orden e impugnar la decisión empresarial frente a los juzgados. Esta vía exige que el trabajador continúe prestando los servicios hasta que el juez tome una decisión. Si su señoría entiende que la modificación es injustificada, declarará la extinción de la relación laboral de manera indemnizada; o bien puede ser que entienda que la decisión empresarial fue justificada y mantenga en vigor la relación laboral.

Otro supuesto en el que cabría solicitar la extinción indemnizada es por la existencia de **acoso laboral**, lo cual podría llegar a suponer inclusive un posible delito previsto en el Código Penal. En el ámbito del trabajo estas conductas se conocen como *mobbing* laboral y pueden obedecer a diversas causas: castigar a un empleado poco disciplinado, marginarle para evitar que deje en evidencia a sus superiores, infundirle miedo para tratar de que sea más productivo, satisfacer la propia personalidad del acosador o, conseguir que el hostigado abandone voluntariamente su puesto de trabajo ahorrando a la empresa la indemnización por despido.

—¿Cómo puedo identificar comportamientos de acoso José?

—Te cuento, las conductas que puedan incurrir en acoso son múltiples, y pueden provenir tanto de superiores como de empleados. A modo de ejemplo, en el Protocolo de Actuación Frente al Acoso Laboral en la Administración General del Estado, se recogen las siguientes conductas que pueden ser indicios de acoso laboral:

1. Dejar al trabajador de forma continuada sin ocupación efectiva, o incomunicado, sin causa alguna que lo justifique.

2. Dictar órdenes de imposible cumplimiento con los medios que al trabajador se le asignan.

3. Ocupación en tareas inútiles o que no tienen valor productivo.

4. Acciones de represalia frente a trabajadores que han planteado quejas, denuncias o demandas frente a la organización, o frente a los que han colaborado con los reclamantes.

5. Insultar o menospreciar repetidamente a un trabajador.

6. Reprenderlo reiteradamente delante de otras personas.

7. Difundir rumores falsos sobre su trabajo o vida privada.

> Pedro había sido responsable de departamento en su empresa durante 7 años. A lo largo de ese tiempo todo iba a la perfección, hasta que llegó Pepe que había sido nombrado como jefe superior de Pedro. Pedro sospechaba que no caía bien a Pepe y pronto fue corroborando sus sospechas. Pepe siempre que podía, dejaba en ridículo a Pedro en presencia de todos los empleados, tanto que hasta le puso un mote. Las cosas fueron a peor, puesto que Pepe ahogaba a Pedro encargándole más trabajo del que podía soportar, con el ánimo de menguar su prestigio en la empresa. Esta situación se prolongó durante meses y derivó en un trastorno de ansiedad de Pedro con pérdida de autoestima. Acudió a buscar asesoramiento y planteó una demanda de extinción indemnizada del contrato que prosperó y recibió una buena indemnización.

Además de la extinción indemnizada, Pedro podría haber optado por otras vías, como una denuncia a Inspección de Trabajo, haber puesto en conocimiento de los representantes sindicales o de la dirección de la empresa la situación para iniciar un expediente de investigación interno, o presentar demanda por vulneración de sus derechos fundamentales ante los juzgados de lo Social, o de reclamación de daños y perjuicios.

Amén del hostigamiento laboral expuesto en las líneas anteriores, en el ámbito laboral, también cabe una forma de acoso de tintes sexistas o con fines sexuales, que, si bien pueden afectar a cualquiera, es mucho más visible el que sufren trabajadoras a cuenta de superiores o de otros compañeros. El acoso sexual tiene la finalidad de conseguir satisfacer deseos libidinosos del propio acosador. Estos escenarios acaban por afectar a los acosados no sólo en la faceta profesional, sino en lo personal, inclusive mermando su propia salud. La intensidad del acoso puede ser desde leve, casi inadvertida, hasta grotesca.

Veamos algunos ejemplos de acoso leve en ámbito laboral: hacer chistes de contenido sexual, ofrecer piropos a compañeras, invitaciones a café constantes o «tomar algo después del trabajo», el envío de mensajes reiterativos, acercamiento físico fuera de lo socialmente aceptado, etc. En cambio, dar abrazos, susurrar a los oídos, hacer tocamientos, acorralamientos o solicitar experiencias sexuales explícitas no consentidas, son casos mucho más evidentes y que deberían de hacerte saltar todas las alarmas.

Si tienes la más mínima inquietud al respecto, no lo dudes y denuncia la situación; para ello puede servirte un modelo oficial de denuncia que puedes presentar ante la dirección empresarial para activar el protocolo de acoso. Además de activar una investigación interna, las conductas de acoso pueden ser denunciadas a la jurisdicción social, incluso penal. Busca información.

MODELO DE DENUNCIA POR ACOSO

SOLICITANTE

☐ Persona afectada ☐ Área/Servico de Prevención ☐ Recursos Humanos ☐ Unidad directiva afectada

☐ Comité de Seguridad y Salud ☐ Delegados/das de prevención ☐ Otros

TIPO DE ACOSO

☐ Moral/Laboral ☐ Sexual ☐ Por razón de sexo ☐ Por razón de la orientación sexual

☐ Otras discriminaciones (Especificar)

DATOS PERSONALES DE LA PERSONA AFECTADA

Nombres y apellidos　　　　　　　　　NIF　　　Sexo

☐ H　☐ M

Teléfono de contácto

DATOS PROFESIONALES DE LA PERSONA AFECTADA

Centro de trabajo　　　　　　Unidad directiva

Vinculación laboral:

☐ Funcionario/a ☐ Estatutario/a ☐ Interino/a ☐ Laboral fijo ☐ Laboral temporal

☐ Grupo ☐ Nivel ☐ Antigüedad en el lugar de trabajo

DESCRIPCIÓN DE LOS HECHOS

DOCUMENTACIÓN ANEXA

☐ Si. (Especificar)　　　　　　☐ No

SOLICITUD

☐ Solicito el inicio del Protocolo de actuación frente al Acoso …

LOCALIDAD Y FECHA　　　　　**FIRMA DE LA PERSONA INTERESADA**

Hasta aquí hemos tratado la extinción de la relación laboral por propia voluntad del trabajador. A continuación, abordaremos la extinción del empleo por voluntad del empleador: el despido.

La extinción de la relación laboral por decisión empresarial se llama **despido**. El cese por decisión del jefe tiene que estar bien justificado, y no son válidas argumentaciones débiles o poco creíbles. Actualmente la norma contempla dos vías para que la empresa pueda plantarte en la calle: es el **despido por causas objetivas o el despido disciplinario**. Vamos a verlos:

El patrón puede argumentar un despido por **causas objetivas** cuando alegue que no te adaptas a tu puesto de trabajo y no cumples con las exigencias que se esperaban, la ley le llama a esto «ineptitud del trabajador». Suena mal, pero finamente te están llamando inútil. Ahora bien, si te hacen un contrato de trabajo con periodo de prueba y lo superas, luego que no digan que no sirves para el puesto, porque ya no podrán alegar esta ineptitud puesto que superaste la prueba.

También cabe excusar el despido objetivo cuando la empresa, después de hacer cambios técnicos en el puesto de trabajo que sean necesarios (por ejemplo, la implantación de nuevas tecnologías), no te adaptares a ellos. Pero antes de despedirte, deberán de haberte ofrecido formación para adecuarte al cambio. Finalizada la formación, el jefe deberá esperar dos meses para observar si acabas desarrollando bien las tareas tras el cambio, de lo contrario ya sí podría prescindir de tus servicios.

La tercera vía legal prevista del despido se fundamenta en causas económicas, técnicas, organizativas o de producción, o, dicho de otro modo: por **razones de interés empresarial**. Entre ellas, quizá la más clara sea la de una situación económica empresarial mala: es difícil mantener los empleos si la empresa marcha mal, es decir que tenga pérdidas. No obstante, puede darse el caso de que la empresa vaya mejor que nunca, pero en cambio haya realizado una reorganización de sus recursos y ya no precise contar con determinados puestos, es lo que se conoce como la amortización del puesto de trabajo. Ello traería consigo que si eres de los desafortunados que desarrollan el puesto a extinguir te veas en el desempleo en un futuro cercano; ahora bien, la extinción del puesto ha de ser total no siendo válido que te despidan y luego manden a cubrir el mismo puesto a otro compañero basándose en el despido por causas organizativas.

—José, hasta aquí todo entendido, pero ¿me puedes explicar cómo ha de ser el despido para ajustarse a la ley?

—Decirte que el despido es una decisión empresarial extrema y por ello tiene que estar bien argumentada, con explicación de las circunstancias que la originan y su conexión con las causas legales que la permiten. Gracias a ello, permite que la autoridad laboral pueda analizar bien si concurre una causa legal en el despido o no.

La comunicación del despido debe efectuarse con un preaviso de 15 días por escrito y venir acompañada de una indemnización equivalente a veinte días por año de servicio, prorrateándose por meses los periodos de tiempo inferiores a un año y con un máximo de doce mensualidades. Una vez que conoces que el despido es inminente, la ley te otorga durante el periodo de preaviso una licencia de 6 horas semanales para ausentarte de tu puesto con el objeto de que busques un nuevo empleo.

Cabe que no estés conforme con la extinción de tu contrato, así que tienes vía libre para asesórate y estudiar las acciones disponibles, incluso plantear una **impugnación del despido objetivo**. Veamos sus efectos:

Como en otras acciones, el plazo para proceder a la impugnación judicial es de 20 días hábiles. Una vez analizada la extinción laboral pueden darse tres escenarios: **la procedencia, la nulidad o la improcedencia del despido**. La procedencia confirma que la decisión empresarial es conforme a derecho y ello te atribuye el derecho a la indemnización de 20 días por año cada año de servicio prestado con un máximo dc 12 mensualidades.

Para que el juez **califique como nula la extinción laboral**, deberá basarse en cualquiera de las siguientes circunstancias: que el despido tuviera como **causa la vulneración de derechos fundamentales y libertades públicas** reconocidas en la constitución; cuando la decisión de cese se haya adoptado con motivo de disfrutar de un permiso de paternidad, o de adopción, por riesgo durante el embarazo, mientras haces uso del permiso de lactancia, o permiso paternal de ocho semanas por razones de cuidados de hijo menor de ocho años igualmente. Si después de disfrutar el permiso por nacimiento eres despedido dentro de los doce meses siguientes al nacimiento o adopción del bebé. Quiero resaltar que el despido será nulo, siempre que la causa del mismo se fundamente en el hecho de que el trabajador estuviera disfrutando cualquiera de los permisos citados. Cabría pensar pues, que todo despido así sucedido sería nulo, pero no podemos olvidar, que cuando concurra causa disciplinaria —a pesar de que la empleada estuviere de permiso por maternidad— podría calificarse el despido procedente.

También el juez declarará nulo el despido de la mujer trabajadora embarazada, el del empleado mientras disfrute o con ocasión de solicitar el permiso de 5 días para el cuidado de un familiar hospitalizado o que precise cuidados por enfermedad grave; el permiso de dos días por fallecimiento de familiar; también del permiso de un día por mudanza, para el cumplimiento de deberes inexcusables o por realización de labores sindicales. La lista continúa, así que acude a un profesional si te ves en alguna situación similar.

De certificarse la nulidad del despido, como trabajador tendrás derecho a ser readmitido, con abono de los salarios dejados de percibir, y en su caso, recibir una indemnización.

—Una pregunta José, mi mujer ha sido despedida estando embarazada, ¿sólo por eso podemos impugnar el despido?

—Efectivamente, y si el motivo fundamental del despido fue el embarazo, se calificará como nulo. De partida, la trabajadora encinta tiene a la ley de su parte; no obstante, esta circunstancia no la exime de cumplir con sus deberes como trabajadora, por lo que si incurre en causa disciplinaria como te voy a explicar seguidamente, el empresario podría proceder a su despido con todas las de la ley.

Pero no sólo son válidos los despidos por causas objetivas, sino que lógicamente la empresa también podrá optar por cesar tu contrato, en caso de que incumplas tus deberes como empleado mediante el despido disciplinario, ofreciendo la ley unas causas específicas muy evidentes que avalan la decisión. Te las voy a dejar aquí apuntadas para que no incurras en ellas.

a) Las faltas repetidas e injustificadas de asistencia o puntualidad al trabajo.

b) La indisciplina o desobediencia en el trabajo. Puede que seas rebelde por naturaleza, pero amigo, en una relación laboral el jefe manda, es lo que se conoce como el poder disciplinario del empleador que tiene la potestad de dirección para conseguir los objetivos de la compañía. Tú eres como un peón en el tablero de ajedrez y tu jefe te dirige con la finalidad de alcanzar la meta fijada, a lo que tú como empleado subordinado, tendrás que obedecer; pero ojo, siempre con respeto a tus derechos, que esto no se te olvide nunca.

c) Las ofensas verbales o físicas al empresario o a las personas que trabajan en la empresa o a los familiares que convivan con ellos. Quiero hacer un inciso en este apartado: nadie se merece unos insultos por mucho que tú así lo sientas, cuanto menos si es tu empleador. ¡Ah! Mucho cuidado con ofender al jefe fuera de la oficina y mucho más con difundir las difamaciones a través de redes sociales; suena a cachondeo, pero cosas peores se han visto. Como te liguen, el despido es justificado.

d) La transgresión de la buena fe contractual, así como el abuso de confianza en el desempeño del trabajo.

—A ver José, esto no lo entiendo.
—La buena fe contractual en ámbito laboral básicamente alude a que el trabajador se ajuste al sentido común, te pongo unos ejemplillos de algunas conductas que podrían vulnerar este principio: llevarte algunos dinerillos de la caja, apoderarte de artículos, consentir, facilitar o participar con compañeros en la realización de comportamientos ilegales, o trabajar o realizar ac-

tividades que pongan en peligro la recuperación mientras te encuentres de baja por enfermedad o accidente. Los detectives privados hacen un trabajo fenomenal en este campo, así que cuídate de irte de senderismo alegando una baja por lumbalgia...

e) La disminución continuada y voluntaria en el rendimiento de trabajo normal o pactado, lo cual podrá observase si tu productividad baja notablemente conforme a la media esperada o la anteriormente demostrada.

f) La embriaguez habitual o toxicomanía si repercuten negativamente en el trabajo. (Según esto puedes beber en tu trabajo si no afecta de manera negativa a la labor). Yo no le haría mucho caso, así que no se te ocurra beber ni drogarte en el curro ¿vale?

g) El acoso por razón de origen racial o étnico, religión o convicciones, discapacidad, edad u orientación sexual y el acoso sexual o por razón de sexo al empresario o a las personas que trabajan en la empresa.

Todos muy obvios ¿verdad? Como digo, estas son las causas específicas que contempla el Estatuto de los Trabajadores que habilitan el despido disciplinario, pero el convenio colectivo aplicable también puede contener un listado de causas, échale un vistazo para que no se te escape nada. Puedes observar, que la ley castiga al trabajador cuando este no cumple y facilita al empresario su despido; eso sí, la infracción del trabajador tiene que ser muy grave y además, cometida voluntaria y conscientemente. Y te recuerdo que, antes de acudir al despido, el empresario deberá de imponer cualquier otra sanción menos extrema.

Recibida la carta de despido, como trabajador tienes derecho a impugnar esta decisión, en un plazo de 20 días y antes de abrir la vía judicial, se tiene que agotar la vía administrativa. Te recuerdo, que podrás defenderte por ti mismo, sin necesidad de abogado, no obstante, no te lo recomiendo por todo lo que hay en juego. A continuación, te facilito enlace al servicio de mediación laboral de la Comunidad de Madrid, a fin de que puedas ampliar información (es similar en todo el territorio nacional).

Comunidad de Madrid

—Vale José, me he asesorado con mi abogado y hemos decidido impugnar el despido, ¿qué es lo que va a pasar ahora?

Atento que te lo cuento:

—Antes de ir a juicio, se intentará resolver la controversia en un procedimiento no judicial llamado «conciliación», que se tramitará ante una autoridad administrativa, el servicio autónomo de conciliación. Este proceso puede acabar con avenencia (solucionando el problema y todos tan contentos) o sin ella. También puede suceder que el empresario no acuda, por lo que el intento extrajudicial de arreglar el tema quedaría como intentado, pero sin efectos.

De no llegarse a ningún acuerdo, ya tendrás abierta las puertas del juzgado, (en el que también podrás asistirte tú mismo sin abogado y sin graduado social) y una vez que el juez admita la demanda frente al despido —extremo que puede demorarse bastante según el juzgado competente—, te citará para juicio en 5 días, y finalizado, dictará sentencia en los siguientes 5 días. Tras el proceso judicial, su señoría podrá avalar el despido, con lo cual convalidará la extinción del contrato de trabajo, sin derecho a indemnización ni a salarios de tramitación.

La segunda opción es que el juez califique el despido nulo. En su caso, tendrá el efecto de tu readmisión inmediata con abono de los salarios dejados de percibir, y podrá fijarse una indemnización si ha existido vulneración de derechos fundamentales. Si quieres recordar los motivos que daban lugar al despido nulo, vuelve unas páginas atrás, ya que son similares al despido nulo por causas objetivas.

Y la tercera posibilidad es que el despido sea declarado improcedente, que tendrá lugar si no puede calificarse como procedente ni como nulo. En este escenario, el empresario dispone de dos opciones: tu readmisión en el plazo de 5 días desde que conozca la sentencia u ofrecerte el abono de una indemnización equivalente a treinta y tres días de salario por año de servicio, hasta un máximo de veinticuatro mensualidades. Si opta por la indemnización determinará la extinción del contrato de trabajo, que se entenderá producida en la fecha del cese efectivo en el trabajo.

En caso de que se opte por la readmisión, tendrás derecho a percibir los salarios de tramitación, que no son más que la suma de los salarios dejados de percibir desde la fecha de despido hasta la notificación de la sentencia que declarase la improcedencia.

En el supuesto de no optar el empresario por la readmisión o la indemnización, se entiende que procede la primera. En algunos convenios colectivos la decisión de volver al trabajo o de recibir una indemnización se atribuye al trabajador despedido y no al empresario, lo cual protege a mi modo de ver mucho mejor los intereses del empleado.

—Te comento una cosa José: demandé a la empresa y el juez ordenó la readmisión en mi puesto de trabajo, sin embargo, pasan los días y aún no tengo noticias de mi jefe, vaya, que pasa de mí y del juez.

—A veces esto pasa, y la ley ofrece distintas soluciones según tu situación. Como ejemplo ante un despido nulo sin readmisión del trabajador, cabría solicitar la ejecución de la sentencia (técnicamente conocido el incidente de no readmisión), para pedir al juez que obligue al empresario a cumplir lo ordenado, que podría adoptar algunas medidas como el ingreso en la cuenta del trabajador de una cantidad económica equivalente a seis meses de trabajo, hasta que tenga lugar la efectiva reincorporación. Mientras eso sucede, continuarás de alta en la Seguridad Social y cotizando.

SI RECLAMO ME ECHAN

—José, conociendo a mi jefe, si reclamo me echan del trabajo.

> Hilario, conserje desde hacía cinco años un pequeño hotel en el centro de la ciudad con contrato indefinido, no pasaba por un buen momento laboral, pues cobraba tarde, mal y nunca (como el título de la novela de Carlos Zanón) y se decidió a interponer una demanda de reclamación de cantidad. Según su contrato, debería recibir la nómina en la primera semana del mes, aunque en la realidad sufría continuos retrasos, e incluso el jefe le adeudaba alguna mensualidad, alegando que «las cuentas no le daban para más». Tras no llegar a ningún acuerdo previo, el juzgado acabó condenando a la empresa a pagar los retrasos con sus respectivos intereses más una indemnización.

Pasados dos meses desde el juicio, Hilario recibió una carta de despido por «bajo rendimiento», justamente lo que temía que sucediera si llegaba a reclamar. Asistido por su abogado impugnó el despido por considerarlo nulo activando la garantía de indemnidad, el juez que revisó el asunto le dio la razón y el jefe se vio obligado a su readmisión y a pagarle una indemnización.

La experiencia vivida por Hilario refleja la preocupación que más cunde entre el colectivo de empleados cuando se enfrentan a una situación convulsa en el trabajo, temiendo ser despedido por realizar reclamaciones de derechos. El peligro que pone de manifiesto lo anterior es la sensación de vulnerabilidad de los trabajadores frente a sus empleadores y la propia degradación de las normas laborales que, a pesar de contener un amplio abanico de derechos, estos pueden quedar como mero papel mojado, frente a las temidas represalias que puedan ejercer los patrones. Pero claro, el legislador conociendo este problema, diseñó un mecanismo de prevención que blinda al empleado frente a su jefe en lo que al ejercicio de derechos respecta.

¿Quién se atrevería a denunciar a la empresa reclamando derechos propios si como respuesta a ello se encuentra una carta de despido o un empeoramiento de sus condiciones laborales? Nadie. Por ello existe en el derecho laboral la garantía de indemnidad, que funciona a modo de seguro contra las pataletas del jefe, y cuya finalidad es mantener ileso al trabajador durante y después de finalizar el proceso reclamación, ya sea vía administrativa o judicial. Ello comporta que las decisiones empresariales que afecten al trabajador y que sean consecuencia del ejercicio de los derechos laborales, sean declaradas nulas, acarreando la obligación de indemnizar al empleado por vulneración de sus derechos.

Si detectas un escenario similar al planteado en este apartado, consulta con un profesional del derecho que te ayude con el asunto.

NOTA FINAL

Querido amigo, ha sido un placer acompañarte durante todas estas páginas. Tengo que admitir que esta experiencia personal, ha sido un verdadero reto para mí. Me he esforzado en que la lectura sea lo más amena y clara posible, salvando las dificultades técnicas que contiene cualquier texto jurídico. No obstante, como decía al inicio, mi objetivo no es otro que compartir mi conocimiento a otras personas con el fin de ayudarles en su día a día. Si la lectura de este libro te ha servido para algo, objetivo cumplido.

Cuando cualquiera se enfrenta a un proceso legal, sucede que de pronto pierde la paz, cuanto más si el problema se enquista y se prolonga más de lo esperado. Pienso que disponer de unas páginas como las contenidas aquí, en las que puedas consultar aspectos desconocidos para ti y sobre el problema que estás viviendo o que se vaticina, puede servir como un bálsamo calmante que aquiete el desasosiego.

Deseo que hayas comprendido que, la legislación contiene una enorme esfera de garantías y derechos para nosotros y ello tiene que hacerte sentir seguro. Es cierto que el sistema de resolución de conflictos vigente, especialmente el judicial, tiene aún mucho que mejorar, sobre todo en cuanto al tiempo de respuesta. No es sano que un procedimiento judicial tarde en solventarse ni uno, ni dos años. La justicia lenta acaba por convertirse en la peor de las injusticias.

Con independencia de lo interior, guarda este manual en un lugar al que puedas acudir fácilmente en caso de necesidad. Me gusta decir que este libro funciona a modo de paraguas, ábrelo cuando arrecie la tormenta.

Desconocemos los retos que se nos plantearán en el futuro, ello puede ocasionar cierta incertidumbre, sin embargo, el conocimiento se alza como el mejor de los remedios, pues nos permite construir una defensa eficaz frente a la adversidad. En la actual sociedad de la información, nunca ha sido tan fácil encontrar información para solucionar cualquier tipo de cuestión que te surja: aprovéchalo y válete de ello, te sentirás empoderado.

Si este ha sido tu primer acercamiento a lo jurídico, me encantaría que la experiencia te haya dejado con ganas de más, sería síntoma de que mi trabajo te ha calado.

Me considero una persona cercana, y me gusta mantener el contacto con mis amigos, por ello, te dejo a continuación mi página web, no dudes en comunicarte conmigo siempre que lo necesites, estaré encantado de conocerte.

Déjame que te pregunte: ¿te ha gustado o te ha parecido útil el contenido del libro? Si la respuesta es sí, difunde este manual entre tus amigos, con ello ayudarás a más personas como tú a que conozcan un poquito mejor sus derechos. Por último, me ayudarías muchísimo si compartes con otras personas qué opinión te ha merecido el libro, te pido que me regales un minuto de tu vida y me dejes una reseña.

¡Gracias y hasta siempre!

Podrás encontrarme en:

www.gestioneabogado.es

—Este libro se terminó de imprimir en Málaga, en el año 2024—